111 GRÜNDE, SCHOTTLAND ZU LIEBEN

Ulrike Köhler

111 GRÜNDE, SCHOTTLAND ZU LIEBEN

Eine Liebeserklärung an das schönste Land der Welt

SCHWARZKOPF & SCHWARZKOPF

Inhalt

Schottland – Die Liebe meines Lebens

Vorwort

Wer mich kennt, der weiß, dass es schon lange mein Traum war, ein Buch über Schottland zu schreiben. *111 Gründe, Schottland zu lieben* hätte eigentlich auch gut eine Beschreibung meines Charakters sein können. Als sich die Gelegenheit dazu ergab, habe ich deshalb keine Sekunde gezögert und sofort Ja gesagt. Ich war mir sicher, dass mir aus dem Stegreif mindestens 200 Gründe einfallen würden und die Arbeit eher darin bestehen würde, zu entscheiden, welche Gründe die höchste Priorität für mich hätten und auf welche ich verzichten müsste. Doch als ich mich dann hinsetzte und begann, eine Liste mit meinen Gründen, Schottland zu lieben, aufzustellen, merkte ich, dass die Schwierigkeit eine ganz andere war. Nämlich so etwas Abstraktes, Irrationales und ausschließlich willkürlich Emotionales wie meine Liebe zu Schottland in eine logisch sortierte Liste aufzuschlüsseln.

Bislang glich das, was ich mein »Schottland-Gefühl« nenne, eher einer glücklichen hellblauen Wolke mit einem weißen Andreaskreuz. Jetzt hieß es, meine Liebe in auch für Schottland-Neulinge verständliche Worte zu fassen. Haben Sie das schon mal probiert: 111 Gründe für ein großes Gefühl zu finden, ohne dabei einfach mit einem Seufzen zu kapitulieren und leuchtende Augen für sich sprechen zu lassen? Durch liebevolles Sezieren, Erinnern und Recherchieren ist es mir schlussendlich aber gelungen, 111 Gründe zusammenzustellen, von denen ich glaube, dass jeder Schottland-Fan zustimmend mit dem Kopf nicken wird. Einmal angefangen, war das Schreiben dieses Buches dann die denkbar schönste Aufgabe für mich. Ich durfte mich jeden Tag gedanklich nach Schottland versetzen und von meinem Lieblingsland schwärmen. Besser hätte ich es also kaum treffen können!

Entstanden ist eine Liebeserklärung an ein Land, das es einem sehr leicht macht, es zu lieben – und umso schwerer, es wieder zu vergessen. Wer einen Urlaub in Schottland plant, infiziert sich auf diese Weise vermutlich schon vor Beginn seiner Reise mit dem Schottland-Fieber. Bitte sehen Sie mir nach, dass ich mich dafür nicht entschuldige. Es würde Sie ja sowieso treffen. Wer das Land schon kennt, wird mit diesem Buch in Erinnerungen schwelgen können und sicher viel Liebenswertes wiederentdecken, was die Sehnsucht nach Schottland noch zusätzlich anfacht. Denn wer Schottland kennen und lieben gelernt hat, der kommt nie mehr davon los – und immer wieder zurück. Darauf gebe ich Ihnen mein Wort.

Bevor es losgeht, möchte ich noch ein paar Leuten meinen Dank aussprechen: meinem Agenten Martin Brinkmann, dafür, dass er mich gefunden hat, Peter Mackenzie, Ian Gilmartin, Anthony Dunn, Ruth Tauber und Eleanor Oswald für ihre Hilfe und meiner Familie und meinen Freunden für ihre Begeisterung und Unterstützung.

Ich wünsche Ihnen viel Spaß dabei, sich in Schottland zu verlieben.

Ulrike Köhler

I

BEVOR SIE DAS ERSTE MAL SCHOTTISCHEN BODEN BETRETEN

1. GRUND

Weil Schottland nicht England ist – und England nicht Großbritannien

Dieses Buch ist eine Liebeserklärung an ein Land, das häufig als Anhängsel eines anderen Landes missverstanden wird und manchmal sogar in dessen Namen untergeht. Als eingefleischtem Schottland-Fan verursacht mir das natürlich jedes Mal aufs Neue Kummer und Schmerzen. Deshalb müssen wir unbedingt etwas klären, bevor Sie auch nur daran denken können, einen Fuß auf schottischen Boden zu setzen: Schottland ist nicht England. Und wo wir schon einmal dabei sind: England ist nicht Großbritannien. Ich schreibe das in dieser Deutlichkeit nicht ohne Grund ganz an den Anfang dieser Liebeserklärung. Für diese kleine Ungenauigkeit in der Wortwahl wurden schon heftige Pub-Schlägereien begonnen und Familienfehden vom Zaun gebrochen. Und das ist nun wirklich nichts, was man sich für seinen Urlaub in Schottland wünschen würde. Werfen wir deshalb kurz einen Blick auf die Geschichte und Geografie dieses schönen Fleckens Erde, um das Begriffsknäuel ein wenig zu entwirren.

Der erste Name, der dabei auffällt, ist »Großbritannien«. Eigentlich nichts weiter als der Name der 219.000 Quadratkilometer großen Insel zwischen der Irischen See, der Nordsee, dem Nordatlantik und dem Ärmelkanal. Darauf können wir uns schon gleich zu Beginn einigen. Dieser Begriff ist erst einmal rein geografisch und hat nichts mit politischen Strukturen zu tun. Den drei Ländern, die die grünen Hügel unter sich aufteilen, kommt man dann am besten auf die Spur, wenn man sich ihnen vom hinteren Ende des Zeitstrahls nähert. Als die Römer um 55 vor Christus auf der Insel landeten, fanden sie einen kunterbunten Flickenteppich aus kleinen Stammesgebieten und winzigen Königreichen vor, die sich untereinander stets bis aufs Blut bekämpften. Sie nannten sich Atrebaten, Belger, Skoten, Suessionen und kannten noch allerhand andere unaussprechliche Namen füreinander. Für die Römer war es nicht leicht, die Stämme überhaupt auseinanderzuhalten, geschweige denn, ihnen den richtigen Namen zuzuordnen. Sie machten es sich also einfach und nannten das Land, den äußersten Außenposten ihres gigantischen Reiches, *Britannia* und seine Bewohner *Britanni*.

Über den Ursprung des Wortes »Britannien« gibt es so viele Spekulationen, dass sie dieses Buch mühelos füllen könnten, sie sollen uns jedoch im Moment nicht weiter aufhalten. Wichtig ist: Die Römer schafften es nicht gänzlich, die keltischen Stämme zu bändigen. Sie drängten sie jedoch in die nördlichsten und westlichsten Winkel des Königreichs zurück und zogen jene Grenzlinien, die bis heute überdauert haben. Im Westen den *Offa's Dyke*, der noch heute die Grenze zu Wales markiert, und im Norden den Hadrianswall, der bis heute die Grenzlinie zu Schottland darstellt. Dahinter pferchten sie die Pikten und Skoten ein – oder versteckten sich vor ihnen, je nachdem, wie man es betrachtet. Diese Teile der Insel konnten die Römer nie erobern. Das kleine gallische Dorf von Asterix und Obelix war in seinem Widerstand gegen die Römer also nicht allein. Alles, was südöstlich dieser Grenzlinien auf der Insel lag, war jedoch Teil des Römischen Reiches mit allen Vorzügen, die dieses zu bieten hatte; man denke hier zum Beispiel an die luxuriösen Römischen Bäder in Bath. Aber auch an diesem Teil der Insel hatten die Römer nur eingeschränktes Interesse: Zu kalt, zu unwirtlich und zu weit entfernt von der Heimat war dieses dunkle Land. Nach knapp 400 Jahren gaben sie Britannien auf und für die Angeln, Jüten, Sachsen und Friesen frei, die sich brandschatzend und marodierend auf die schutzlose Insel stürzten. Sie nahmen jenen Teil ein, der von den Römern besetzt gewesen war.

Ihn nennen wir heute – nach den Angeln – »Angeland«, also England. Natürlich versuchten auch die Angeln und Sachsen, in die keltischen Gebiete im Norden und im Westen vorzudringen, doch das sollte weder ihnen gelingen noch den Wikingern, die im 9. Jahrhundert folgten. Erst den Normannen, die 1066 von Frankreich aus übersetzten und mit der Schlacht von Hastings jenes Land begründeten, das als England bis heute überdauert hat, sollte das gelingen. Sie nahmen jenes Land im Westen ein, das wir heute Wales nennen. 1283 gelang es Edward I., Wales zu unterwerfen und seinen Sohn zum *Prince of Wales,* und damit zum Thronerben von England, zu machen. Aus dieser Angliederung setzt sich bis heute die Tradition fort, dass der englische Thronerbe den Titel »Prinz von Wales« trägt. Natürlich war hier für Edward I. noch nicht Schluss. Am liebsten hätte er auch gleich noch Schottland eingenommen. Wer kann ihm das verübeln? Er hatte eben gerade einen Lauf.

Doch die keltischen Stämme im Norden machten ihm einen Strich durch die Rechnung. An William Wallace und Robert the Bruce – der geneigte Kinogänger kennt die beiden aus *Braveheart* – biss er sich die Zähne aus. Edward I. verstarb während seines Feldzugs im Norden, und Schottland blieb Schottland. Unabhängig von England. Bis sich im späten 16. Jahrhundert Maria Stuart, *Queen of Scots,* mit ihrer Großcousine Elizabeth I. anlegte und versuchte, nach deren Krone zu greifen. Elizabeth – selbst kinderlos – ließ Maria Stuart köpfen und machte deren Sohn, James VI. von Schottland, nach ihrem Tod (mehr oder minder freiwillig) zu James I., zum König von England und Irland. Diese Personalunion im Jahre 1606 läutete das Ende der schottischen Unabhängigkeit ein. Es dauerte jedoch noch bis zum *Act of Union* im Jahr 1707, bis die Zusammenführung der Königreiche England und Schottland endlich amtlich war. Gemeinsam bildeten sie mit Wales das Königreich Großbritannien. Daraus wurde dann im Jahr 1800, durch den dritten *Act of Union,* das Vereinigte Königreich von Großbritannien (oder *United Kingdom*), als man auch noch Irland ins Boot holte. 26 irische Grafschaften schafften es 1922, sich als Irischer Freistaat abzuspalten, weshalb es heute »Vereinigtes Königreich von Großbritannien und Nordirland« heißen muss. Und wo wir gerade dabei sind: Durch die Eingliederung der ehemaligen englischen Kolonien in Kanada, Australien und Neuseeland, Indien und Südafrika entstand dann 1931 das *British Commonwealth of Nations*, aber das führt nun wirklich zu weit.

Wenn sich Ihnen jetzt der Kopf dreht und Sie das Buch wieder aus der Hand legen wollen, kommen wir noch einmal zurück zum Anfang und halten das Wichtigste fest: Schottland ist nicht England. Und England ist nicht Großbritannien. Schreiben Sie sich diese kleinen Merksätze notfalls auf die Innenseite Ihrer Hand, damit Sie sich während Ihres Aufenthalts in Schottland nicht in die Nesseln setzen. Dann kann Ihnen eigentlich nichts passieren.

2. GRUND

Weil zusammen eben trotzdem besser ist

Nachdem wir nun so viel Energie investiert haben, zu klären, dass England und Schottland zwei eigenständige Länder sind, die unter einem größeren Dach nebeneinanderstehen, stellt sich die Frage: Warum ist Schottland dann nicht unabhängig? Denn der Inselstaat des Vereinigten Königreichs ist bei Weitem nicht alternativlos: Schottland und England könnten zwei Länder sein, die nur zufällig auf dem gleichen Fleckchen Erde liegen, der wiederum zufällig durch jede Menge Wasser von anderen Ländern abgeschnitten ist. Das dachte sich bis vor Kurzem auch ein Teil der Schotten, jener Teil nämlich, der Schottland als unabhängiges, selbstverwaltetes Land und die 300 Jahre währende Zugehörigkeit zum Vereinigten Königreich von Großbritannien beendet sehen wollte. Die meisten von Ihnen werden sich sicher noch gut an jenen Moment erinnern können, in dem diese Option durchaus im Bereich des Möglichen lag: Am 18. September 2014 fand in Schottland das mit Spannung erwartete Referendum über die Unabhängigkeit des Landes statt. *Should Scotland be an independent country?*, fragte man damals die rund vier Millionen wahlberechtigten Schotten – und überließ ihnen damit die Entscheidung, ob sie das Konstrukt *United Kingdom* zum Einsturz bringen wollten. Wollten sie nicht, zumindest vorerst. Überraschenderweise.

Denn von einem Land, das in aller Welt vor allem für drei Sachen bekannt ist – Kilts, Nessie und eine vermeintlich ausgeprägte Abneigung gegen Engländer –, würde man doch eigentlich erwarten, dass es diese historische Gelegenheit nutzen würde, den südlichen Nachbarn so richtig eins auszuwischen. Grund dafür hätten die Schotten ja genügend gehabt, wie wir im ersten Kapitel bereits gesehen haben. In der Vergangenheit waren die Engländer nicht gerade zimperlich mit den Schotten, und die Jahrhunderte der Besatzung haben in Schottland deutliche Spuren hinterlassen. Doch lässt man all das beiseite, schaut man sich also das Land so an, wie es heute ist, dann war das, was wir heute sehen, den Schotten Grund genug, sich für den Verbleib im Vereinigten Königreich auszusprechen. *Better together*, hieß die Kampagne, die sich unter dem ehemaligen Labour-Schatzkanzler Alistair Darling formiert hatte und die schließlich 55,18 Prozent der Wählerstimmen auf sich vereinen konnte. Unterstützt wurde die Bewegung vom britischen Premierminister David Cameron, der Angst vor den Konsequenzen einer Unabhängigkeit schürte: Vom großen Bruder plötzlich allein gelassen, wäre Schottlands Position in Europa äußerst ungewiss gewesen. Der Beitritt des Landes zur EU, die Währung, das Gesundheitssystem, Jobs – zu viele Unsicherheitsfaktoren, die letztendlich eine knappe Mehrheit der Schotten dazu bewog, ihr Kreuzchen bei *No* zu setzen.

Die Argumente der *Yes Scotland*-Kampagne unter Alex Salmond konnten dagegen nur wenig ausrichten. Die Versprechungen, mit denen Salmond, damaliger *First Minister* Schottlands, zu locken versuchte – politische Selbstverwaltung, vollständige Kontrolle der Öleinnahmen, Atomwaffen-Ausstieg –, überzeugten nur 44,7 Prozent der Schotten. Die meisten davon Bewohner der größeren

Städte, von Glasgow und Dundee. In den Highlands und auf den Inseln hingegen sprachen sich die Menschen mit überraschend großer Mehrheit gegen die Unabhängigkeit aus. Das Klischee vom Highlander im Kilt und mit wilder Gesichtsbemalung, der Sturm gegen die englischen Besatzer läuft, ist damit also hinlänglich widerlegt. Großbritannien und Europa atmeten auf. Bundeskanzlerin Angela Merkel ließ sich sogar zu einer seltenen Geste hinreißen. Auf einer Pressekonferenz sagte sie, sie akzeptiere die Entscheidung »der Wählerinnen und Wähler in Schottland« und sie »sage das mit einem Lächeln«. Und sie dachte sogar daran, die Mundwinkel noch rechtzeitig nach oben zu ziehen. Bei so viel Freude ist klar: Für die Mehrheit der Schotten war *Better together* das überzeugendere Argument. Davon profitieren auch Schottland-Urlauber: Das Land verbleibt in der EU und im Schengen-Raum, was die Einreise weiterhin schön unproblematisch hält, und es behält das Pfund und damit eine stabile Währung mit einem verhältnismäßig guten Wechselkurs für uns. Also sollten auch wir, aller *Braveheart*-Romantik zum Trotz, ein Lächeln auf dem Gesicht tragen, wenn wir über die (vorerst) gescheiterten Unabhängigkeitsbestrebungen in Schottland sprechen. Ob sich das Ergebnis positiv oder negativ auf die Zukunft des Landes auswirkt, wird sich ohnehin erst in den nächsten Jahren zeigen, wenn die Regierung in London ihre Wahlversprechen eingelöst hat – oder eben nicht.

3. GRUND

Weil grün-rote Klischees eben nicht alles sind

Doch wer sind nun diese Schotten, die sich im hohen Norden ihrer Insel tapfer gegen jedwede Eindringlinge wehren, die jahrhundertelang leidenschaftlich für ihre Selbstbestimmung kämpfen und dann im entscheidenden Moment doch rationalen Argumenten folgen? Werfen wir also einen genaueren Blick auf dieses liebenswerte, eigensinnige Volk. Die Schotten auf grün-rot karierte Kilts zu reduzieren wäre in etwa genauso zutreffend, wie alle Deutschen als Lederhosen- und Dirndlträger über einen Kamm zu scheren. Schon allein deshalb, weil der grün-rote Tartan natürlich nur einer von vielen ist, die man in Schottland antreffen kann. Dazu aber später mehr.

Für die meisten Menschen, die noch nie in Schottland waren, sehen alle Schotten aus wie Hausmeister Willie aus der Fernsehserie *Die Simpsons.* So wie William MacMoran, wie Hausmeister Willie mit bürgerlichem Namen heißt, haben sie rote Haare, einen wilden Bart, tragen über der durchtrainierten Brust nur ein einfaches Plaid (wenn überhaupt), und um die Lenden schwingt ein (natürlich!) grün-roter Kilt. Und genauso wie Willie sprechen die Schotten eine urtümliche Form der englischen Sprache – die so hart ist, dass man damit Fels zerschlagen könnte –, fluchen viel, trinken Unmengen Whisky (und singen dann wehmütig-patriotische Lieder über die Heimat) und lassen keine Gelegenheit aus, in eine Schlägerei verwickeln zu werden. Sie sind darüber hinaus wild und ungestüm, geizig, stur und unter der rauen Schale alle verkappte Sänger und Künstler. William MacMoran hat zum Beispiel eine Platte mit traditionellen schottischen Liedern über das Schweinestehlen herausgebracht. Noch so ein Klischee über die Schotten: Sie stehlen einander alles, was nicht niet- und nagelfest ist.

Das ist nicht unbedingt die Beschreibung von Menschen, bei denen man einen Urlaub verbringen möchte. Aber ich kann Sie beruhigen: So ein Schotte ist mir in all den Jahren bisher kein einziges Mal untergekommen. Zwar ist es wahr, dass in Schottland überdurchschnittlich viele Menschen rote Haare haben – so viele wie nirgendwo sonst auf der Welt, nämlich 14 Prozent aller Schotten –, doch in den Fußgängerzonen Schottlands trifft man genauso viele dunkelhaarige und blonde Menschen an wie anderswo. Auch der Kilt hat mit dem Alltag in Schottland nur dort etwas zu tun, wo es viele Touristen gibt. In den Stadtzentren von Edinburgh und Glasgow kann man sich vor Kilt tragenden, Dudelsack spielenden Schotten manchmal kaum retten, doch sobald der Feierabend naht, verwandeln sich auch diese Schotten in ganz gewöhnliche Jeansträger, die den Kilt in den Schrank hängen und mit ihren Kumpels im nächsten Pub ganz leger einen trinken gehen und die nicht zwangsläufig auch privat Dudelsackmusik hören.

Die Begeisterung der Schotten für Pubs und alkoholische Getränke ist zwar auch ein Klischee, aber im Gegensatz zu den meisten anderen hat dieses eine Daseinsberechtigung. Der Pub war von jeher das soziale Zentrum der Gemeinden in ganz Schottland. Ob in den Fischerdörfern an der Küste, in den Ortschaften in den Bergen oder in den Industriestädten: Wenn des Tages Werk getan war, versammelten sich die Männer hier, um zu diskutieren und zu trinken. Je schlimmer die jeweiligen Lebensumstände waren, desto mehr wurde dann auch getrunken und diskutiert und, ja, manchmal auch geprügelt. Schottlands damaliger Regierungschef Alex Salmond – ebenjener, der sie in die Unabhängigkeit führen wollte – attestierte den Schotten deshalb im Mai 2014, eine »Nation der Säufer«[1] zu sein. Nicht besonders schmeichelhaft, das vom eigenen *First Minister* zu hören. Schuld daran sei das fehlende Selbstvertrauen der Schotten als Nation, erklärte Salmond damals der Zeitschrift *GQ* und schlug damit gleich wieder die Brücke zu seinem Wahlkampf. Als Gegenmittel schlug der Premier die Unabhängigkeit Schottlands vor, die vier Monate später beim Referendum – vielleicht am fehlenden Selbstvertrauen der Schotten als Nation – scheiterte. Damit ist gleich noch ein Klischee widerlegt: Die Schotten sind nicht stur, eigensinnig und uneinsichtig. 300 Jahre lang hat dieses Volk auf eine Chance zur Unabhängigkeit gewartet, doch im entscheidenden Moment ließen sie sich von den Argumenten David Camerons überzeugen und stimmten zum überwiegenden Teil gegen die Unabhängigkeit.

Das widerspricht auch der allgemein attestierten Streitlust dieses Volkes und seiner angeblichen Kampfbereitschaft. Es scheint, als sehnten sich die Schotten heute genauso nach Sicherheit, Stabilität und Frieden wie alle anderen Menschen auch. Der unbezähmbare Patriotismus à la William »Braveheart« Wallace und der absolute Widerwille gegen die englischen Besatzer müssen deshalb ebenfalls als bloße Klischees verbannt werden. Zwar sind die Schotten ein stolzes Volk, das beim Anblick der wehenden blauen Flagge mit dem weißen Andreaskreuz, beim Klang der alten Lieder und bei der Erwähnung großer Schlachten, Siege und Niederlagen schon mal feuchte Augen bekommt, aber im Großen und Ganzen handelt es sich bei ihnen um EU-Bürger und Briten, die im Hier und Jetzt leben und ihrem geregelten Tagewerk nachgehen. Auch dem Viehdiebstahl haben die meisten von ihnen inzwischen abgeschworen, obwohl – zugegebenermaßen – noch immer jedes Jahr ein wirtschaftlicher Schaden von mehreren Tausend Pfund durch den Diebstahl von Schafen entsteht. Es sind also ganz normale Menschen, die in Schottland leben, Menschen wie Sie und ich. Mit der Ausnahme, dass die meisten von ihnen viel freundlicher sind, als wir es in Deutschland gewohnt sind, gastfreundlicher – von wegen geizig! – herzlicher und offener. Aber das kann man ihnen ja nun wirklich nicht vorwerfen.

4. GRUND

Weil man hier so stolz auf sein Einhorn ist

Wenn ich Sie nun bitten würde, die eben genannten Eigenschaften der Schotten mit einem einzigen Tier zu assoziieren – welches würde Ihnen da einfallen? Eine ähnliche Frage müssen sich auch die Schotten einmal gestellt haben. Ihre Antwort überrascht: Sie einigten sich auf das Einhorn und machten es zu ihrem Wappentier. Im ersten Moment ist man versucht zu lachen und zu fragen: »Welches Land, das von anderen Ländern ernst genommen werden möchte, würde denn bitte das *Einhorn* zu seinem Wappentier machen?« Die Antwort ist: Schottland.

Und das liegt nicht etwa daran, dass irgendein König der Vergangenheit seine zehnjährige Tochter mit dem Entwurf für das Wappen betraut hat, sondern an den hervorragenden Eigenschaften, die man dem Einhorn nachsagt – und die, wenn man ein bisschen darüber nachdenkt, so oder ähnlich auch beim schottischen Volk zu finden sind. Eins vorneweg: Das Einhorn ist keine Erfindung von verträumten Zeichnern aus Hollywood. Schon im alten Babylon verehrte man das Einhorn, das als wehrhaft und unsterblich galt. Sein Horn, so hieß es sowohl hier als auch bei den Persern, den Römern und den Griechen, habe magische Eigenschaften und könne Krankheiten heilen. Sogar in der hebräischen Fassung des Alten Testaments ist noch von einem Einhorn-ähnlichen Wesen die Rede, dem all diese und noch mehr gute Eigenschaften nachgesagt wurden, bevor es dann in der christlichen Version der Zensur zum Opfer fiel. Diese Eigenschaften – und sicher die Seltenheit dieses Wesens – spielten vermutlich auch für die römischen Kaiser eine Rolle, die das Einhorn zu ihrem heraldischen Symbol machten.

Vielleicht kam es dann mit den römischen Besatzern auf die Insel und schließlich in den hohen Norden, vielleicht hatten die Kelten aber auch eine eigene Tradition der Einhorn-Verehrung. Sicher ist, dass das Einhorn hier bald für Reinheit und Unschuld stand, für Heilkraft, Freude – und, ja, sogar für die Kraft des Lebens selbst. Und als sei das alles noch nicht genug, erkannte man im Einhorn auch noch das Symbol für Männlichkeit und Stärke. So vereinte dieses Wesen also die besten männlichen und weiblichen Eigenschaften in einem und erreichte damit die höchste Form der Perfektion. Eine Art schottisches Yin-Yang-Symbol, wenn man so will. Ergänzt um seine ungestüme Wildheit, sein ungebändigtes Wesen, seine kühne, forsche Art und eine ordentliche Portion Stolz und Intelligenz entstand so eine Kreatur, die wohl jeder von uns gern auf seinem Wappen hätte.

Das müssen sich auch die schottischen Könige gedacht haben. Bevor also jemand anderes auf die Idee kommen konnte, ritzte man den *Royal Coat of Arms* mit den zwei Einhörnern, die den königlichen Schild flankieren, in die Mauern der ehemaligen königlichen Residenz von Rothesay Castle, das im 14. und im späten 15. Jahrhundert die bevorzugte Burg der schottischen Könige war.

Das – spätestens – war die Geburtsstunde des schottischen Einhorn-Wappens: Bis England und Schottland 1707 im *Act of Union* vereint wurden, standen die beiden Einhörner, die sich stolz links und rechts des Schildes aufbäumen, für das schottische Königshaus. Nach dem Zusammenschluss der beiden Länder zum Vereinigten Königreich von Großbritannien kam ein neues Wappen in Gebrauch, das links den *Lion Rampant*, also den steigenden Löwen Englands, und rechts das Einhorn Schottlands zeigt, die den viergeteilten Schild flankieren. Auch hier zeigten sich die Schotten wieder unbeugsam und eigenwillig. Sie entwarfen in der Folge eine eigene Version des *Royal Coat of Arms of the United Kingdom*. Darin stellten sie das Einhorn auf die linke Seite und machten es zum Fahnenträger, über dem die schottische Flagge weht. Rechts steht dann der englische Löwe mit der Flagge seines Landes in der Klaue. Weitere Änderungen im Detail der schottischen Version verdeutlichten einmal mehr, dass die Schotten ihr eigenes Ding machen und sich dabei nur ungern bevormunden lassen. Vor allem nicht von England. Darin sind sie dem wilden, ungestümen Einhorn auf ihrem Wappen nur zu ähnlich. Allerdings kann ein Einhorn der Legende nach durch eine Jungfrau gezähmt werden. Bei Schottland wäre ich mir da nicht so sicher. Ein David Cameron schien da in jüngster Vergangenheit geeigneter.

5. GRUND

Weil es hier so leicht ist, an Monster zu glauben

Das Einhorn von Schottland ist nur eines von vielen rätselhaften mystischen Wesen, die dieses Land bevölkern. Bekannter ist jedoch ein anderes: das Monster von Loch Ness. Es gibt sicher viele Länder, in denen man jedem, der einem von einem Monster im See erzählt, mit einer gehörigen Portion Skepsis begegnen würde. Solchen Menschen ist doch nicht zu trauen. Als Nächstes versprechen sie einem noch einen Topf voll Gold am Ende des Regenbogens und einen Tauchgang nach Atlantis. Schottland ist jedoch keines dieser Länder. Irgendetwas liegt hier in der Luft, was uns dazu bringt zu glauben. Whisky, mögen die einen sagen – und liegen damit vielleicht gar nicht mal so falsch –, Magie mögen die anderen murmeln. Und auch sie haben irgendwie recht. In einem Land, in dem die Sagen und Legenden von Feen, Kobolden, Wechselbälgern und Naturgeistern noch immer lebendig sind, ist natürlich auch Platz für ein Monster im See. Vor allem, wenn es jährlich mehrere Tausend Nessie-Sichtungen gibt, wenn sich ernsthafte Wissenschaftler aus aller Welt mit dem Phänomen befassen, wenn es tatsächlich so etwas wie einen wissenschaftlichen Erklärungsansatz gibt und wenn der Loch Ness so tief ist, dass er – wie ich als Kind mit einem Schauer in einem Reiseführer für Schottland las – locker das Elffache der (damaligen) Erdbevölkerung fassen kann.

Wer möchte sich anmaßen zu sagen, dass es in diesem Labyrinth aus Tunneln, Höhlen und Spalten, das an seiner tiefsten Stelle 230 Meter weit in das Erdreich hineinragt und ein Gesamtvolumen von 7,4 Kubikkilometern fasst, kein Monster geben kann? Doch sicher niemand. Schließlich handelt es sich hier um den wasserreichsten See der Britischen Inseln, der über mehr als genug Versteckmöglichkeiten für mindestens ein Monster verfügt. Damit wäre es natürlich nicht getan. Nehmen wir mal an, dass es sich bei Nessie tatsächlich um ein urzeitliches Wesen handelt, das nach der letzten Eiszeit im Loch Ness gefangen war und hier die Jahrtausende überdauert hat, wie es der heute landläufigen Theorie entspricht. Und nehmen wir an, dass es wahr ist, dass der Heilige Columban von Iona hier bereits 565 einem Monster die Stirn bot, das am Ufer des Sees einen Pikten angriff. Und nehmen wir außerdem an, dass auch Duncan Campbell 1527 am Loch Ness ein »schreckliches Ungeheuer« erblickte und dasselbe Monster einige Jahre später drei Männer erschlagen hat. Dann kann es sich dabei natürlich nicht um ein einzelnes, uraltes Tier handeln, das die Jahrhunderte und Jahrtausende überdauert hat. Dann muss es tatsächlich so etwas wie eine Population geben, die sich fortpflanzen kann. Das ist ganz klar. Doch die Forscher und selbst ernannten Experten sind sich einig, dass es auch dafür mehr als genug Platz im Loch Ness geben würde.

In dubio pro reo, sagt man in der Rechtswissenschaft: im Zweifel für den Angeklagten. Solange es also Zweifel an seiner Schuld gibt, darf der Angeklagte nicht schuldig gesprochen werden. Bei Nessie ist es das Gleiche: Solange niemand mit hundertprozentiger Gewissheit ausschließen kann, dass es in diesem See mehr gibt als die üblichen Fische, darf man glauben und hoffen, dass es Nessie wirklich gibt. Und selbst wenn es gelingen würde, diesen Gegenbeweis zu erbringen, gäbe es sicher im nächsten Moment zwei neue Fotos, die ihn Lügen strafen würden. Für Bildmanipulation im Sinne der Gläubigen brauchte es noch nicht einmal Photoshop. Ein einfaches Spielzeug-U-Boot von Woolworth und ein aus Holzkitt geformter Hals mit Kopf – mehr war für den ersten Versuch eines Foto-Fakes aus dem Jahr 1934 nicht nötig. Das Foto, das als *Surgeon's Photograph* in die Nessie-Geschichte eingehen sollte, konnte erst 1975, also 40 Jahre später, enttarnt werden. Wie dem auch sei: Bisher schlug jeder Versuch, einen Beweis – welcher Natur auch immer – zu erbringen, fehl. Dabei haben die Wissenschaftler, die Gläubigen und Zweifler nichts unversucht gelassen. Im Museum *Loch Ness Centre & Exhibition* in Drumnadrochit gibt es eine genaue Dokumentation all jener Expeditionen, die endlich Licht ins Dunkle bringen sollten. Gleich nachdem George Spicer und seine Frau am 22. Juli 1933 die erste Sichtung nach 1800 berichtet hatten, stellte ein gewisser Sir Edward Mountain die finanziellen Mittel dafür bereit, 20 Männer mit Fernglas und Kameras rings um den See zu postieren. Sie sollten die *most extraordinary form of animal* einfangen, die vor Spicer und seiner Frau die Straße überquert hatte. Ein ambitioniertes Unterfangen, wenn man bedenkt, dass sich der See über eine Länge von 37 Kilometern erstreckt. Eine Nadel im Heuhaufen zu suchen ist nichts dagegen.

Fünf Wochen lang standen diese Männer nun also täglich von 9 bis 18 Uhr auf ihren Beobachtungsposten und schossen dabei immerhin 21 Fotos, von denen jedoch keines irgendeine Beweiskraft hatte. Eine erfolgreiche Expedition sieht anders aus. Doch wagen Sie einmal den Selbstversuch: Stellen Sie sich eine Stunde an das Ufer von Loch Ness und beobachten Sie auf der Suche nach dem Monster die Wasseroberfläche. Unweigerlich wird man paranoid, hält jede Welle, jeden Vogel für einen Kopf, der aus dem Wasser ragt. Darüber hinaus sorgt der starke Wind, der regelmäßig durch das schmale Tal von Loch Ness pfeift, immer wieder für Wellen, die bis zu zwei Meter hoch werden und dabei die ungewöhnlichsten Formen annehmen können, und damit für eine extrem hohe Fehlerquote. Ein Film aus dem Jahr 1934, aufgenommen von Captain James Fraser, der auch nach dem Ende der Expedition noch am Loch Ness verblieb, ging leider verloren, soll jedoch lediglich eine Robbe gezeigt haben. In den 1960er-Jahren versuchte dann das *Loch Ness Phenomena Investigation Bureau (LNPIB)*, dem Geheimnis vom Loch Ness auf die Spur zu kommen. Wieder positionierten sich Freiwillige entlang des Sees und hielten mit ihren Kameras Ausschau nach dem Monster. Erfolglos.

Professor D. Gordon Tucker vom *Department of Electronic and Electrical Engineering* an der University of Birmingham erkannte schließlich, dass dem Monster mit dem bloßen Auge nicht beizukommen war, und setzte stattdessen auf moderne Technik: Er installierte am Temple Pier in der Urquhart Bay ein Sonargerät, das er auf das gegenüberliegende Ufer ausrichtete. Auf diese Weise spannte er also eine Art akustisches Netz über die gesamte Länge des Sees, das jede Bewegung aufzeichnen würde. In den folgenden zwei Wochen zeichneten die Geräte tatsächlich die Bewegungen von mehreren bis zu sechs Meter langen Unterwasserlebewesen auf, die vom Grund des Sees aufstiegen und dann wieder dorthin verschwanden. Kein einziges Mal kamen sie zwischendurch an die Wasseroberfläche. Man stelle sich nur die Aufregung vor, die diese Entdeckung auslöste! Mit dem Ergebnis, dass weitere Forschungsteams an den See kamen und hier ihr Hightech-Equipment installierten.

Ihren Höhepunkt erreichte die wissenschaftliche Jagd auf Nessie wohl 1987 in der *Operation Deepscan*. 24 Boote, alle ausgestattet mit Echolot, bildeten eine Kette über die gesamte Breite des Sees und scannten ihn so gleichzeitig. Dabei sollen sie, so die BBC, Sonarkontakt mit einem Objekt von ungewöhnlicher Größe und Stärke gehabt haben. Neue Hinweise also, aber wieder kein Beweis. Zum Abschluss der *Operation* sagte Darrell Lowrance von Lowrance Electronics, der einige der Geräte zur Verfügung gestellt hatte, jene Worte, auf die das Nessieversum schon so lange gewartet hatte: »There's something here that we don't understand, and there's something here that's larger than a fish, maybe some species that hasn't been detected before. I don't know.«[2] Und so ist es bis heute geblieben: *We don't know.* Nach wie vor werden Nessie-Sichtungen gemeldet, nach wie vor werden Fotos geschossen, die zeigen sollen, dass da etwas ist. Ein Blick auf lochnesssightings.com lohnt sich deshalb wenigstens einmal im Monat. Unweigerlich stellt man sich dann als Besucher die Frage, ob wir nicht fast 30 Jahre nach *Operation Deepscan* inzwischen die technischen Möglichkeiten haben müssten, um den Hinweisen nachzugehen und endlich mit Sicherheit sagen zu können, ob etwas Außergewöhnliches in diesem See lebt oder nicht.

Doch seien wir einmal ehrlich: Wollen wir das wirklich? Ohne das Monster wäre der Loch Ness einfach nur ein See – und dazu bei Weitem nicht der Schönste in Schottland. Er wäre einfach nur ein See mit viel zu vielen Parkplätzen ringsherum, die dann womöglich leer blieben, und viel zu vielen Souvenirläden, die vollkommen grundlos grüne Monsterfiguren verkaufen würden. Schottland würde eines Teils seines Zaubers beraubt werden, und das kann doch nun wirklich niemand wollen. Zumal die 50.000 Pfund, die die irische Guinness-Brauerei angeblich auf die Ergreifung von Nessie ausgesetzt hat, ohnehin nur ein schlechter Scherz waren, den sich die Britische Tourismusbehörde 1978 als Werbegag für die Bundesrepublik ausgedacht hat. Tatsächlich aber hat Guinness nicht einmal Freibier in Aussicht gestellt. Es gibt also eigentlich keinen Grund, den See zu entzaubern. Und so macht es auch einfach viel mehr Spaß!

Übrigens: Wenn Sie sich zu diesem Thema mal richtig streiten oder gepflegt diskutieren wollen, statten Sie dem Nessie-Jäger Steve Feltham einen Besuch ab, der sein Leben ganz der Suche nach dem Monster gewidmet hat. Sein Wohnwagen steht auf dem Grundstück des Dores Inn in Dores. Wenn Sie fertig sind, kaufen Sie ihm doch noch eine seiner schönen handgefertigten Nessie-Figuren ab. Davon muss der Mann schließlich leben, bis er endlich das Foto schießt, das beweist, dass es Nessie wirklich gibt. Und wenn das erledigt ist, fahren Sie weiter zum Loch Morar, wo es übrigens ein zweites Monster geben soll. Es trägt den Namen Mhorag, was auf Gälisch in etwa »Geist des Sees« bedeutet. Ach, es ist wirklich so einfach, in Schottland an Monster zu glauben.

6. GRUND

Weil man hier noch Elfen husten und Kobolde schimpfen hören kann

Glauben Sie nur nicht, dass nach Einhörnern und Unterwassermonstern nun schon Schluss sei mit der Magie von Schottland. Schottland ist einfach anders: Mit einem Bein scheint es noch immer in den mystischen Nebeln der Vergangenheit zu stehen. Hier darf man sich nicht wundern, wenn an lauen Sommerabenden das Husten einer Elfe aus einem nahe gelegenen Gebüsch die Ruhe stört oder wenn ein wütend schimpfender Kobold vor den ungläubigen Augen der Besucher die Straße überquert. Oder wenn die Menschen im Pub davon erzählen, dass genau das passiert ist. Das hat dann (oftmals) nichts mit einem übermäßigen Genuss von Whisky oder Ale zu tun, sondern ist Ausdruck dessen, was Schottland ist. Es ist – neben vielem anderen – ein Land der Geschichtenerzähler, der Träumer und Fantasten.

Das zu erklären ist nicht weiter schwer. Ein Winter konnte sehr lang werden, wenn man in einem kleinen abgeschiedenen Tal in den Highlands lebte. Dort kannte jeder jeden, und Nachrichten drangen nur so sporadisch dahin vor, dass man sich praktisch nie etwas Neues zu erzählen hatte. Dann hungerte der Geist nach Geschichten und Neuigkeiten – kurz: nach Beschäftigung. Was lag da also bis zur Erfindung der Vorabendserien in der BBC näher, als in jenem großen Koffer von Geschichten zu stöbern, der von Generation zu Generation zu Generation zu Generation weitervererbt wurde? Ein Fremder, der noch vor 100 Jahren in ein abgelegenes Dorf in den Highlands kam, musste sich darauf einstellen, die ganze Nacht belagert zu werden. Er tat also gut daran, neben sauberer Unterwäsche auch ein großes Paket Sagen und Legenden im Gepäck zu haben. Dann war ihm die sprichwörtliche Gastfreundschaft der Highlander sicher.

Je abgeschiedener die Region, desto länger hielt sich diese Tradition. Auf den Äußeren Hebriden ist sie in einigen entlegenen Winkeln bis heute lebendig geblieben. Doch nur wenige Besucher haben das Privileg, diese uralten Geschichten von einem Meister seines Fachs zu hören. Die meisten müssen mit dem vorliebnehmen, was die geschäftstüchtigen Schotten als kommerzielle Version ihrer Tradition vom Sitzen am Feuer entwickelt haben: mit der modernen Form des *cèilidhs.* Das *cèilidh* war ursprünglich eine Art Highland-Party, zu der sich alle Bewohner eines Ortes und der umliegenden Ortschaften trafen, um gemeinsam zu singen, zu musizieren, zu tanzen, Rätsel zu lösen und den alten Geschichten zu lauschen. Kurz gesagt: sich die langen Abendstunden zu vertreiben. Das *cèilidh* war das Primetime-Programm der vergangenen Jahrhunderte und ein Höhepunkt im harten, arbeitsamen Alltag der Highland-Schotten. Noch heute gibt es diese Tradition in einigen Teilen des Hochlands, vor allem aber auf den Inseln im Westen.

Wer nicht durch Glück und/oder gute Beziehungen zufällig in ein echtes *cèilidh* hineingerät, kann bei einer Touristen-Version wenigstens eine Ahnung davon bekommen, was diese urschottische Tradition ausmacht – und den überlieferten Erzählungen lauschen. Da finden sich dann Geschichten über gefährliche Riesen, schöne Jungfrauen, tapfere Helden, Geschichten über gewitzte Tiere – und natürlich Geschichten über das geheimnisvolle Volk der Feen. Jene *fairy tales* verdanken ihren Ursprung vor allem der überbordenden Kreativität der Schafhirten der Highlands. Man stelle sich vor: Ein Mann, 200 Schafe und ringsherum nichts als stille Berge, murmelnde Bäche und ein tückischer Wind, der durch das hohe Gras weht. Vereinzelt blöken die Schafe, mal hört man einen Vogel, aber sonst ist der Schäfer in dieser Wildnis an der Schwelle zum Feenland ganz allein mit sich und seinen Gedanken. Und wie er da so auf seinem Stein sitzt und verträumt in die Gegend blickt, da scheint es ihm plötzlich, als wäre er nicht allein. Die Natur um ihn herum – mag sie auch im Moment noch so friedlich erscheinen – fordert ihn Tag für Tag, Jahr für Jahr zum Kampf heraus. Ständig ringt er mit ihr um sein Leben und um das Leben seiner Herde. Mal kann er der feindlich gesinnten Natur einen Vorteil abringen und mal nicht. Fruchtbarer Boden für Legenden über geheimnisvolle Wesen, die in diesen Hügeln und Tälern ihr Unwesen treiben und den Menschen das Leben schwer machen.

Dieser ohnehin schon sehr vielversprechenden Mischung füge man nun noch eine ordentliche Prise Aberglauben hinzu, rühre einen tief verwurzelten Glauben an Schicksal und Bestimmung unter und würze das Ganze mit dem Bewusstsein des Unvermeidlichen und einer ständigen Präsenz von Dunkelheit und Tod. Was das angeht, waren die Schotten schon immer Pessimisten, wie Sir Georg Douglas im Vorwort zu seinem wunderbaren Buch *Scottish Folk & Fairy Tales*[3] schreibt. Während unser Schäfer also Stunde um Stunde allein auf seinem Stein hockt und schottisch-trübsinnig in die Wildnis starrt, entstehen aus den Erzählungen an den Feuern seiner Kindheit, den strengen Warnungen der Älteren und den Bildern um ihn herum abenteuerliche Geschichten. Geschichten wie die von Kilmeny, einem (selbstverständlich!) schönen jungen Mädchen, das eines späten Abends im letzten Licht des Tages durch ein wildes Tal wanderte – und dort plötzlich verschwand. Jahrelang sah und hörte man nichts von ihr, und aus Hoffnung wurde Verzweiflung. Auf den Tag genau sieben Jahre später tauchte sie plötzlich aus dem Nichts wieder auf und berichtete ihren fassungslosen Lieben, Feen hätten sie entführt und sie habe die letzten Jahre in deren zauberhafter Welt in Saus und Braus mit ihnen gelebt. Doch nach sieben Jahren hätte sich der Zauber verloren und die Feen hätten keine Macht mehr über sie gehabt. Und obwohl Kilmeny bei ihnen in größtem Glück gelebt habe, habe sie sich dafür entschieden, in die Welt der Menschen zurückzukehren.

James Hogg, alias »Ettrick Shepherd«, der Dichter, aus dessen Feder die typisch schottische Geschichte von Kilmeny stammt, erzählt sie natürlich viel schöner und poetischer, als ich es an dieser

Stelle kann, doch selbst diese Nacherzählung vermittelt einen Eindruck von dem, was für einen Highlander noch vor 100 Jahren zur Lebenswirklichkeit dazugehörte. Sie sensibilisiert für jene ganz besondere Stimmung in den Bergen und Tälern von Schottland. Auch als Besucher spürt man dort eine ergreifende Schwermut und hat eine Ahnung davon, dass zwischen den Felsen und Halmen noch etwas verborgen liegt, dass Ginster und Heidekraut mehr verbergen als kahlen Boden und dass das zarte feenhafte Husten im Gebüsch eben doch keine Einbildung war.

7. GRUND

Weil sich die »Flower of Scotland« zu wehren weiß

Warum die Schotten das Einhorn zu ihrem Wappentier gemacht haben, wissen wir bereits. Doch damit ist in der Symbolik Schottlands noch längst nicht Schluss. Es ist doch wirklich sehr bezeichnend, wenn sich ein Land die fiese Distel als nationales Symbol auserkoren hat. Keine liebliche Rose, kein süßes Gänseblümchen, nein, eine wehrhafte Pflanze, die mit hübschen Blüten lockt – und dann unerbittlich zusticht, sobald man nach ihr greift. Ohne viel mehr sagen zu müssen, klingt das doch sofort nach einer Beschreibung der schottischen Seele. Kein Wunder also, dass man der Distel in Schottland spätestens seit dem 13. Jahrhundert auf Schritt und Tritt begegnet: auf Wappen, als Schmuck, in Souvenirgeschäften, auf Buchcovern – oder wild wachsend in den Bergen. Wobei man »Schritt und Tritt« nicht unbedingt wörtlich nehmen sollte, denn wer schon einmal auf eine Distel getreten ist, der weiß, dass das durchaus dazu führen könnte, dass das persönliche Verhältnis zu Schottland einen Knacks davonträgt.

Das musste auch jener nordische Krieger erleben, der in der Legende hinter der Distel eine zentrale Rolle spielt. Es heißt nämlich, die Schotten hätten sich die Distel als *Flower of Scotland* ausgewählt, weil sie einmal verhindert hätte, dass eine Gruppe schottischer Krieger von den Wikingern überfallen wurde. Während die Schotten friedlich in ihre Plaids gewickelt schliefen, soll sich ihnen eine Gruppe nordischer Angreifer genähert haben. Als einer von ihnen jedoch unachtsam auf eine Distel trat und aufschrie, schreckte das die Schotten aus dem Schlaf auf. Dieser Art alarmiert, konnten sie die Feinde in die Flucht schlagen. Ich bin absolut davon überzeugt, dass sich dies mindestens einmal in der langen Geschichte Schottlands so zugetragen hat. Aber dennoch halte ich an der Vermutung fest, dass die Wahl vor allem deshalb auf die Distel fiel, weil sie dem schottischen Charakter so sehr entspricht wie keine andere Pflanze. Nicht umsonst heißt es in dem patriotischen Lied *The Thistle of Scotland*, das erstmals 1902 in Malcolm MacFarlanes Buch *Songs of the Highlands* veröffentlicht wurde:

> *'Tis the badge o' my country – it's aye dear to me; And the thocht o' them baith brings the licht to my e'e. Its strength and its beauty the storm never harms; It stan's on its guard like a warrior in arms […]O, my country, what wonder yer fame's gane afar; For yer sons ha'e been great baith in peace and in war […]*[4]

Frei übersetzt heißt das in etwa: »Dieses Symbol meines Landes ist mir so lieb. Der Gedanke an beide [also Distel und Schottland] bringt ein Leuchten in meine Augen. Seiner Stärke und Schönheit können Stürme nichts anhaben. Es steht standhaft wie ein bewaffneter Krieger. […] Oh, mein Land, dein Ruf eilt dir voraus, denn deine Söhne sind groß – in Krieg und in Frieden.« Die englische Version klingt natürlich wesentlich poetischer. Hier finden wir aber einen wichtigen Hinweis: Die Distel wird mit den Söhnen des Landes gleichgesetzt, die sich zu wehren wissen und die tapfer den Stürmen trotzen, die über das Land rollen. Denn eine Distel biegt sich zwar im eisigen Wind, der über die Highlands fegt, doch sie bricht nicht. Sie gedeiht selbst an extrem feuchten Orten, auf ehemaligen Hochmooren zum Beispiel, und unter nährstoff- und basenarmen Bedingungen. Von den jungen schottischen Kriegern sagten die Patrioten in der Vergangenheit das Gleiche. Das Leben in den Highlands war hart und entbehrungsreich; die Bedingungen nicht unbedingt perfekt. Doch die jungen Männer taten alles, um dieses – *ihr* – Land zu verteidigen. Und aus genau diesem Grund ist in dem berühmten Lied *The Flower of Scotland*, das heute als inoffizielle Nationalhymne Schottlands vor Fußball- und Rugbyspielen intoniert wird, nicht von der Distel die Rede, sondern von den jungen Schotten, die in der Blüte ihrer Jahre mit William »Braveheart« Wallace und Robert the Bruce in die Schlacht von Bannockburn gegen Edward II. gezogen sind.

O Flower of Scotland
When will we see
Your like again,
That fought and died for,
Your wee bit Hill and Glen,
And stood against him,
Proud Edward's Army,
And sent him homeward,
Tae think again.[5]

»Oh, Blüte von Schottland«, heißt es da in etwa. »Wann werden wir jemals wieder euresgleichen sehen, die für das kleine bisschen Hügel und Tal gekämpft haben und gestorben sind, das sie das Ihre nennen? Die sich so tapfer der Armee des stolzen Edward entgegengestellt und ihn nach Hause geschickt haben, damit er es sich noch einmal überlegt.« Und aus genau diesem Grund kann die Blüte von Schottland nichts anderes sein als die Distel: die tapfere, kleine wehrhafte Distel, die so schön anzusehen ist und die sich einfach nicht unterkriegen lässt. Der geneigte Besucher wird sie nun sicher mit anderen Augen sehen, wie sie sich überall tapfer am Straßenrand behauptet und die oft karge Landschaft der Highlands mit kleinen Farbtupfern sprenkelt.

8. GRUND

Weil sich die Flagge hervorragend als Gesichtsbemalung eignet

Jenen Männern, denen *The Flower of Scotland* gewidmet ist (bzw. ihren Interpreten in Hollywood), verdanken wir auch die fantastische Idee, die schottische Flagge als Gesichtsbemalung zu tragen. Die Szene gehört zu den ganz großen Momenten zwischen Kitsch und Pathos, die Hollywood so liebt. Dennoch treibt sie jedem Schottland-Fan unweigerlich Gänsehaut auf Arme und Rücken: jene Szene, in der William »Braveheart« Wallace, gespielt von Mel Gibson (der sich eigens für diesen Anlass einen schönen gefakten schottischen Akzent zugelegt hat), zu den verängstigten Männern in der schottischen Armee spricht, die gerade die Flucht ergreifen wollen. Auf seinem nervös tänzelnden Pferd reitet er vor den Männern auf und ab und motiviert sie für die anstehende Schlacht von *Stirling Bridge*, in der 2.000 Schotten 10.000 Engländern gegenüberstehen werden. Ein hoffnungsloses Unterfangen, wie es scheint, doch die triumphierende Musik lässt uns schon erahnen, dass gleich etwas Großes passieren wird. Und noch ein Signal gibt es. Das Gesicht von William Wallace ist mit blauer Farbe bemalt, und ein wilder weißer Strich bahnt sich seinen Weg von der Stirn bis zum Kinn. Ja, ganz recht: William Wallace trägt die schottische Flagge auf dem Gesicht. Also nicht ganz. Ein wenig mehr Mühe hätte er sich schon geben können. Aber Wallace war eben Krieger und kein Künstler, und so musste es ebendiese grobschlächtige Malerei tun. Das wirre Haar, das ihm nach allen Seiten vom Kopf absteht, tut dann sein Übriges dazu, ihn wie den Inbegriff der leidenschaftlichen Raserei wirken zu lassen. Das Signal seiner Kriegsbemalung ist also klar: Wir kämpfen für Schottland.

Jetzt mag man sich fragen, warum ein weißes Kreuz auf blauem Hintergrund eigentlich für Schottland steht. Grüne Hügel, weiße Schafe, goldener Whisky – das sind alles Farben, die man mit dem Land in Verbindung bringt. Ein strahlendes Himmelblau erfahrungsgemäß hingegen weniger. Doch wie so häufig liegt auch die Antwort auf diese Frage in der Vergangenheit von Schottland. Und zwar in wesentlich tieferer Vergangenheit, als man vermuten würde. Die schottische Flagge ist nämlich eine der wenigen wirklich alten Flaggen der Welt, die heute noch in Gebrauch sind. Seit mehr als 1.200 Jahren kämpfen die Unterdrückten aus dem hohen Norden Großbritanniens unter dieser Flagge gegen jene, die sie besetzen, vertreiben und vernichten wollen. Das weiße Andreaskreuz auf blauem Grund geht dabei auf eine Legende aus dem Jahr 832 zurück. König Hungus lag in seinem Zelt und schlief, wissend, dass er am nächsten Morgen seine Armee, bestehend aus Pikten und Scoten, in den Kampf gegen die Angelsachsen führen würde, die aus dem Süden in sein Land drängten. Im Traum erschien ihm der Apostel Andreas, der ihm versicherte, seine Armee würde den Sieg davontragen. Als Hungus am nächsten Morgen aus dem Zelt trat, leuchtete über ihm vor einem strahlend blauen Himmel ein weißes Kreuz aus Wolken. Nichts Besonderes, würde man heute denken. Das sind sicher Kondensstreifen von Flugzeugen, deren Routen sich zwischen den Flughäfen von Glasgow und Edinburgh irgendwann überschnitten haben. Aber 832 war ein Kreuz am Himmel schon ein ganz klares Signal: Der Apostel Andreas – nach ihm ist das Andreaskreuz benannt – bekräftigte seine Prophezeiung. Und tatsächlich trugen die Pikten und Scoten an diesem Tag den Sieg gegen die Angelsachsen davon. Wie hätte Hungus da nicht das weiße Andreaskreuz auf blauem Grund zur Flagge Schottlands machen sollen?

Okay, Hollywood, wir haben die Symbolik verstanden: Unser stolzer William Wallace sah sich also an jenem Tag, am 11. September 1297, in der Tradition von König Hungus. Auch seine Armee sollte gegen die Invasion aus dem Süden bestehen und die Männer zur Freiheit führen. Und so kam es auch. Die 2.300 Mann starke Armee unter Andrew de Moray und William Wallace trug den Sieg gegen die 9.000–12.000 Mann starken englischen Truppen unter John de Warenne davon. Zur Erinnerung daran thront seit 1869 das Wallace Monument über dem Tal von Stirling. Und ebenfalls zur Erinnerung an die Unabhängigkeit und den Widerstand der Schotten weht überall im Land die blaue Flagge mit weißem Kreuz. Auf Gesichtern sieht man sie dieser Tage nur selten. Doch im Allgemeinen ist die Royal Mile, die Flaniermeile der Altstadt Edinburghs (vor allem im August, zum *Edinburgh Fringe*, mehr dazu im Grund Nr. 109), ein geeigneter Ort, um danach Ausschau zu halten. Wer sich selbst die Flagge ins Gesicht malen möchte, ist übrigens im Farbton nicht festgelegt. Während die Farben der meisten Flaggen klar definiert sind – in der deutschen Flagge sind es Tiefschwarz (Pantone Black), Verkehrsrot (Pantone 485) und Rapsgelb (Pantone 7405) – kann für die schottische Flagge eigentlich jeder beliebige Blauton verwendet werden. Durchgesetzt hat sich zwar Pantone 300, aber schon im Union Jack, der sich aus der englischen und der schottischen Flagge zusammensetzt und die Fahne des Vereinigten Königreichs von Großbritannien und Nordirland bildet, wird ein wesentlich dunkleres Blau verwendet. Für die Gesichtsmalerei lässt sich also jedes Blau verwenden, das man gerade im Haus hat. Von den Schotten heißt es übrigens, dass sie immer den Ton verwenden würden, der gerade am günstigsten ist. Aber das ist doch eh alles nur Klischee.

9. GRUND

Weil in Schottland mehr Schafe als Menschen leben

Ich habe es schon angedeutet: Wenn man mich fragen würde, würde die schottische Flagge nicht unbedingt ein weißes Kreuz auf blauem Grund zeigen, sondern eher weiße Punkte auf grünem Grund. Wo man in Schottland auch hinschaut, grasen auf den Bergen und Hügeln und in den Tälern flauschige Schafe, die auf dünnen Beinchen riesige Ballen Wolle über Stock und Stein tragen. Kaum ein Hang, den sie nicht bezwingen, kaum ein Flecken Gras, den sie nicht früher oder später erreichen. Selbst am Applecross Pass in Wester Ross und an den felsigen Hängen am Old Man of Storr auf Skye kann man sie erblicken. Eingekuschelt in wärmste Wolle trotzen sie Wind, Schnee und Regen und tragen mit einer feinen Geruchsnote und vereinzeltem Blöken zum ultimativen Highland-Gefühl bei.

Nach dem Öl, das vor Aberdeen in der Nordsee gefördert wird, dem Whisky, den erneuerbaren Energien und dem Kreativsektor stellt die Landwirtschaft den wichtigsten Wirtschaftsfaktor in Schottland dar. Während aber der Süden und der Osten, die Lowlands also, mit ihrem fruchtbaren Boden beste Bedingungen für den Anbau von Gerste, Weizen, Hafer, Kartoffeln, Gemüse und Obst sowie für die Rinderzucht und Milchwirtschaft bieten, braucht man im Westen, in den Highlands und auf den Inseln, etwas, was genügsamer und widerstandsfähiger ist. Und wer schon einmal gesehen hat, mit welch stoischer Ruhe die robusten schottischen Schafe am Straßenrand stehen und trotzig gegen die Widrigkeiten des schottischen Wetters ankauen, der weiß, dass Schafe die perfekten Bewohner dieser Region sind. Deshalb gibt es in Schottland auch etwa anderthalb Mal so viele Schafe wie Menschen. In den Highlands dürfte dieses Verhältnis noch ungleich schlechter für den Menschen ausfallen.

Und das ist gar nicht mal so witzig gemeint, wie es zunächst klingt, denn als die Großbauern in Schottland begannen, im großen Stil Schafzucht zu betreiben, hatten die Menschen, die hier seit vielen Generationen lebten und das Land bewirtschafteten, das Nachsehen. Die sogenannten *Highland Clearances* sind ein dunkles Kapitel der schottischen Geschichte und bis heute vielerorts nicht ganz überwunden. Immer wieder hört man deshalb den Satz, die Schafzucht sei die »Geißel Schottlands«. Sie sorgt zwar für einen praktisch unerschöpflichen Nachschub an Haggis, dem Nationalgericht der Schotten, für Wollpullover und Plaids, die dem schottischen Wetter wirklich etwas entgegenzusetzen haben, und ja, sie hat auch Wohlstand gebracht – aber eben nur für wenige. Vorrangig für die alteingesessenen schottischen Gutsherren aus den Lowlands, die ihren Grund und Boden in den Highlands von landlosen Kleinbauern und den sogenannten Croftern (also Pächtern) bewirtschaften ließen und sich mit den Erträgen ein gemütliches Leben im Süden genehmigten. Daneben aber auch für die englischen Herrschaften, die mit dem Geld aus der Portokasse das alte Clansland aufkauften und nur einmal im Jahr – zur Jagdsaison – in den Norden kamen, um in Tweedjacke und mit stolzgeschwellter Brust, die Flinte über der Schulter, über ihr Land zu wandeln.

Und dieses Land sollte natürlich Erträge abwerfen. Als dann Ende des 18. Jahrhunderts überall in Europa die Industrielle Revolution begann, sollten auch die Highlands auf Vordermann gebracht werden. Man fing also an, das Hochland systematisch zu räumen. Ein unangemessen harmloser Begriff für das, was dort geschah. Die Highlander selbst sprachen damals stattdessen von *Fudach nan Gàidheal*, also von der »Vertreibung der Gälischsprachigen«. Die gälisch sprechende Bevölkerung der Highlands, die damals noch ein einfaches, traditionelles Leben führte, galt vielen Zeitgenossen als »minderwertige Rasse« – ein Bild, das die Presse im Süden nur zu gern streute. Innerhalb kürzester Zeit und mit viel Gewalt wurden jene Menschen vertrieben, deren Vorfahren seit Generationen dort gelebt hatten. Ihre Dörfer wurden zerstört, ihr Hab und Gut verbrannt und sie selbst in die Fabriken in den

Städten geschickt oder zwangsweise auf Auswandererschiffe verschleppt, die dann Kurs auf Australien oder Amerika nahmen. 1886 fanden die *Highland Clearances* mit dem *Crofters' Holdings (Scotland) Act* ein Ende, doch die Highlands waren anschließend nie mehr wieder dieselben. Überall erinnern heute Steinruinen, zwischen denen die unvermeidlichen Schafe grasen, an diese traurige Episode.

Für die Schafe wurde hier einst Platz geschaffen – und sie haben sich bis heute behauptet. Wie wichtig sie noch immer sind und welcher Wert ihnen beigemessen wird, kann man daran erkennen, dass Viehdiebstahl noch immer überall in Schottland ein großes Problem darstellt. Schon lange vor den *Highland Clearances*, als es den Schotten noch oblag, sich gegenseitig das Leben schwer zu machen, war es nicht unüblich, von einem nächtlichen Feldzug mit dem einen oder anderen fremden Rind heimzukehren. Heute erfreut sich vor allem der Diebstahl von Schafen großer Beliebtheit. Verständlich, denn ein Schaf lässt sich auch viel einfacher unter den Arm klemmen als eine Kuh! Die schottische Polizei geht davon aus, dass sich der wirtschaftliche Schaden, der jährlich durch Viehdiebstahl entsteht, auf mehrere Hunderttausend Pfund beläuft. Falls Sie also mit dem Gedanken spielen sollten, auf einer leeren Straße in den Highlands ein Souvenir einsammeln zu wollen – Tür auf, Schaf rein, Tür zu –, vergessen Sie es lieber. Der schottischen Wirtschaft zuliebe.

10. GRUND

Weil nasses Schaf eine unvergleichliche Duftnote abgibt

Natürlich, wenn ich ein Raumspray entwickeln dürfte – Eau d'Écosse, der Duft von Schottland – wäre »nasses Schaf« nicht unbedingt der Bestandteil, den ich groß auf das Etikett schreiben würde. Aber tatsächlich haben Schafe und Regen keinen unwesentlichen Anteil an diesem ganz besonderen Schottland-Duft. Ist ja auch kein Wunder, denn wenn die rund 50 Millionen Schafe des Landes über Tage hinweg im feinen Nieselregen stehen, muss sich das ja irgendwie auswirken. Hat man diese Duftquelle dann einmal identifiziert, kann man sich aufmachen, weiteren Nuancen nachzuspüren. In den Highlands kommt auf jeden Fall Torf hinzu. Nur wenig riecht so sehr nach Lieblingsland wie ein Torffeuer. Ein Duft übrigens, den man auch in den sehr charakterstarken Whiskys von den westlichen Inseln – Laphroaig und Talisker zum Beispiel – wiederfindet. Die Moorlandschaft erhält durch den Torf ihren ganz eigenen würzigen Duft. Heidekraut und Ginster mischen natürlich auch heftig mit. Wenn die Sonne – und das kommt häufiger vor, als man denkt – die widerspenstigen Gewächse bescheint, dann verströmen sie ein ganz eigenes würziges Aroma. Und natürlich das Meer nicht zu vergessen: eine wilde, salzige Note, die vom Wind in die Berge getragen wird.

Zu guter Letzt gibt es dann natürlich noch ein *special ingredient*, das jeder Chefkoch und Parfummeister wohl für sich behalten würde. Es ist so fein, dass man es kaum extrahieren könnte, und – zugegebenermaßen – auch nicht leicht zu erraten. Es ist der *Angels' share*, jener Anteil des Whiskys, der sich während des Reifeprozesses in die Luft verflüchtigt. 160 Millionen Flaschen Whisky verdunsten im Laufe eines Jahres und bereiten den Engeln berauschte Stunden in der angereicherten Atmosphäre über Schottland. 160 Millionen Flaschen, die sich mit dem Duft von Schaf im Regen, von Torffeuer, wildem, sonnengereiftem Kraut und Meer zu jenem speziellen Duft verbinden, der unter dem Namen »Eau d'Écosse« sicher ein Bestseller unter Schottland-Fans wäre. Vermutlich nur unter denen, aber bei rund 20 Millionen begeisterten Touristen im Jahr ist das doch schon ein ordentlicher Markt.

11. GRUND

Weil das Wetter die Erwartungen nie enttäuscht

Sollte im vorangegangenen Kapitel der Eindruck entstanden sein, das Wetter in Schottland wäre eine einzige herbe Enttäuschung, dann muss ich dem nun vehement und inbrünstig widersprechen. Ich möchte ihm sogar etwas sehr zugutehalten: Es enttäuscht die Erwartungen nicht. Ganz im Gegenteil! Ständig hält es positive Überraschungen bereit. Jeder Sonnentag – und davon gibt es gar nicht so wenige, wie man immer denkt – fühlt sich wie ein Geschenk an. Das ist ja eigentlich immer so, wenn man ohne jede Erwartung irgendwohin kommt und plötzlich alles viel besser ist als gedacht. Und von welchem Urlaubsort kann man das sonst schon sagen? Wer nach Spanien reist, der erwartet täglich traumhaftes Strandwetter und ist stinksauer, sobald sich eine Wolke am Himmel zeigt. Wer nach Italien fährt, rechnet nicht mit Regen und steht dann im schlimmsten Fall bedröppelt in einer riesigen Pfütze. Und in der Karibik wird jeder Tag, der nicht als herrlich sonniges Postkartenmotiv daherkommt, zur herben Enttäuschung. Schottland ist da ganz anders. Vom Wetter hier erwartet man nichts. Außer vielleicht Regen. Und Wind. Manchmal auch Sturm. Oder sogar Schnee. Und natürlich bekommt man von (fast) allem auch etwas ab, aber (und dieses »Aber« ist von zentraler Bedeutung!) das Wetter in Schottland ist im Großen und Ganzen viel besser als sein Ruf!

Also Schluss mit den Vorurteilen und Witzen über das schlechte Wetter in Schottland! Werfen wir doch mal einen objektiven Blick auf die Daten, um all jene zu beruhigen, die meinen, ein dicker Ski-Anzug könnte in Schottland unter Umständen auch im Sommer angebracht sein. Da zeigt sich, dass das Wetter hier das ganze Jahr über recht konstant ist: nämlich kühl und feucht. Okay, das klingt jetzt im ersten Moment nicht so toll. So ganz weit hergeholt sind die Vorurteile eben auch nicht. Allerdings gilt das vor allem für die

Monate September bis März. Monate also, die auch in Deutschland nicht unbedingt überragend sind. Und auch hier muss man Schottland immerhin zugutehalten, dass die Winter recht mild sind. Das verdankt das Land dem Golfstrom, der das ganze Jahr über für angenehme Temperaturen sorgt – auch wenn es dabei die ganze Zeit regnet.

Zwischen April und August aber ist das Wetter weitgehend (!) trocken und beständig. Ja, man mag es kaum glauben, aber mit durchschnittlich 73,2 Millimeter Niederschlagsmenge im Juli ist Schottland deutlich trockener als Deutschland zur gleichen Zeit, wo man mit 83,6 Millimetern zu rechnen hat. Zugegeben, diese Zahlen sind wenig aussagekräftig, denn natürlich gibt es in Schottland Orte, an denen es im Juli wirklich viel regnet (Fort William mit sagenhaften 137 Millimetern zum Beispiel!), und umgekehrt in Deutschland sehr trockene Orte. Aber der allgemeine Trend meint es gar nicht so schlecht mit den Schottland-Urlaubern. Die Temperaturen liegen zwar im Hochsommer durchschnittlich nur bei recht kühlen 14 bis 18 Grad (Deutschland kann hier mit fast 10 Grad mehr auftrumpfen), doch es gibt – und da kann ich jeden beruhigen – viele, viele Tage über den Sommer verteilt, an denen die Sonne von einem strahlend blauen Himmel scheint und die Urlauber mit 20 bis 25 Grad verwöhnt. Dann zeigt sich Schottland wirklich von seiner allerschönsten Seite. Wer dann im Ski-Anzug dasitzt, wird sich ärgern. Obwohl: Im Cairngorms-Nationalpark kann man sich im Sommer auf dem heißen Sandstrand von Loch Morlich schon die Füße verbrennen, während oben auf den Gipfeln noch Schnee in der Sonne glänzt.

Wer in seinem Urlaub wirklich auf Nummer sicher gehen will, plant seine Reise nach Schottland also für den Juli ein. Bei 14 bis 18 Grad kommen hier annähernd sommerliche Gefühle auf, und auch die Regenwahrscheinlichkeit ist recht gering. Eine Garantie übernehme ich dafür zwar nicht, denn das schottische Wetter und die Schotten nehmen sich in puncto Eigensinn recht wenig, doch die allgemeinen Tendenzen sprechen dafür. Wer, was das Wetter angeht, nicht ganz so wählerisch ist, bucht seinen Urlaub dann, wenn die Briten nicht gerade Sommerferien haben und mit Kind und Kegel in jeden Winkel der Insel ausschwärmen. Dafür nimmt man dann halt den einen oder anderen Regentropfen mehr in Kauf. Doch es gibt ja bekanntlich kein schlechtes Wetter, sondern nur schlechte Kleidung. Und über jeden zusätzlichen Sonnenstrahl kann man sich dann gleich doppelt so doll freuen. Zugleich hat die lange Kleidung den Vorteil, dass sie die Urlauber vor der fiesen *Highland midge* schützt, einer hundsgemeinen Mücke, die das Leben vor allem in den westlichen Highlands von Juni bis Oktober ein kleines bisschen schwieriger macht. Doch dazu später mehr im Grund Nr. 26.

Zum Schluss noch ein kleiner Tipp: Auch das Klischee, die Briten würden sich ständig über das Wetter unterhalten, ist nicht allzu weit hergeholt. Tatsächlich spricht man in Schottland immer und ständig über das Wetter. In der Pension, im Pub, im Supermarkt, zur Tea Time, am Strand oder an den Touristenattraktionen. Kein Wunder, denn das Wetter kann sich von einem Tag auf den anderen dramatisch verändern. Da gibt es eben immer etwas zu besprechen. Machen Sie einfach mit! Polieren Sie vorab Ihre Vokabeln zum Thema Wetter noch einmal auf, halten Sie mehrere Synonyme bereit, die beschreiben, was für ein außergewöhnlich schöner/schlechter Tag heute ist – und Sie sind für jede Unterhaltung gerüstet. Auch als Gesprächsthema ist das Wetter in Schottland also keine Enttäuschung.

12. GRUND

Weil altmodisch hier so herrlich in Mode ist

Es gibt Länder, in denen man automatisch erwartet, dass alles neu und hypermodern ist. In Schottland eher nicht. Hier freut man sich über alles, was irgendwie altmodisch ist und auf eine lange Geschichte schließen lässt. Von Schottland meint man einfach, dass es bei allem Fortschritt noch immer mit einem Bein in der Vergangenheit steht. Und das will man als Schottland-Urlauber auch sehen und fühlen. Man möchte nicht in einem wahnsinnig modernen Glaskasten mit allem technischen Schnickschnack wohnen. Nein, man möchte in einem dunklen Cottage aus massivem Stein wohnen und am liebsten noch von innen über die unverputzten Quadersteine streichen können. Man freut sich über Waschbecken mit schnörkeligen Wasserhähnen, die noch vollkommen ohne Mischbatterie auskommen, sodass man sich abwechselnd die Finger verbrüht und verkühlt. Man möchte sich das Zimmer mit uralten Kommoden und Schränken teilen, die mit den betagten Dielen um die Wette knarzen, und wünscht sich altmodische Tagesdecken über dem Bett, deren Rüschen über einen antik anmutenden Teppich gleiten. Man möchte Vorhänge vor den nur einfach verglasten Fenstern haben, die aussehen, als hingen sie schon seit Urgroßmutters Zeiten da und wären nur ab und zu zum Waschen abgenommen worden. Und man möchte seinen Tee aus winzigen Porzellantassen trinken, deren filigrane Verzierungen andeuten, dass das gute Stück besser im Museum als vor uns auf dem in die Jahre gekommenen Couchtisch stünde.

All das versetzt den Schottland-Urlauber in einen Zustand absoluter Glücksseligkeit. Hier fühlt er sich wohl, und der Alltag ist weit weg. Zum Spaß stellt er sich in alte rote Telefonboxen und kichert über die Vorstellung, dass es einmal eine Zeit gab, in der man sie tatsächlich noch benutzte, anstatt einfach das Handy aus der Tasche zu ziehen. Ja, der Schottland-Besucher liebt das Altmodische, und er ist regelrecht verletzt, wenn das Land dann einmal auf modern macht. Das beste Beispiel dafür ist das schottische Parlament in Edinburgh. Mitten in der herrlich düsteren Altstadt errichtet, ist das 2004 eröffnete Parlamentsgebäude eine regelrechte Beleidigung für das Auge des geschichtsversessenen Touristen. Sicher, der Neubau des katalanischen Architekten Enric Miralles, dessen Dach – aus welchem Grund auch immer – an ein umgedrehtes Schiff erinnert, hat mit dem Stirling Prize, der vom *Royal Institute of British Architects* verliehen wird, die höchste Auszeichnung für zeitgenössische britische Architektur erhalten. Aber wem nützt das etwas, wenn das Gebäude den uralten Gesamteindruck in der Blickachse von Arthur's Seat, Holyrood Palace, Royal Mile und Edinburgh Castle zerstört? Wenn man das Gefühl hat, jedes andere Gebäude in diesem Teil der Stadt sei direkt mit dem Vulkangestein aus der Erde gewachsen und so alt wie die Zeit selbst? Ein Gefühl übrigens, das auch viele Schotten teilen, die das Gebäude als Schandfleck in der wunderschönen Altstadt Edinburghs empfinden. Zumal die Schotten auf das Gebäude, das im Monat mehr als 140.000 Pfund an Reparatur- und Instandhaltungskosten verschlingt, ohnehin nicht sonderlich gut zu sprechen sind. Die Geschichte des Bauwerks – so kurz sie auch erst sein mag – erinnert eher an die Elbphilharmonie in Hamburg oder den Flughafen BER in Berlin als an die Erfolgsgeschichten, die die historischen Gebäude der Stadt schrieben. Edinburgh Castle zum Beispiel wurde im 13. Jahrhundert errichtet, um zu bleiben. Das Parlamentsgebäude wurde 2004 eröffnet, um zehn Jahre später in einen Zustand zu geraten, in dem es günstiger wäre, das Gebäude 2020 abzureißen und komplett neu zu bauen, als es zu retten, wie der Architekt David Black im Januar 2014 dem *Scotsman*[6] sagte. Vielleicht ist das einer der Gründe, warum wir das Altmodische in Schottland so mögen: Wir wissen, dass es bleibt, und das gibt uns irgendwie Ruhe und Zuversicht in dieser Welt, die sich so schnell ändert.

13. GRUND

Weil die schottischen Pfundnoten so schön bunt sind

Zugegeben: Die schottischen Pfundnoten sehen ein bisschen aus wie Spielzeuggeld. Kleiner und bunter als die englischen Pfund, traut man ihnen einfach nicht die gleiche Kaufkraft zu wie ihren Stiefgeschwistern aus dem Süden. Als ich nach einer kurzen Stippvisite in Schottland einmal nach Wales kam und dort mit meinen restlichen schottischen Pfund bezahlen wollte, gab das viel Anlass zu Witzeleien. Ich fühlte mich damals ein bisschen, als hätte ich mein *Monopoly*-Set geplündert und nun versucht, mit den albernen kleinen Scheinen in der realen Welt einzukaufen. Ganz eindeutig wollte man mir suggerieren, das schottische Pfund sei weniger wert als sein englischer Kumpel. Ich sah es den Walisern damals nach: Vielleicht waren sie einfach nur neidisch auf Schottlands Privileg, sein eigenes Geld drucken zu dürfen. Ein Privileg, das übrigens außerdem Nordirland, die Isle of Man und die Kanalinseln genießen.

Heute weiß ich: Die Waliser hätten die schottischen Pfundnoten damals nicht akzeptieren *müssen*. Sie sind kein gesetzliches Zahlungsmittel. Es gibt also keinen Annahmezwang. In anderen Teilen Großbritanniens sind die schottischen Pfund aus diesem Grund nicht gern gesehen. Das ist ein bisschen wie beim Schwarzen Peter: Wer den Schein zuletzt angenommen hat und dann damit nicht bezahlen kann, hat verloren. Damit stehen die schottischen Pfund aber nicht alleine da. In Großbritannien gibt es nämlich die eigenartige Praxis, dass es Privatbanken – also zum Beispiel der Bank of Scotland, der Royal Bank of Scotland und der Clydesdale Bank – erlaubt ist, ihre eigenen Geldscheine herauszugeben. Diese Rechtslage trägt mitunter fantasievolle Früchte, bei denen es nicht weiter verwunderlich ist, wenn Verkäufer und Gastwirte nur die Arme vor der Brust verschränken und langsam den Kopf schütteln.

Dabei sind die Pfundnoten, die zum Beispiel von der Clydesdale Bank herausgegeben werden, regelrechte Kunstwerke, die Schottland nach allen Regeln der Kunst feiern. Auf der Rückseite der Noten finden sich Abbildungen der schönsten Landschaften und wichtigsten Städte des Landes, während sich auf der Vorderseite berühmte Persönlichkeiten der schottischen Geschichte tummeln. So finden wir auf der 20-Pfund-Note zum Beispiel Robert the Bruce, der dem eingefleischten Schottland-Fan inzwischen als der schottische König bekannt sein dürfte, für den William »Braveheart« Wallace im 14. Jahrhundert gegen die Engländer in die Schlacht bei Bannockburn zog. Die Schlacht gilt als einer der größten Momente der schottischen Geschichte und machte Robert the Bruce zum ewigen Nationalhelden. Die 100-Pfund-Note der Clydesdale Bank besinnt sich dann auf einen großen Schotten der jüngeren Vergangenheit. Auf Lord Kelvin, der hier verewigt ist, gehen unter anderem die Kelvin-Skala, die Tiefseetelegrafenkabel und der Trockenkompass zurück. Dass Kelvin in Irland geboren wurde, ist den Schotten dabei herzlich egal; schließlich erhielt er seine universitäre Ausbildung in Glasgow.

Die Bank of Scotland hat sich für ihre Pfundnoten hingegen ganz auf einen großen Schotten eingeschossen: auf Sir Walter Scott. Alle Scheine der Bank zeigen das Konterfei des Nationalschriftstellers und werden auf der Rückseite von Brücken geziert. Die Scheine der Royal Bank of Scotland zeigen dann Lord Ilay, den ersten Gouverneur der Bank, und präsentieren auf der Rückseite schottische Burgen. Bei so viel Einfallsreichtum muss man dann schon froh sein, dass sich die drei Banken wenigstens auf eine einheitliche Farbgebung für die schottischen Noten geeinigt haben. Außerdem haben sie sich darauf verständigt, 100-Pfund-Noten herauszugeben. Die gibt es für das Pfund der Bank of England nicht.

Wenn Sie in Ihrem Urlaub in Schottland wirklich auf Nummer sicher gehen wollen, tauschen Sie Ihren Euro aber lieber in die langweiligen englischen Pfund um. Das gesetzliche Zahlungsmittel sorgt dafür, dass Sie wirklich überall auf der Insel Ihre Rechnungen begleichen können. Vor Ort in Schottland wird man Ihnen dann mit Sicherheit die hübschen bunten Scheine der schottischen Banken als Wechselgeld in die Hand drücken. Im Idealfall sorgen Sie dafür, dass Sie diese Noten dann schnell wieder unter die Leute bringen, bevor Sie Schottland verlassen. Das hilft Ihnen und Schottland: Ein letzter Stopp in einem Souvenir-Geschäft oder in einer Whisky-Destillerie kann wahre Wunder wirken. Auch in einem deutschen Wechselbüro kann es Ihnen nämlich passieren, dass die Noten nicht als Zahlungsmittel anerkannt werden. Außerdem ist der Wechselkurs für schottische Pfund im Ausland häufig schlechter, obwohl englische und schottische Pfund auf der Insel selbst 1:1 umgetauscht werden können. Dann hat man am Ende möglicherweise mehr davon, wenn man die schottischen Pfundnoten als Erinnerungsstücke einrahmt – oder als Reserve für den nächsten Urlaub in Schottland aufhebt. Denn der kommt bestimmt!

II

WENN SCHOTTLAND ENDLICH IN SICHT KOMMT

14. GRUND

Weil Schottland so schön weit weg von allem ist

Also um ehrlich zu sein, ist Schottland gar nicht so weit weg. Mit dem Flugzeug erreicht man Edinburgh oder Glasgow (ab Frankfurt oder Berlin) in etwa zwei Stunden – und dann ist man schon mittendrin. Die große Entfernung ist eher ein subjektiver Eindruck als geografische Realität. Es sei denn, man reist mit dem Auto und/oder mit der Fähre an. Vier bis fünf Tage von Berlin nach Inverness sind realistisch, wenn man von Calais nach Dover übersetzt, nur einen Fahrer hat und unterwegs auch mal anhalten und etwas anschauen möchte. Für den kleinen Urlaub zwischendurch ist diese Art der Anreise natürlich nicht geeignet. Auch die Fähre lässt sich Zeit und bringt den Urlauber auf der beliebtesten Strecke in 16 gemütlichen Stunden von Amsterdam nach Newcastle. Und dann ist man auch erst in Nordengland, und es dauert mit dem Auto noch etwa 2,5 Stunden, bis man beispielsweise Edinburgh erreicht.

Diese Art der Anreise birgt jedoch jenen positiven Nebeneffekt, den man heutzutage allgemein als »Entschleunigung« kennt. Wenn die Fähre im gemächlichen Tempo durch die Nacht gleitet (vorausgesetzt, die Wellen der Nordsee spielen ihr nicht übel mit), kann man nichts weiter tun, als sich entspannt im Bordrestaurant zurückzulehnen, ein Glas Whisky zu trinken und sich auf den bevorstehenden Urlaub zu freuen. Wer das im Flugzeug nach Schottland versucht, wird mit einem kleinen Bier vorliebnehmen und das auch recht schnell trinken müssen, denn ehe man sich versieht, berührt das Fahrwerk schon schottischen Boden und der Urlaub kann beginnen. Wer mit dem Flugzeug anreist, wird also ein paar Tage brauchen, bis er die gefühlte Entfernung von Schottland empfindet, die deutlich größer ist als die realen knapp 2.000 Kilometer. Doch spätestens nach drei Tagen tritt jener Effekt ein, den die Autofahrer schon bei der Anreise bemerken: Das Land schließt sich um den Reisenden und schottet ihn (kleiner Wortwitz am Rande) vom Rest der Welt ab. Das hat nichts mit schlechten Telefonleitungen, langsamen Internetverbindungen oder einer UK-zentrierten Berichterstattung in Zeitung und Fernsehen zu tun – die schnelle Internetverbindung in vielen *Bed and Breakfasts* in den Highlands gibt immer wieder Anlass zum Staunen! –, sondern viel eher damit, dass das Land die ganze Aufmerksamkeit seiner Besucher fordert. Zwischen all den Postkartenmotiven, die den Auslöser der Kamera Tag für Tag strapazieren, verschwindet einfach alles andere.

Am deutlichsten spürt man diesen Effekt in den westlichen Highlands: Die Berge schmiegen sich zärtlich um den Besucher, und alles, was dahinter liegt, wird für die Dauer des Urlaubs unsichtbar. Zu vergleichen ist dieser Effekt etwa mit den Nebeln, die die mystische Insel Avalon in den gleichnamigen Büchern von Marion Zimmer Bradley umgeben. Eingeweihten öffnen sich die Nebel, doch kaum haben sie sie passiert, verschließen sie sich undurchdringlich vor den Augen der Unbefugten. Und wenn Ihnen das noch nicht genug Abstand zum Alltag ist, nehmen Sie von der Westküste aus die Fähre oder die Inselhopper-Flugzeuge und statten Sie den Äußeren Hebriden oder Orkney einen Besuch ab. Hier sind Sie wirklich weit weg von allem! Ihr Leben zu Hause und das 21. Jahrhundert rücken in weite Ferne.

Zwar lebt man auf Harris and Lewis oder auf Barra nicht hinter dem Mond (und auch nicht mehr im 19. Jahrhundert), aber die Inseln machen ihr eigenes Ding. Hier sprechen viele Menschen noch gälisch, hier sind Nachbarn noch Freunde, hier kennt jeder noch jeden. Doch was will man auch anderes machen, wenn man auf einer knapp 1.800 Quadratkilometer großen Insel in der Irischen See fast schutzlos den Launen der Natur ausgesetzt ist und wenn es Tage und Wochen gibt, an denen Fähren und Flugzeuge ihre Schwierigkeiten haben, die Insel überhaupt zu erreichen? Dann rückt man ein Stück zusammen, hüllt sich in die warmen Pullover und Plaids, die man im Winter zuvor aus der Wolle jener

Schafe gefertigt hat, die draußen vor der Tür im Sturm weiden, lauscht der Musik und den alten Geschichten und ist im wahrsten Sinne des Wortes eine Insel. Weiter weg vom Leben in deutschen Großstädten kann man kaum sein. Sobald man dann aus dieser Welt wieder auftaucht, die Inseln und Berge hinter sich lässt, in den Flieger steigt und die kurze Heimreise antritt, wird man kaum glauben können, wie weit Schottland eigentlich weg ist, obwohl es doch so nah liegt.

15. GRUND

Weil in Schottland alles ein bisschen langsamer geht

Entschleunigung ist in Schottland wirklich das Wort der Stunde. Und das nicht nur bei der Anreise. Auch der ganze Urlaub erfährt eine Entschleunigung – notgedrungen, wie man sagen muss. Und zwar auf 112 Kilometer pro Stunde, also 70 *miles per hour*, um genau zu sein. Denn so etwas wie freie Fahrt und Vollgas gibt es auf britischen Autobahnen nicht. Nicht einmal auf einer schnurgeraden, leeren Fernverkehrsstraße mitten in der Nacht. Als umsichtiger Schottland-Besucher stellt man sich natürlich darauf ein, fährt ordentlich, »Strich 110 Kilometer pro Stunde«, auf der linken Spur der Motorways – und lässt sich rechts von all den anderen Autos überholen, deren Fahrer sich entgeistert fragen, welcher Spinner da wieder die linke Spur blockiert. Ein ausländisches Kennzeichen kann in solchen Fällen helfen. Tatsächlich nämlich interessiert es die Briten in den meisten Fällen nicht wirklich, welche Geschwindigkeit gerade ausgeschrieben ist. Verständlich: Niemand, dessen Auto in fünf Sekunden von 0 auf 100 beschleunigen kann, würde dann abbremsen und sich mit 112 Kilometern pro Stunde in die Kolonne der gewöhnlichen Trödler einordnen. Die 100 Pfund Bußgeld, die dann zu zahlen sind, sind für viele Briten also womöglich eher eine Auszeichnung als eine Strafe.

Auch auf britischen Autobahnen wird deshalb mitunter gerast, was das Zeug hält. Interessant wird das vor allem im Norden von Schottland, wo die Autobahnen, die in der Peripherie von London, Manchester und Liverpool schon gerne mal vier- bis sechsspurig werden, *einspurigen* Straßen weichen. Und das auch auf der Haupt-Nord-Süd-Achse zwischen Edinburgh und Inverness. Die A9, auch *Highland Highway* genannt, gilt deshalb als eine der gefährlichsten Straßen Großbritanniens. Mit 439 Kilometern ist sie die längste Fernverkehrsstraße des Landes. Zwei Spuren wären hier ein Minimum, um das Verkehrsaufkommen zu bewältigen. Doch stattdessen fahren Hunderte von Autos Kilometer über Kilometer über Kilometer auf einer einzigen Spur hinter einem einzelnen Lastwagen her. Der ist zwar per Gesetz dazu angehalten, die Ausweichbuchten zu nutzen, die alle paar Kilometer das Überholen ermöglichen sollen, doch nicht alle Lkw-Fahrer halten sich daran. Die wenigen zweispurigen Abschnitte sind dann viel zu kurz, um wirklich ein paar Autos in der Karawane abzuhängen. Klar, dass man dann irgendwann ungeduldig wird. Vor allem, wenn man nicht das erste Mal über die A9 fährt und so von der Landschaft fasziniert ist, dass einem alles andere egal ist. Die täglichen Pendler halten von der Entschleunigung auf schottischen Fernstraßen eher weniger – und drängeln, als gäbe es kein Morgen. Riskante Überholmanöver auf einspurigen, kurvenreichen Straßen sind keine Seltenheit. Vor allem vor den weißen Handwerker-Vans sollte man sich in Acht nehmen, wie mir ein Freund aus Schottland immer wieder ans Herz legte. Die *white van men* wollen nämlich nichts mehr, als möglichst schnell von A nach B zu kommen. Koste es, was es wolle. In Schottland ist man jetzt deshalb bemüht, den Ausbau der A9 schnellstmöglich voranzutreiben. Schottland-Fans und Schotten können also aufatmen: Spätestens 2025 wird man auf dem *Highland Highway* endlich die angemessenen 112 Kilometer pro Stunde fahren können.

Andersherum verhält es sich übrigens auf den kleinen Straßen in den Highlands. Das gesetzliche *speed limit* liegt hier auf einspurigen Straßen bei todesmutigen 60 *miles per hour*, also 96 Kilometer pro Stunde. Man stelle sich eine schmale Straße vor, die sich in unübersichtlichen Kurven durch die Bergwelt windet. Es ist nahezu unmöglich, weiter als einen Kilometer vorauszuschauen. Entgegenkommende Autos, Schafe, die träge auf der Straße dösen, urplötzlich auftauchende Baustellenampeln, die gestern noch nicht da waren, fotografierende Touristen oder verirrte Hochlandrinder sind hinter der nächsten Kurve unmöglich rechtzeitig auszumachen, wenn man mit fast 100 Sachen durch die Gegend brettert. Der umsichtige Besucher bremst deshalb automatisch auf 50 Kilometer pro Stunde – oder weniger – ab und starrt ungläubig auf das Schild, das ihm erlaubt, etwa die doppelte Geschwindigkeit zu fahren. Hier ist die Entschleunigung eine selbst gewählte. Typisch: Wo man darf, will man nicht, und wo man will, darf man nicht. Außer die Schotten: Die dürfen immer. Es ist deshalb ratsam, die gekennzeichneten Ausweichbuchten in den Highlands möglichst häufig zu nutzen und die Drängler überholen zu lassen. Positiver Nebeneffekt: Sie können die Zeit zum Staunen (und Fotografieren) nutzen – und so wirklich entschleunigen.

16. GRUND

Weil Linksverkehr so eine schöne Abwechslung ist

Als ich in der dritten Klasse war, hatten wir an der Schule Fahrrad-Fahrstunden. Die wurden auf einem in sich geschlossenen Parcours abgehalten, der alle kniffeligen Situationen des Stadtverkehrs simulierte und uns so optimal auf die Bedingungen in der realen Welt der Fahrradfahrer vorbereitete. Als ich dann das erste Mal mit meinem Auto, einem 20 Jahre alten Opel Astra namens Bob, britischen

Boden berührte, war es in etwa das gleiche Gefühl. Damals fuhren wir, Bob und ich, in Dover von der Fähre und fühlten uns, als hätten die Briten Dover ursprünglich nur zu dem einen Zweck angelegt, unbedarfte, links lenkende Bewohner des Kontinents mit allem zu konfrontieren, was sie auf der Insel erwarten könnte. Schon die Brücke, die den Hafen mit der Stadt an der südenglischen Küste verbindet, zeigt dem Besucher, dass er sich hier auf Testgelände befindet. Und dass der Linksverkehr keine Gnade kennt. Einmal drin, kann man nur hoffen, dass man durch eine glückliche Fügung vor dem ersten Kreisverkehr in die richtige Spur gerät.

Dieses Glück hatte ich nicht. Nach der zweiten Runde – und keine Möglichkeit zu entkommen in Sicht – standen mir die Tränen in den Augen. Was für eine dumme Idee: Ich verfügte über so gut wie keine Fahrpraxis und sollte mich nun im Linksverkehr behaupten! Da sah ich einen Mann am Straßenrand, der meine Kreise zu beobachten schien, schließlich den Arm hob und Richtung Westen deutete. Später vermutete ich, dass er den täglichen Gang zum ersten Kreisverkehr auf britischem Boden zu seinem persönlichen Hobby auserkoren hatte und dort hilflose Touristen auf den richtigen Weg – oder in die Irre – schickte. Vielleicht war das auch tagesformabhängig. Ich weiß natürlich bis heute nicht, ob er wirklich mich meinte, aber ich nahm allen Mut zusammen und fuhr aus dem Kreisverkehr heraus. Von da an wurde es nur noch besser. Schon am nächsten Tag – eine Nacht in einem kitschig-gemütlichen *Bed and Breakfast* wirkt manchmal Wunder – begann ich, Freundschaft mit dem Linksverkehr zu schließen. Es dauerte nicht lange, da fuhr ich auf der linken um ein Vielfaches besser als auf der rechten Seite. Wie die Profis reihten sich Bob und ich vor Kreisverkehren in die entsprechende Spur ein, bogen ohne Probleme rechts ab und parkten mit einer Souveränität am linken Straßenrand ein, die sich sehen lassen konnte.

Als ich ein Jahr später in Schottland durch die Highlands kurvte, war ich fest davon überzeugt, dass der Linksverkehr die schönste

Art des Autofahrens sei, irgendwie eleganter als der grobschlächtige Rechtsverkehr. Bob und ich hatten aber auch mehrere Monate Zeit zum Üben. Die meisten Schottland-Urlauber haben diese Zeit nicht. Deshalb hier ein paar Tipps zum Überleben im britischen Linksverkehr: Ein Urlaub in Schottland ist der beste Zeitpunkt, einer ausgeprägten Links-Rechts-Schwäche freien Lauf zu lassen. Wer sonst »rechts« dachte und »links« meinte, der liegt nun endlich einmal richtig. Vorausgesetzt, er versucht jetzt nicht, es endlich bewusst richtig zu machen. Auf der Insel fährt man links auf Autobahnen und Straßen auf und hält dabei rechts nach Verkehr Ausschau. In einem britischen Mietwagen, der das Lenkrad auf der rechten Seite hat, ist das natürlich viel einfacher als in einem deutschen Auto. Hier empfiehlt es sich, den rechten Seitenspiegel entsprechend zu justieren.

Überholt wird natürlich rechts. Allgemein gilt das Linksfahrgebot. Das heißt, wer nicht überholt, fährt auf der linken Spur. Doch so, wie sich in Deutschland nicht alle Fahrer an das Rechtsfahrgebot halten, gibt es auch in Schottland viele, die damit auf Kriegsfuß stehen. Doch keine Sorge: In Schottland – vor allem im Norden – gibt es so wenige Autobahnen oder mehrspurige Straßen, dass Sie damit keine Probleme haben dürften. Wird ein Kreisverkehr angekündigt, heißt es: einordnen. Dieser besonderen Eigenart des britischen Verkehrs widme ich gleich noch ein gesondertes Kapitel, denn dem ganzen System scheint ein riesiges Mysterium innezuwohnen, dem eine extragroße Portion Aufmerksamkeit gebührt. Halten Sie sich ansonsten an die bereits genannten Geschwindigkeitsbegrenzungen, vermeiden Sie es, versehentlich auf die Gegenfahrbahn abzubiegen, und vergessen Sie nicht den Schulterblick beim Linksabbiegen (und den Gegenverkehr beim Rechtsabbiegen) – und Sie kommen sicher und mit viel Fahrspaß durch Ihren Urlaub in Schottland. Ein letzter Tipp noch: Zurück in Deutschland, fahren wir dann wieder auf der rechten Seite.

Weil linksdrehende Kreisverkehre einfach Spaß machen

Ich habe sie eben schon einmal angesprochen: die berühmt-berüchtigten britischen Kreisverkehre. Sie dürfen einfach nirgendwo auf der Insel fehlen und sind den Briten so lieb, dass sie mit großer Hingabe wenigstens alle paar Kilometer einen Kreisverkehr errichten. Das spart eine Menge Ampeln und sorgt dafür, dass der Verkehr ständig im Fluss bleibt. Natürlich nur, wenn alle das ausgefeilte System der Kreisverkehre verstehen und beherrschen. Kleine Kreisverkehre mitten im Nirgendwo sind kein Problem. Sie sind einspurig und vollkommen selbsterklärend. Als deutscher Urlauber muss man lediglich daran denken, *links* herum in den Kreisverkehr einzufahren und dann rechtzeitig *links* zu blinken. Das geht aber recht schnell in Fleisch und Blut über. Wären alle Kreisverkehre der Insel so, wäre dieses Kapitel an dieser Stelle zu Ende.

Es gibt aber in Schottland und England wahre Monster an Kreisverkehren: zwei-, drei- und vierspurig mit zahllosen Ausfahrten – und, ja, sogar ganze *Systeme* an Kreisverkehren, die ineinandergreifen. Das wohl beeindruckendste Gebilde dieser Art ist der sogenannte *Magic Roundabout* von Swindon in Südengland. Er trägt seinen Namen vollkommen zu Recht. Oft hört man Menschen raunen, Autofahrer seien einfach so in jenem System aus sechs Kreisverkehren verschwunden. Fünf kleine Kreisverkehre winden sich um einen großen, zentralen *roundabout.* Aus der Luft betrachtet, könnte man fast meinen, dass die Anordnung den Astronomen zur Beobachtung der Sternenbewegungen dient. Vielleicht war es mit Stonehenge einmal ähnlich. Vielleicht handelte es sich dabei lediglich um einen etwas zu kompliziert angelegten prähistorischen Kreisverkehr, der heute vollkommen fehlinterpretiert wird. Wie dem auch sei: Auf Ihrem Weg nach Schottland werden Sie mit großer Wahrscheinlichkeit nicht an Swindon vorbeikommen. Das System zu erklären ist deshalb überflüssig (und mir ohnehin vollkommen unmöglich!). Doch auch die »normalen« mehrspurigen Kreisverkehre können uns Kontinentaleuropäer vor eine echte Herausforderung stellen.

Es hat mich viel Zeit gekostet herauszufinden, wie ein mehrspuriger Kreisverkehr funktioniert, und die Briten, mit denen ich bei meinem ersten Besuch darüber sprach, konnten mir die Regeln ebenfalls nicht erklären. Es scheint, als würde man sie den Bewohnern der Insel mit der Muttermilch einimpfen, ohne dass es einer weiteren Erklärung bedürfte. Da sie uns Urlaubern aber fehlt, möchte ich hier zur Aufklärung beitragen. Wer den Kreisverkehr vor oder an der Hälfte verlassen (also geradeaus durchfahren) will, ordnet sich in die linke Spur ein. Gibt es mehr als eine Spur nach links, orientieren Sie sich am besten an den Schildern und Fahrbahnkennzeichnungen. Dann gibt es wahrscheinlich eine ganz linke Spur für alle, die gleich die erste Ausfahrt nutzen wollen. Wer weiterfährt, also alle folgenden Ausfahrten bis einschließlich der genau gegenüberliegenden nutzen möchte, ordnet sich eine Spur weiter rechts ein. Manchmal gibt es auch eine separate Spur für alle, die einfach nur geradeaus über den Kreisverkehr fahren wollen. Alle anderen nutzen dann die rechte Spur bzw. die rechten Spuren und fahren dann auf der zweiten Hälfte an der entsprechenden Ausfahrt raus. Wer den Kreisverkehr zum Wenden nutzt, ordnet sich dementsprechend so weit rechts wie möglich ein. Sind Sie dann endlich an der Reihe, auf den Kreisverkehr zu fahren, heißt es warten, solange auf irgendeiner Spur ein Auto von rechts kommt. Erst wenn alle Spuren frei sind, darf gefahren werden.

Hat man das System erst einmal verstanden, ist es auch kein Problem mehr, nach Glasgow oder Edinburgh hineinzufahren. Die Kreisverkehre funktionieren überall gleich. Halten Sie dann nur nach möglichen Ampeln und Fußgängerüberwegen Ausschau, die die Sache zusätzlich verkomplizieren. Spätestens nach den ersten 20

Kreisverkehren dürfte Ihnen das Prinzip aber in Fleisch und Blut übergegangen sein. Wer sich dann sicher fühlt, kann ja auf dem Rückweg doch noch Swindon und seinem *Magic Roundabout* einen Besuch abstatten. Falls Sie es wieder herausschaffen, berichten Sie mir doch bitte davon.

18. GRUND

Weil ein Auto absolute Freiheit verheißt

Natürlich hat jeder Mensch eine eigene Definition davon, was Freiheit für ihn bedeutet. Genauso, wie jeder Mensch eine eigene Interpretation von Glück hat. Jahrelang dachte ich, Freiheit würde für mich darin bestehen, stundenlang querfeldein durch das schottische Hochland zu laufen. Wie oft lag ich meinen Eltern damit in den Ohren?! Diese Idee verdankte ich der *Outlander*-Romanreihe von Diana Gabaldon. Ewig laufen, ohne einer Menschenseele zu begegnen. Einem stattlichen rothaarigen Highlander vielleicht, aber das war nicht unbedingter Bestandteil meines Wunsches. Eines Wunsches übrigens, den meine Eltern aus mir vollkommen unerfindlichen Gründen niemals erfüllt haben. Man könnte spekulieren, dass sie um die Gefahren der Moorlandschaft wussten, aber das ist nur eine Theorie.

Tatsache ist: Ich habe mich ohnehin geirrt. Denn wahre Freiheit erlebte ich erst, als ich mit meinem kleinen Auto, dem alten Bob, der hier mit fast 20 Jahren seinen zweiten Frühling erlebte, über die kurvigen Straßen der Highlands flog. Das Verb »fliegen« verwende ich bewusst, denn es gibt so einen Moment in den Bergen von Schottland – wenn man den Dreh mit dem Linksverkehr raushat, wenn einem die engen kurvigen Straßen keine Angst mehr machen, und wenn man die perfekte Geschwindigkeit entdeckt hat, mit der man sicher um jede Kurve kommt –, in dem die Landschaft, das

Auto, die Musik und der Fahrer eins werden, und das Fahren einfach richtig Spaß macht. Bei mir war dieser Punkt irgendwo auf der Straße von Inverness nach Wester Ross erreicht. Irgendwo auf der A835, während im Autoradio Sean Paul mit *She Doesn't Mind* in einer Endlosschleife lief. Ja, über Musikgeschmack lässt sich streiten. Allerdings lag im Kontrast zwischen Musik und Landschaft ein besonderer Zauber, der das Gefühl des Fliegens noch unterstützte. Schottland-Neulingen empfehle ich für das Autoradio allerdings keltische Musik – etwa das schottische Urgestein Runrig, die irische Band Clannad oder die engelsgleiche Loreena McKennitt –, die die Stimmung der Highlands aufgreift und noch verstärkt.

Besonders sind mir sämtliche Touren entlang der Nord- und Westküste in Erinnerung geblieben. Mit Inverness als Basis meiner Ausflüge bin ich über die Monate immer wieder nach Wester Ross, an die wilde Westküste, gefahren – und habe die Region jedes Mal mehr ins Herz geschlossen. Irgendwann wird man dann mutiger, verlässt die Hauptverkehrsstraßen und schreckt auch nicht vor engen, einspurigen Straßen zurück, die sich Kilometer um Kilometer, Meile um Meile durch felsiges Nichts winden. Warnschilder, wie jenes am Applecross Pass, das daraufhin weist, dass die folgende Straße nicht für Fahranfänger, große Fahrzeuge und Wohnmobile geeignet ist, schrecken den neugierigen Entdecker dann nicht mehr ab. Im Gegenteil: Die Fahrt über den Applecross Pass gehört zu den schönsten und aufregendsten Momenten, die ich in Schottland erleben durfte. An diesem Punkt angekommen, scheint hinter jeder kleinen Seitenstraße eine Verlockung zu liegen oder ein Abenteuer zu rufen. Das führt mitunter dazu, dass man befürchtet, man sei an der letzten Kreuzung versehentlich in eine fremde Welt hinter den Nebeln abgebogen. Die schottische Folklore ist – ich habe es schon erwähnt – voll von solchen Geschichten. Doch wie durch ein Wunder taucht irgendwann unvermittelt ein anderes Auto auf, zeigt sich am Hang ein bewohntes Haus und man weiß: Ich bin noch in Schottland, und alles ist gut.

An einem dieser Tage war ich nördlich von Ullapool unterwegs, als eine vielversprechende Straße nach Westen abbog. Ein Straßenschild wies die Summer Isles aus – und ungebunden, wie man nur mit einem Auto in Schottland ist, folgte ich ihm. Vom Hafen aus lockte mich ein weiteres Schild nach Lochinver. Und obwohl mich die Straßenkarte auf dem Beifahrersitz warnte, dass es eine kleine Straße sein würde, die über viele Kilometer kurvenreich der Küstenlinie folgt, konnte ich ihr nicht widerstehen. Es sollte knapp zwei Stunden dauern, bis ich Lochinver erreichte. Zu diesem Zeitpunkt war ich komplett durchgeschwitzt und den Tränen nah. Enge Kurven, steil abfallende Hänge zu beiden Seiten und nur eine einzige Spur, die ich mir mit dem Gegenverkehr teilen musste – der immer wieder aus dem Nichts auftauchte –, lagen hinter mir. Und dennoch hätte ich diese Fahrt nicht missen wollen, denn sie brachte mich an ein paar Orte, die sich anfühlten, als wäre noch nie zuvor ein Tourist dort gewesen. Das war einer jener Momente, in denen ich dachte, dass es die richtige Entscheidung gewesen war, mit zittrigen Knien im Stadtverkehr von Berlin Auto fahren zu lernen, angehupt und wütend überholt zu werden, am Einparken zu scheitern und wegen fehlender »vorausschauender Fahrweise« beinah durch die Prüfung zu fallen. Wenn ich wüsste, was aus meinem Fahrlehrer geworden ist, würde ich mich bei ihm für diese Freiheit bedanken.

19. GRUND

Weil ein eigenes Auto überbewertet wird

Jetzt habe ich so begeistert über das Autofahren in Schottland und die damit verbundene Freiheit geschrieben, dass es sicher unglaubwürdig wirkt, wenn ich jetzt sage: Ein Auto wird überbewertet. Tatsache ist aber, dass man in Schottland nicht zwingend ein Auto braucht. Als ich das erste Mal allein nach Schottland kam, hatte ich eine Mappe voller vorgebuchter Bus- und Bahntickets im Rucksack und hätte nicht einmal im Traum daran gedacht, mir ein Auto zu mieten. Vielleicht auch, weil bewusste Fahrschulerfahrung noch nicht allzu lange her war. Dennoch habe ich fast alles gesehen, was ich sehen wollte. Das lag vor allem daran, dass das Netz der öffentlichen Verkehrsmittel in ganz Großbritannien ziemlich gut ausgebaut ist. Das beginnt im geschäftigen Großraum London und endet in der stillen Einsamkeit der schottischen Highlands. Ein bisschen lag es aber auch am unbedingten Willen meinerseits, möglichst viel zu sehen. Das ist schon irgendwie Voraussetzung für diese Art des Reisens. Denn natürlich ist das Netz hier oben bei Weitem nicht so engmaschig wie in den Ballungsgebieten in England. Wer Schottland aber auf diesem Wege erkunden will, kann das dennoch problemlos tun.

Glasgow, Edinburgh und Inverness sind ideale Ausgangspunkte für Erkundungstouren per Bus und Bahn. Aviemore, Wick, Thurso, Ullapool und Kyle of Lochalsh, von wo aus Sie die Fähre auf die Isle of Skye nehmen können, werden von Inverness und Edinburgh aus angefahren. Von Glasgow aus geht es über Fort William und Inverness in den wilden Norden. Und dass es tolle Zugverbindungen kreuz und quer durch Schottland gibt, wissen wir spätestens seit *Harry Potter.* Jene Filmszenen, in denen der *Hogwarts Express* über den eindrucksvollen Viadukt in malerischer Hügellandschaft fährt, wurden auf der Strecke der *West Highland Line* gedreht, die von Glasgow über Fort William – und den nun weltberühmten Glenfinnan-Viadukt – nach Mallaig führt. Wer es stilecht mag, tauscht die Dieseltriebwagen gegen die Dampflokomotive des *Jacobite Steam Trains,* der im Sommer täglich (außer samstags) durch die Highlands stampft. Zurücklehnen, die Eule im Gepäckfach verstauen und die Landschaft genießen, heißt die Devise hier. Von Mallaig aus geht es dann mit der Fähre auf die Isle of Skye oder auf die kleineren Inseln der Inneren Hebriden weiter. Weitere Züge verkehren ab Inverness und folgen der nördlichen Ostküste nach Wick und

Thurso. Auch der Cairngorms-Nationalpark (über Aviemore und dann weiter mit lokalen Bussen) und Aberdeen sind mit Bus und Bahn von Inverness aus gut zu erreichen. Mit dem Smartphone und mithilfe der freundlichen Damen und Herren der lokalen Touristeninformation lassen sich solche und andere Touren wunderbar planen.

Am besten führt Ihr erster Weg in Schottland ohnehin in ein Tourist Office, wo Sie sich die *Highlands, Orkney, Shetland and the Western Isles Public Transport Map* schnappen. Und was per Nah- und Fernverkehr nicht angebunden ist, das erwandert der abenteuerlustige Schottland-Urlauber eben. Oder er nutzt die Inlandflüge zu den Inseln der Äußeren Hebriden und nach Orkney. Aber dazu kommen wir später noch. Auch das Trampen ist im hohen Norden von Schottland recht gebräuchlich. Ich kenne einen jungen schottischen Unternehmer, der gerne mal sein Auto stehen lässt und zu seinem Arbeitsplatz nördlich von Inverness trampt oder sich von Fremden mit dem Auto nach Hause mitnehmen lässt. Das ist allerdings Geschmackssache. Nicht jeder hat Zeit und Lust, am Straßenrand (oft im strömenden Regen) darauf zu warten, dass sich die weltbekannte schottische Gastfreundschaft in einem der vorbeirasenden Autofahrer regt. Obwohl einem das – das sollte nicht verschwiegen werden – auch mit dem Bus sehr gut passieren kann. Ankunfts- und Abfahrtszeiten sind in diesem Winkel der britischen Insel nicht selten grobe Richtwerte. Und kommt der ersehnte Bus dann endlich in Sicht, sollte man sicherstellen, dass man auch wirklich auffällig winkt und gestikuliert, denn sonst kann es schon mal passieren, dass der Busfahrer den Wartenden nicht für voll nimmt und einfach vorbeirauscht. Da bleibt man auch mal länger im Regen stehen. Das ist eben ein Kompromiss, den man machen muss, wenn man Schottland hautnah und ohne eigenes Auto erleben möchte. Doch das Schöne folgt gleich auf dem Fuß: Die Wahrscheinlichkeit, dass man bei so einer Gelegenheit wirklich nette, hilfsbereite Menschen kennenlernt, ist in Schottland extrem hoch.

20. GRUND

Weil Sie immer auch einfach fliegen können

Natürlich ist es absolut großartig, dass das Nahverkehrsnetz in Schottland so gut ausgebaut ist, dass man inzwischen fast jeden Punkt kostengünstig und umweltschonend mit Bus oder Bahn erreichen kann. Das ist wirklich super! Aber was nützt einem das, wenn man dann tagelang unterwegs ist, um von A nach B zu kommen – und am Ende vielleicht doch nicht den Ort erreicht, den man eigentlich als Ziel anvisiert hatte? Nein, *Slow Travel* – neudeutsch für bewusstes, langsames und entspanntes Reisen getreu dem Motto »Der Weg ist das Ziel« – in allen Ehren, aber manchmal ist es eben ganz schön, einfach auf das Flugzeug umsteigen und schneller ans Ziel gelangen zu können. Vor allem, wenn das Ziel in der Abgeschiedenheit der Äußeren Hebriden, auf Orkney oder sogar auf den Shetlands liegt. Ohne eine längere Auto- und/oder Fährfahrt ist da nichts zu machen. Und auch wenn diese Fahrt – wie wir in einem späteren Kapitel noch sehen werden – wirklich ihre Reize hat, kann sich nicht jeder den Luxus gönnen, sich auf einer mehrstündigen Fährfahrt an der Reling genüsslich den Seewind durch die Haare wehen zu lassen, während Schottland und seine Inseln in Zeitlupe an einem vorbeigleiten.

Die Flughäfen von Inverness, Glasgow und Aberdeen sind dann Ihre Rettung. Von Inverness aus fliegen Sie in kürzester Zeit nach Stornoway oder Benbecula, beide auf den Äußeren Hebriden gelegen, nach Kirkwall auf Orkney und Sumburgh auf den Shetlands. Glasgow ist Ausgangspunkt für Inlandflüge auf die whiskyverwöhnte Isle of Islay, auf die paradiesische Insel Tiree mit ihren weißen Sandstränden und dem türkisfarbenen Wasser in den Hebriden, nach Benbecula, Stornoway, Kirkwall und Sumburgh. Und nach Barra. Diese kleine Insel in den Äußeren Hebriden hält für Flugzeugreisende eine ganz besondere Überraschung bereit. Ich will noch nicht zu viel verraten, aber ein Adrenalin-Kick ist in jedem Fall vorprogrammiert. Doch keine Sorge, wir kommen später darauf zurück und ich lüfte das Geheimnis. Sollte es Sie in die *Silver City*, nach Aberdeen, verschlagen haben, können Sie von hier aus ebenfalls in Richtung Kirkwall und Sumburgh starten und damit auf dem Weg in die entlegensten Ecken des Landes massiv Zeit sparen. Was Sie dann vor Ort mit der gesparten Zeit anfangen, ist Ihnen überlassen. Vielleicht verbringen Sie die Zeit, die Sie auf der Straße oder auf dem Seeweg eingespart haben, auf ausgedehnten Wanderungen, auf einem *cèilidh*, am Strand oder in den prähistorischen Kultstätten auf Orkney und den Shetlands. Das ist dann nun wieder vollkommen im Sinne des *Slow Travel*, in dem es darum geht, bewusst Pausen einzulegen und einfach mal anzukommen. Logisch: Wenn man weniger Zeit braucht, um hinzukommen, kann man sich für das Ankommen und Dasein dann so richtig viel Zeit nehmen. Wer in Schottland also hin und wieder auf Inlandsflüge umsteigt, liegt reisetechnisch voll im Trend.

21. GRUND

Weil es auf den Flughäfen so schön familiär zugeht

Egal, ob Sie von Frankfurt, München, Hamburg oder Berlin nach Schottland fliegen: Der Moment Ihrer Ankunft wird ein kleiner Kulturschock sein. Denn selbst in Glasgow und Edinburgh sind die Flughäfen eine ganze Nummer kleiner als in Deutschland. Doch während man bei diesen beiden Städten noch den Eindruck hat, in europäischen Metropolen gelandet zu sein, fühlt man sich spätestens am Flughafen von Inverness, als hätte man wesentlich mehr als zwei Flugstunden hinter sich gebracht. Hektik und Stress der Großstadtflughäfen liegen hinter einem, die Uhren gehen schon nach einer neuen schottischen Zeit, die nichts mit Zeitumstellung, sondern mit einem Tempuswechsel zu tun hat, und alle Menschen sind so freundlich, dass man sich fast im falschen Film wähnt. Jeder kennt hier jeden – in Inverness gehörten allein zu meinem doch recht kleinen Freundeskreis eine Sicherheitsbeamtin, ein Pilot, eine Stewardess und ein Helikopter-Kapitän – und auf dem Gelände herrscht das idyllisch-geschäftige Treiben eines Provinzbahnhofs am Markttag. Aber mit extrem schnellen, fliegenden Zügen.

Dabei ist Inverness Airport noch ein wichtiger Verkehrsknotenpunkt und, im Vergleich zu den Flughäfen auf den Inseln, ein summender Bienenstock. Immerhin starten und landen hier täglich bis zu 20 Flüge von und nach Bristol, London, Jersey, Southampton, Zürich, Düsseldorf und Frankfurt am Main. Aber eben auch von und nach Benbecula, Kirkwall, Stornoway und Sumburgh. Steigt man zum Beispiel am Flughafen von Benbecula auf den Äußeren Hebriden aus, bekommt das Wort »familiär« gleich noch mal eine andere Bedeutung. Nicht nur kennt hier wirklich jeder jeden, man kennt gleichzeitig die Eltern, Geschwister und Großeltern seiner Kollegen, ist mit vielen von ihnen darüber hinaus auch noch verwandt oder verschwägert. Vier Flüge landen hier im Laufe des Tages – und ebenso viele verlassen die Insel wieder. Von Benbecula aus gibt es nur zwei Möglichkeiten: Entweder man kehrt in die Zivilisation, nach Glasgow, zurück, oder man bleibt auf den Hebriden und fliegt nach Stornoway auf der Isle of Lewis. Wobei Stornoway mit jeweils 13 Starts und Landungen schon zu den bedeutenderen Flughäfen Schottlands zählt. Das Gleiche gilt für Kirkwall auf Orkney. Jeweils 20 Starts und Landungen von und nach Inverness, Aberdeen, Edinburgh und Sumburgh sorgen hier täglich für angenehme Geschäftigkeit.

Sumburgh auf Shetland ist dann übrigens der letzte Außenposten Schottlands. 80 Kilometer nordöstlich von Orkney gelegen, erreicht man die Inseln tatsächlich am besten auf einem der zwölf nationalen Flüge, die hier mit schöner Regelmäßigkeit einschweben. In Sumburgh geht es gemütlich rustikal zu und, würde man die Flugzeuge nicht starten und landen hören (und wären da nicht die Sicherheitskontrollen), könnte man fast meinen, man stehe am Zentralen Omnibusbahnhof einer beliebigen mittelgroßen deutschen Stadt. Der Kulturschock, den man auf dem Hinweg erlebt, ist also am Ende nichts gegen den Umkehrschock, wenn man wieder auf einem großen internationalen Flughafen landet, wo niemand niemanden kennt, alle anonym sind, täglich 159.000 Passagiere durchgewunken werden, und die Uhren einfach wieder im unaufhaltsamen, immer gleichen Sekundentakt ticken.

22. GRUND

Weil hier bei Flut manchmal Ebbe ist

Ich habe es schon mal geschrieben – und ich kann es gar nicht oft genug schreiben: In Schottland gehen die Uhren anders. Das mag man in Edinburgh und Glasgow, ja noch nicht mal in Inverness, so richtig spüren, doch spätestens auf den Äußeren Hebriden muss der Mensch seinen Zeitplan höheren Gewalten unterordnen. Das gilt vor allem für Reisende mit dem Ziel Isle of Barra. Wer Barra einmal gesehen hat, wird keinen Zweifel daran haben, dass die Insel zu den schönsten Orten dieser Welt zählt: winzig, weit draußen im Meer, umgeben von traumhaften weißen Sandstränden, bewohnt von einer Handvoll Menschen, die herzlicher kaum sein könnten, erfüllt von keltischer Musik und gälischen Geschichten. Doch dieser selige Flecken Erde hat seinen Preis: Weit entfernt vom schottischen Festland dauert es eben seine Zeit, bis man einen Fuß auf die Insel setzen kann. Schottland-Urlauber lernen aber schnell, dass in solchen Fällen der Weg das Ziel ist – und dass Verzögerungen im Reiseablauf nur eine weitere Gelegenheit sind, sich in Ruhe umzusehen.

Das gilt einmal mehr, wenn man nicht mit der Fähre nach Barra kommt, sondern mit dem Flugzeug anreist. Auf der Liste der aufregendsten und zugleich schönsten Anflüge der Welt steht der Name

Barra ganz weit oben, denn die kleinen Flugzeuge landen hier direkt auf dem weißen Sandstrand. Ein kleines rotes Schild – *Barra Airport – Keep off the beach when the windsock is flying and the airport is active* – ist die einzige Warnung für die Strandspaziergänger, bevor die nächste Propellermaschine zur Landung ansetzt. Das gibt es weltweit nur noch ein einziges Mal: auf Fraser Island in Australien. Auf Barra bestimmen die Gezeiten den Flugplan. Starts und Landungen sind nur dann möglich, wenn sich das Meer bei Ebbe vom Strand zurückgezogen hat. Mitunter heißt das, dass man auf den Flughäfen von Glasgow, Edinburgh, Inverness oder auf der Nachbarinsel Benbecula noch mal einen Pub aufsuchen kann, bevor es dann endlich losgeht. Doch befindet man sich erst mal im Anflug auf Barra, ist das alles vergessen. Dann ist Nervenkitzel garantiert.

Unter Piloten aus aller Welt gilt die Landung auf Barra als eine der schwierigsten überhaupt. Eine willkommene Herausforderung für erfahrene Hobbyflieger, die das Abenteuer suchen – und der Albtraum aller, die unter Flugangst leiden. Je nach Wetterlage ist es schwierig genug, die Landebahn, die auf der einen Seite vom Meer und auf der anderen Seite von einem Hügel begrenzt wird, überhaupt ausfindig zu machen. Aber keine Sorge: Die Piloten der Linienflüge wissen (bestimmt) genau, was sie tun. An schönen Tagen schlägt dann aber nichts den erhebenden Moment, in dem Barra nach einem halbstündigen Flug endlich in Sicht kommt. Winzige grüne Inseln und Felsen sprenkeln das Meer, während das Flugzeug schneller und schneller der Wasseroberfläche entgegenrast. Und dann, gerade wenn man meint, das Fahrwerk müsse doch längst das Wasser berühren, und man schon panisch nach den Schwimmwesten greift, taucht plötzlich der weiße Sandstrand unter dem Flieger auf – und mit ihm der feste Boden. Einen kräftigen Ruck später ist man bereits sicher auf Barra gelandet. Sobald das Meer dann bei Flut zurückkehrt, heißt es: abwarten und Tee trinken. Solange das Wasser da ist, starten und landen auf Barra nämlich keine Flugzeuge. Dann ist bei Flut eben mal richtig Ebbe angesagt, und der

Flugplatz verwandelt sich in einen öffentlichen Strand, an dem Sie das Gefühl genießen können, ganz weit weg von allem zu sein.

23. GRUND

Weil die Fähren hier in andere Welten übersetzen

In der Mythologie ist es gang und gäbe: Die Elben von Mittelerde tun es, und die Priesterinnen von Avalon tun es ebenfalls. Sie fahren über das Wasser in andere Welten, auf geheimnisvolle Inseln hinter den Nebeln. In Schottland ist das ähnlich, wenn man auf einer Fähre das Festland verlässt und den Inseln entgegenfährt. Nur eben ohne die Priesterin, die sich auf halbem Weg von ihrem Sitz erhebt und mit rätselhaften Gesten und uralten Worten die Nebel teilt. Meistens jedenfalls. Auf den Inseln ist Schottland noch schottischer - noch weiter weg von allem anderen. Schottland *at its best* sozusagen. Insgesamt 790 Inseln werden dem Land zugeordnet, davon sind jedoch nur etwa 130 bewohnt. Zu Orkney zählen 67 Inseln, von denen wiederum nur 18 bewohnt sind; die Shetlands umfassen 100 Inseln, darunter 13 bewohnte. 500 weitere Inseln werden unter dem Namen »Hebriden« zusammengefasst, der zerfaserten Inselgruppe, die sich an die Nordwestküste Schottlands schmiegt. Nur etwa 70 von diesen Inseln und Inselchen dienen Menschen als Heimat.

Bei den Touristen sind, neben der berühmten Isle of Skye, die zu den Inneren Hebriden zählt, vor allem die Äußeren Hebriden beliebt. Die westlichen Inseln, *Na h-Eilean an Siar,* wie sie auf Gälisch heißen. Inseln im Westen. Das klingt sehr nach alter Mythologie, nach Elysion, der griechischen Insel der Seligen, aber tatsächlich sind diese Inseln im Westen sehr real - und der einzige Ort in Schottland, an dem es noch eine schottisch-gälisch sprechende Mehrheit gibt. Kein Wunder, dass man hier das Gefühl hat, in einer anderen Welt, in einer anderen Zeit gelandet zu sein. Ein Gefühl, das sich beinah automatisch einstellt, wenn man fünf Stunden mit der Fähre von Oban nach South Uist fährt. Mit dem Flugzeug geht es natürlich schneller (zum Beispiel von Inverness nach Benbecula), aber nur auf dem Boot fühlt es sich so an, als würde man tatsächlich in eine andere Welt gleiten. Oder hineingeworfen werfen – je nach Wetterlage.

South Uist ist dann mit den anderen größeren Inseln des Uist-Archipels über Fahrdämme verbunden. Fähren bringen die Reisenden außerdem nach Barra, Eriskay und auf die Isle of Harris. Hier draußen, wo die gälisch sprechende Bevölkerung noch weitgehend für sich lebt und neben der alten Sprache auch die überlieferte Kultur pflegt, kann man vollkommen jedes Gefühl für das verlieren, was sich jenseits des Meeres abspielt. Umrahmt von paradiesisch weißen Sandstränden, die in türkisfarbenes Wasser übergehen, scheinen die Inseln nicht hierher, nach Schottland, zu gehören. Und irgendwie auch gar nicht auf diese Welt. Da sie aber schon einmal hier sind, kann man die Schönheit, die sie zu bieten haben, auch getrost genießen. Ein ebenso surreales Gefühl überkommt den Reisenden auf der Isle of Staffa in den Inneren Hebriden. Die Felseninsel ist vulkanischen Ursprungs, sieht aber eher so aus, als hätten Riesen und Götter sie eigens als Heilige Halle anfertigen lassen. Entstanden durch eine gigantische unterirdische Explosion, bei der Lava in die Höhe schoss und dann zu sechseckigen Säulen aus Basalt erstarrte, bietet der Felskoloss einen wirklich beeindruckenden Anblick, der schon die Wikinger verblüffte, die der Insel ihren Namen gaben. Auf diesen Basaltsäulen könnte man übrigens unter dem Wasser bis zum *Giant's Causeway* nach Nordirland laufen. Das sei aber an dieser Stelle nicht empfohlen. Sie erreichen Staffa von Iona oder von der Isle of Mull aus mit – wie könnte es auch anders sein? – kleinen Booten, die die Insel umkreisen und dann dort anlegen, damit Sie diesen Ort auf eigene Faust erkunden können.

Whisky-Freunden sei eine andere Insel sehr ans Herz gelegt: Islay, ebenfalls in den Inneren Hebriden gelegen. Landschaftlich nicht ganz so außergewöhnlich, aber gesegnet mit dem fruchtbarsten Boden – und mit immerhin acht der bekanntesten Whisky-Brennereien Schottlands. Auch das ist eine Welt für sich, eine Insel der Seligen, wenn man so will. Allein vom *Angels' share*, also dem Alkohol, der beim Herstellungsprozess verdunstet, könnte man auf der Insel ganz und gar selig werden. Hier besuchen Sie unter anderem die Destillerien von Ardbeg, Bowmore, Caol Ila, Lagavulin und Laphroaig, um nur mal die bekanntesten zu nennen. Am besten nicht alle an einem Tag. Ausnüchtern können Sie zwischendurch, indem Sie die vorzeitlichen Kultstätten der Insel, die Keltenkreuze und die frühchristlichen Zeugnisse bestaunen. Geben Sie dabei nur acht, nicht über die 30.000 Schafe zu stolpern, die die 619,6 Quadratkilometer große Insel bevölkern. Sollten Sie sich mehr für die Steinkreise und Menhire interessieren als für den Whisky, könnten Orkney und die Shetlands ideale Reiseziele für Sie sein. Der *Ring of Brodgar* ist die eindrucksvollste prähistorische Anlage Großbritanniens und stellt mit einem Durchmesser von 104 Metern und ursprünglich 60 Steinen sogar das berühmte Stonehenge in Südengland ganz bequem in den Schatten. Als Teil des *Heart of Neolithic Orkney*, zu dem außerdem die *Stones of Stenness* und der *Ring of Bookan* gehören, ist der *Ring of Brodgar* verantwortlich dafür, dass man einmal mehr das Gefühl hat, auf der anderthalbstündigen Fahrt von Scrabster nach Stromness in eine andere Welt und in eine andere Zeit gereist zu sein.

24. GRUND

Weil man die schönsten Orte nur zu Fuß erreicht

Selbst mit dem allerbesten Willen gibt es einen Punkt, an dem auch Fähren, Busse, Bahnen, Flugzeuge und Autos nicht mehr weiterhelfen und der Besucher allein auf seine zwei Beine angewiesen ist. Die wohl schönsten Orte erreicht man in Schottland vor allem zu Fuß. Das mag eine rein subjektive Wahrnehmung sein, die sicher nicht zuletzt mit schmerzenden Sohlen und tranceartiger Erschöpfung zu tun hat, aber einen Ort, den man sich Schritt für Schritt verdienen muss, kann man gleich doppelt so sehr genießen. Wann immer man also das Auto stehen lässt, den Bus verlässt oder aus dem Zug aussteigt, um zu Fuß weiterzugehen, darf man sich in Schottland darauf freuen, Unvergessliches zu erleben. Auch wenn es zunächst vielleicht nicht den Anschein hat und man zwischendurch meint, nichts – aber auch wirklich gar nichts – könne diese Anstrengung jemals rechtfertigen.

Im Glen Affric liegt zum Beispiel, eingebettet in eine Landschaft, die einem den Atem verschlägt, die entlegenste Jugendherberge Großbritanniens, das *Glen Affric Youth Hostel*. Die rauen Berge zu beiden Seiten flößen dem Wanderer Ehrfurcht ein, der sich aufmacht, den knapp 13 Kilometer langen Fußweg zum Hostel anzutreten. Drei bis vier Stunden sollte man von der nächstgelegenen Straße einplanen, um das Eco-Hostel in der ehemaligen *bothy* zu erreichen. *Bothy* nennt man in Schottland die Hütten in den Highlands, die Wanderern als unbewirtschaftete und (oftmals) kostenfreie Übernachtungsmöglichkeit dienen. Die Wildnis war nie näher: Hier gibt es keine Autos, kein Telefon, kein Internet und nur eingeschränkte Elektrizität. Doch das Abenteuer lohnt sich: 15 *Munros* – dazu kommen wir später noch – harren vor der Türschwelle ihrer Besteigung. Zu Fuß natürlich. Wie könnte es auch anders sein? Hier zeigen sich die Highlands von ihrer ungezähmtesten Seite. Eine Erfahrung, die Sie niemals machen würden, wenn Sie mit dem Auto bequem auf den Parkplatz des Hostels rollen könnten.

Ähnlich verhält es sich mit Sandwood Bay. Wäre der lange weiße Sandstrand über eine Straße an den Rest der Welt angebunden und verfügte er über einen Parkplatz, dann müssten Sie diesen einzigartigen Ort mit Hunderten Familien teilen, würde es in der Nähe von *Fish and Chips*-Buden nur so wimmeln und könnte man den

Strand unter Bergen von Müll kaum noch erkennen. Doch Sandwood Bay liegt in einer kleinen entlegenen Bucht im äußersten Nordwesten Schottlands, 7 Kilometer entfernt von der nächsten Straße. Der kleine *Blairmore car park*, Ausgangspunkt der Wanderung, bietet nur für wenige Autos und noch weniger Wohnmobile Platz. Mehr müssen es auch nicht sein. Tagesausflügler mit Picknickkorb, Hund und Strandspielzeug wird man hier ohnehin nicht finden. Hierher kommen nur die, die Abgeschiedenheit suchen und die sich dafür auch von einem langen Fußweg nicht abschrecken lassen. Zweieinhalb Stunden soll man für den Weg zum Strand einplanen, sagt das Schild am Parkplatz. Ich dachte damals, das müsse doch schneller zu absolvieren sein. Wollen wir doch mal sehen! Doch der Weg durch diese stille Wildnis zieht sich. Man ist allein mit sich und dem Wind, und meilenweit ist nichts zu hören, bis sich irgendwann einmal das Meer bemerkbar macht, das hier mit erstaunlicher Kraft gegen die dunklen, schroffen Felsen anrennt.

Kommt der Strand dann endlich in Sicht, ist auch der Abstieg hinunter zu den Dünen noch viel länger als gedacht. Und selbst wenn man schon mit nackten Füßen durch den auch im Sommer überraschend kalten feinen Sand läuft – ein bisschen rutscht man, ein bisschen rennt man, ein bisschen fällt man –, ist das Wasser noch weit entfernt. Der Strand selbst ist (gefühlt) mehrere Kilometer breit. Und vollends leer. An jedem anderen Ort der Welt wäre diese traumhafte Bucht vollends überfüllt. Nicht jedoch hier, wo es nur die eigenen Füße sind, die den Besucher an diesen Ort tragen können. Und dann sitzt man dort am Strand und hört nichts als das Tosen der Wellen, von dem es heißt, man könne darin die Schreie der Männer hören, die in den zahlreichen Wracks vor der Küste ihr Leben verloren haben. Wenn Ihnen hier also doch jemand begegnen sollte, ist es wahrscheinlicher, dass es sich dabei um den Geist jenes Matrosen handelt, der immer wieder an die Fenster der inzwischen stillgelegten Schutzhütte geklopft haben soll, als dass es sich dabei um einen Menschen aus Fleisch und Blut handelt.

Und während man so am Strand sitzt und träumt, dämmert es einem, dass man den ganzen Weg auch wieder zurücklaufen muss. Und das möglichst bevor es dunkel wird. Dann müssen sie wieder ran, die eigenen Beine, die erst auf dem Parkplatz ihre verdiente Ruhe finden. Wer gänzlich ohne Auto unterwegs ist, muss noch ein paar Meilen bis Kinlochbervie weiterwandern, wo es Unterkünfte und die nächste Bushaltestelle gibt. Doch lassen Sie sich von alldem nicht abschrecken. Es lohnt sich!

25. GRUND

Weil große Ziele hier belohnt werden

Wenn sich in Schottland schon »kleine« Mühen lohnen, überlegen Sie erst mal, wie großartig das Gefühl sein muss, wenn man etwas Großes geleistet hat. Die Faustformel ist ja ganz einfach: Je höher Sie sich Ihr Ziel stecken, desto besser ist dann das Glücksgefühl, mit dem Sie belohnt werden. Wenden Sie diese Gleichung nun auf den Fall an, dass zwischen Start und Ziel ganze 1.407 Kilometer Straße liegen, die zu Fuß oder mit dem Fahrrad zurückgelegt werden wollen. Das genau ist die Distanz zwischen Land's End in Cornwall und John o' Groats in Schottland. Während Land's End den südöstlichsten Punkt der Insel markiert, liegt der Posten John o' Groats in ihrem äußersten Nordwesten. Eine größere Distanz kann man auf der Insel nicht zurücklegen. Und wie das eben mit solchen Distanzen ist: Sie reizen Aktivurlauber und Extremsportler dazu, an ihre Grenzen zu gehen. Wer also noch ein bisschen ratlos ist, wie er nach Schottland kommen bzw. wie er die Zeit auf der Insel am besten nutzen soll, der kann sich die *Land's End to John o' Groats challenge* mal durch den Kopf gehen lassen. Freilich muss man dafür etwas Zeit einplanen: Auf der kürzesten Distanz, die die Wanderer nicht dazu zwingt, auf dem Standstreifen von Autobahnen mit voller Kraft gegen den Fahrtwind anzulaufen, sind knapp 1.900 Kilometer Fußweg zu bewältigen. Ein Monat ist da schon ein sehr ambitioniertes Ziel; zwei bis drei Monate sind weitaus realistischer und garantieren, dass man unterwegs viel Zeit hat, das Land und die Umgebung zu genießen.

Wer diese Zeit nicht erübrigen kann, macht es entweder wie Andi Rivett, der die Distanz in sagenhaften neun Tagen und zwei Stunden rennend zurückgelegt hat (ein Kinderspiel für den Durchschnittsurlauber!), oder nimmt das Fahrrad. Zehn bis 14 Tage – also ein normaler Jahresurlaub – reichen dann aus, um die knapp 1.550 Kilometer zu absolvieren. Es sei denn natürlich, man heißt Andy Wilkinson und schafft es in 41 Stunden. Aber auf wie viele von uns trifft das schon zu? Abenteuerliche Alternativen dazu sind Schwimmen – Sean Conway hat 2013 bewiesen, dass man die beiden Punkte in *nur* 4,5 Monaten schwimmend miteinander verbinden kann, wenn man das will – bzw. Skateboard (21 Tage) oder Rollstuhl (knapp neun Tage) fahren. Oder man macht es sich ganz einfach und fährt mit dem Motorrad oder mit dem Auto einmal quer über die Insel von Cornwall nach Schottland (oder umgekehrt). Und das alles für das erhebende Gefühl, das einen überkommt, wenn man sich am einen oder anderen Ende in das Gästebuch eintragen darf. Auch mein Name steht seit Juli 2012 im Gästebuch von John o' Groats, obwohl ich nicht sicher bin, wie die Regeln sind, wenn seit dem Besuch in Land's End fast ein Jahr vergangen ist, man zwischenzeitlich über den Ärmelkanal zurück nach Hause gefahren und dann wiederum über den Ärmelkanal nach Schottland gefahren ist, wo man mehrere Monate gelebt und dann irgendwann John o' Groats erreicht hat. Ich schätze, das ist ein Sonderfall, der noch ausgiebig diskutiert werden wird, bevor auch dieser Rekord schließlich auf Wikipedia landet.

Es muss aber nicht unbedingt die *Land's End to John o' Groats challenge* sein, wenn man sich am Ende der Reise glücklich auf die Schulter klopfen möchte. Vielleicht tut es ja schon der *West Highland*

Way, der Sie zu Fuß durch einige der schönsten Regionen Schottlands führt. Er war Schottlands erster offizieller Fernwanderweg und verdient als solcher natürlich Beachtung. Über 154 Kilometer bester Wanderstrecke führt er von Milngavie bei Glasgow über den Mugdock Country Park, vorbei an den *bonnie banks* of Loch Lomond, am Ben Lomond, durch das Glen Falloch und das Tal von Strathfillan über das Rannoch Moor, vorbei am Buachaille Etive Mor, durch das schicksalsträchtige Glencoe und über die *Devil's staircase* zum Loch Leven, von wo aus es dann ins Glen Nevis geht und Sie schließlich Fort William erreichen. Dabei überwinden Sie so ganz nebenbei einen Höhenunterschied von 584 Metern. Der *West Highland Way* ist trotz seiner Länge auch für Einsteiger geeignet. Er ist überall gut ausgeschildert und kann nur mit wirklich viel gutem Willen verfehlt werden. Acht bis neun Tage, an denen Sie – je nach Kondition und Strecke – zwischen 12 und 30 Kilometer zurücklegen und vier bis acht Stunden wandern, sollten Sie dafür einplanen.

Sollten Sie dann in Fort William wider Erwarten feststellen, dass Ihre Füße noch nicht lahm genug sind, bietet der *Great Glen Way* nach Inverness mit Freuden seine Dienste an. Über 127 Kilometer folgt er dem Verlauf des Great Glens, einer tektonischen Verwerfung, die Schottland wie ein sauberer Schnitt von Südwesten nach Nordosten durchzieht und das Land in zwei Hälften teilt. Mit Wasser aufgefüllt, entstanden so die Seen Loch Lochy, Loch Oich und Loch Ness, die unterwegs Ihre Reisebegleiter und nie weit entfernt sein werden. Fünf bis sechs Tage brauchen geübte Wanderer für diese Tour. Auch einzeln und für sich genommen sind der *Great Glen Way* und der *West Highland Way* also akzeptable Herausforderungen, für die Sie sich am Ende Ihrer Tour ordentlich belohnen dürfen. Darüber hinaus kann auch jede Tagestour in den Highlands zur individuellen Challenge werden, die erst einmal bewältigt werden möchte. An Wanderrouten kreuz und quer durch die Berge und Täler von Schottland mangelt es wahrlich nicht. Herausforderung ist eben, was Sie daraus machen.

26. GRUND

Weil eine Bodylotion den ganzen Urlaub retten kann

Sollten Sie sich dazu entschließen, Ihren Schottland-Urlaub im Freien und auf Schusters Rappen zu verbringen, dann gibt es ein Utensil, das in Ihrem Rucksack auf keinen Fall fehlen darf. Das ist nicht etwa die Regenjacke, nicht die Sonnenbrille und auch nicht der Fotoapparat (auch wenn alle drei natürlich ebenfalls ins Gepäck gehören!), sondern eine Bodylotion. Und zwar nicht irgendeine, sondern *Avon Skin So Soft*. Das liegt nicht etwa daran, dass man in Schottland so viel Wert auf sanft gepflegte Haut legt. Es hat viel mehr damit zu tun, dass Ihnen diese Lotion schlichtweg den Urlaub retten kann. In Schottland gibt es nämlich fiese kleine Stechmücken, die berühmt-berüchtigten *Highland midges*, die zum wahren Albtraum werden können.

Das glauben Sie nicht? Ein Strandspaziergang an einem späten Sommernachmittag auf der Isle of Skye wird Ihre Meinung sicher ändern. Die *midges* sind die Plage von Schottland: Gerade einmal zwei Millimeter groß, können sie ohne Probleme einen ausgewachsenen Highlander in die Flucht schlagen. Unter allen Quälgeistern, die im warmen, feuchten Wetter, der fruchtbaren Erde und dem nährstoffreichen Torf der sommerlichen Highlands gedeihen, sind die *Highland midges* die mit Abstand grausigsten. Sie lieben es warm und windstill, möglichst dunkel und feucht. Dass die Bedingungen dafür in den westlichen Highlands optimal sind, muss ich wohl nicht extra erwähnen. Und plötzlich wünscht man sich, dass die Temperaturen unter zehn Grad Celsius sinken und der Wind heftig auffrischen möge. Zugegeben, Sonnenschein und Trockenheit würden den gleichen Zweck erfüllen, doch wer würde schon auf dieses Szenario wetten?

Auf den ersten Blick muten die *midges* ganz harmlos an: winzige schwarze Punkte mit hauchzarten kleinen Flügeln. Doch unter dem

Mikroskop betrachtet, offenbart sich der ganze Schrecken dieses winzigen Wesens: Ein besonders ausgefeilter Unterkiefer erlaubt es dem Weibchen, die Haut seiner Opfer *aufzubeißen* und das Blut aus den Kapillargefäßen zu saugen. Damit das alles nicht so lange dauert – so ein Mückenweibchen hat schließlich nicht den ganzen Tag Zeit –, pumpt die *midge* ihren Speichel in die Wunde. Das darin enthaltene Histamin beschleunigt den Blutfluss und juckt auch dann noch unerträglich, wenn sich die Mücke längst wieder von dannen gemacht hat. Das wirklich Schlimme daran ist jedoch, dass die Sache nicht erledigt ist, wenn sich ein einzelnes *midge*-Weibchen an Ihnen gütlich getan hat. Sie ist nur die Vorhut. Mit seinem ausgeprägten Geruchssinn, mit dem es Kohlendioxid, wie er beim Atmen ausgestoßen wird, schon von Weitem erschnuppern kann, macht schon das nächste kleine Raubtier seine Opfer in einem Umkreis von 100 Metern aus – und stürzt sich dann auf die Beute.

Lange Kleidung und ein Mückenschutzmittel sind dann die letzte Rettung. Doch nicht alle Mittel zeigen Wirkung bei den *midges*. So kann es passieren, dass Sie zwar wie ein ganzer Giftkanister riechen, die Mücken sich aber trotzdem genüsslich auf Ihnen zum Speisen niederlassen. Beherzigen Sie also meinen Rat und statten sich schon vor oder gleich zu Beginn Ihres Urlaubs mit dem *Avon Skin So Soft*-Öl aus. Damit riechen Sie nicht nur besser, Sie haben auch wirklich Ruhe vor den Plagegeistern. In Supermärkten und Outdoor-Geschäften in den Highlands geht das Spray deshalb weg wie warme Semmeln. Entdeckt haben diesen Effekt übrigens die mückengeplagten Bewohner der Insel Islay, die irgendwann feststellten, dass die Stechmücken eine große Abneigung gegen ebenjenes Öl hegen, das die menschliche Haut sanft und geschmeidig macht. Ob das nun daran liegt, dass ihnen das Öl nicht schmeckt oder dass es die Konsistenz der Haut verändert, sicher ist, dass die Mücken zwar mitunter noch auf der Haut landen – was lästig genug sein kann –, dass sie aber nicht mehr beißen. Die Investition lohnt sich also auf jeden Fall. Und auch Ihre Haut wird es Ihnen danken:

Nach zwei Wochen in den Highlands hat der Kampf gegen die Mücken ihre Haut um bis zu 20 Jahre verjüngt.

27. GRUND

Weil das nächste Bett nie weit entfernt ist

Wer gern reist, sagt ja häufig über sich, er sei in der ganzen Welt zu Hause. Was Schottland angeht, kann ich das ohne zu zögern unterschreiben. Hier fühlt es sich an, als habe man im ganzen Land ein engmaschiges Netz aus Freunden und Verwandten, die einen jederzeit wärmstens willkommen heißen. Von den vielen *Bed and Breakfasts* in Schottland, in denen ich bis heute übernachtet habe, könnte ich beim besten Willen keinen Favoriten benennen: Jeder Gastgeber war auf seine Art und Weise wahnsinnig herzlich und hat sein Haus für eine Nacht - oder länger - zu meinem Zuhause gemacht. Gastfreundschaft hat in Schottland, und insbesondere in den Highlands, eine lange Tradition. Das ist nicht weiter verwunderlich, denn wer würde schon jemanden vor die Tür setzen, der sich in entlegene Täler und Dörfer vorgewagt hat, oft bei widrigem Wetter und unter erschwerten Reisebedingungen?

Gastfreundschaft war hier oben also schon immer eine Frage der Ehre. Geizigkeit Fehlanzeige: Gern teilte man mit dem Gast, was man im Haus hatte - erwartete dafür aber im Gegenzug, dass er am Abend Geschichten und Lieder aus der Außenwelt teilte und von den fernen Orten berichtete, die er gesehen hatte. Der Gast war das Fernsehprogramm vergangener Jahrhunderte und dementsprechend aufs Herzlichste willkommen. Geschichten werden heute im *Bed and Breakfast*, der urbritischsten Art der Gästeübernachtung, nicht mehr zwingend erwartet (man hat sich hier auf klirrende Münzen und raschelnde Scheine verlegt), doch die meisten Gastgeber freuen sich noch immer, wenn man sich zum Tee hereinbitten lässt und ein paar Minuten höflichen, aber herzlichen Small Talk betreibt. Was kitschig klingt, habe ich selbst nur zu oft erlebt – und dabei die interessantesten Menschen kennengelernt. Dieses Beisammensitzen ist ganz nebenbei auch eine gute Gelegenheit, um mehr über Sehenswürdigkeiten in der Nähe zu erfahren oder Insidertipps zu bekommen.

»Kitschig« ist übrigens ein gutes Stichwort, wenn es um *Bed and Breakfasts* in Schottland geht: Viele Schotten haben einen Hang zu altmodischen Polstern, Blumenmustern, Unmengen Kissen und Decken, Rüschen, Deckchen und allerlei Nippes. Vor allem wenn die Gastgeber und ihr Haus schon etwas in die Jahre gekommen sind, fühlt man sich deshalb ein bisschen wie bei Oma zu Hause. Herzliche Begrüßungen, in denen die Worte *dear*, *lovely* und *darling* überproportional häufig verwendet werden, gehören dann ebenso zum Programm wie Gebäck und aufwendig verziertes Porzellan auf den Zimmern. Wer diese zutiefst schottische Gastfreundschaft kennenlernen und während seiner Zeit in Schottland möglichst viel Kontakt zu Einheimischen haben möchte, sollte deshalb auf die Übernachtung im Hotel verzichten und von *B&B* zu *B&B* reisen.

Dieser Form des Urlaubs wohnt auch ein gewisses Abenteuer inne: Wer den Urlaub nicht von vornherein plant, sondern aufs Geratewohl losfährt und jede Nacht ein neues *Bed and Breakfast* sucht, weiß nie, wohin es ihn als Nächstes verschlägt und was ihn dort Tolles erwartet. Gerade im Sommer, wenn auch die Briten selbst Urlaub machen und die *Bed and Breakfasts* in Schottland stürmen, kann diese Art des Reisens aber auch in Stress ausarten. Dann sieht man zwar alle paar Meter am Straßenrand Schilder, die auf *B&Bs* hinweisen, doch irgendwann zerrt das *no vacancies*, das anzeigt, dass keine Zimmer mehr verfügbar sind, ganz schön an den Nerven. In dieser Zeit empfiehlt es sich, die Übernachtungen vorab zu planen. Das kann man heute sehr gut über das Internet tun. Kurzentschlossene buchen am Abend in ihrem Zimmer mit *Wi-Fi* ganz einfach das *Bed and Breakfast* für den nächsten Abend.

Sollten Sie vor Ort gar nicht mehr fündig werden, sind auch die lokalen Touristeninformationen eine gute Anlaufstelle. Dort kann man Ihnen sicher weiterhelfen – und hat vielleicht noch den einen oder anderen Geheimtipp parat.

Uns ist es einmal passiert, dass wir in der Wildnis von Wester Ross partout keine Unterkunft finden konnten. Als wir gerade die Hoffnung aufgeben wollten, bat uns eine *B&B*-Betreiberin herein und rief verschiedene Freunde in der Nähe an, die ebenfalls Zimmer vermieteten – und hörte erst wieder auf, als sie ein Zimmer für uns ausfindig gemacht hatte. Das ist schottische Gastfreundschaft! Hat man sich dann für die Nacht in einem *B&B* einquartiert, darf man sich in der Regel auf himmlisch weiche Betten und ein unerhört reichhaltiges Frühstück freuen. Abendessen wird – der Name gibt den Hinweis – nur in den wenigstens *Bed and Breakfasts* angeboten. Der lokale Pub, in dem sich auch die Einheimischen abends treffen, ist deshalb eine gute Anlaufstelle für *Steak & Ale Pie*, Haggis mit *Neeps and Tatties* (Kohlrüben- und Kartoffelpüree) oder regionale Fischgerichte. So kann man einen erlebnisreichen Tag in Schottland selig ausklingen lassen.

28. GRUND

Weil es zu Gast bei Freunden am schönsten ist

Es ist also nicht so schlimm, wenn Sie niemanden in Schottland kennen, den Sie besuchen oder bei dem Sie unterkommen können. Ich habe es bereits geschrieben: Die sprichwörtliche Gastfreundschaft der Schotten sorgt in der Regel dafür, dass man sich in dem Moment willkommen fühlt, in dem man durch die Tür des *Bed and Breakfasts* tritt. Ein schottischer Gastgeber, der seinen Job ernst nimmt, wird in Minutenschnelle dafür sorgen, dass Sie sich fühlen, als sei sein Heim auch das Ihre. Nicht selten ist aber genau das auch der Fall: Die Zimmer des *B&Bs* sind oftmals im selben Haus untergebracht wie auch die Wohnräume der Betreiber. Das kann mitunter dazu führen, dass man sich schnell vertrauter ist, als man im ersten Moment beabsichtigt hatte. Die meisten Häuser hier werden nicht mehr für die Ewigkeit gebaut, und die dünnen Pappwände können nicht immer ganz verbergen, was im Rest des Hauses vor sich geht.

Und auch sonst ist der Übergang zwischen Gästebereich und Wohnung oft fließend. In einem *Bed and Breakfast* auf der Isle of Skye richtete die ältere Dame, die uns die Zimmer vermietete, das Frühstück in ihrem privaten Wohnzimmer her. Und so nahmen wir das großartige *Scottish Breakfast* zwischen lauter Gesichtern aus der Vergangenheit und Gegenwart der alten Lady ein. Überall standen Fotos ihres verstorbenen Mannes, von Freunden, von Kindern und Enkelkindern. Sonst sprach sie nicht übermäßig viel mit uns, doch die Bilder erzählten uns mehr über sie, als sie es womöglich mit vielen Worten gekonnt (oder gewollt) hätte. Privater wurde es nur ein einziges Mal, und zwar in einem *Bed and Breakfast* in Cornwall. Dort teilten wir das Badezimmer mit der alleinstehenden älteren Dame, der das Haus gehörte. Ein Umstand, der dazu führte, dass wir beim Duschen Rücksicht auf die Unterwäsche nehmen mussten, die über der Badewanne trocknete. Solche Momente sind aber wirklich äußerst selten. In 99,9 Prozent der Fälle wahren die Gastgeber die gebotene Distanz und gewähren Ihnen die Privatsphäre, die Voraussetzung dafür ist, dass Sie sich auch bei Fremden wie zu Hause fühlen. Und die anderen 0,1 Prozent werden einfach zu lustigen Anekdoten aus einem unvergesslichen Urlaub.

In der Regel resultiert das Gefühl, bei Freunden untergekommen zu sein, einfach aus der Herzlichkeit der Begrüßung – ganz so, als hätten sie sich schon darauf gefreut, dass man endlich vorbeischaut und den lange versprochenen Besuch antritt. Ob man den Weg gut gefunden habe, ob die Anreise gut verlaufen sei, wie das Wetter unterwegs gewesen wäre, ob man im Stau gestanden habe, ob man hungrig sei und eine Tasse Tee haben wolle – solche Fragen stellen doch sonst nur Freunde und Verwandte, die sich wirklich freuen, dass man endlich da ist. Das schottischste *Bed and Breakfast*, in dem ich jemals übernachtet habe, wurde übrigens von einer Deutschen betrieben. An der Nordküste Schottlands hatte sie sich den Traum vieler Landesgenossinnen erfüllt und einen hochgewachsenen Schotten geheiratet. Gemeinsam mit seinen zwei Kindern lebte das Paar in einem modern eingerichteten Blockhaus mit einem fantastischen Blick auf Ben Hope und Ben Loyal. Glastüren gewährten uns einen Einblick in das idyllisch anmutende Familienleben. Es waren gerade Sommerferien, die Kinder waren daheim, und im Haus herrschte ein angenehmes Treiben. Das Eindrucksvollste aber war das Frühstückszimmer, das ganz unterging in schottischen Karomustern, Nessie-Figuren und großformatigen Fotografien der Highlands. Während des ganzen Frühstücks beglückte uns ein kleiner CD-Spieler mit schottischer Folklore, Dudelsackklängen und keltischen Gesängen. Mehr Schottland ließ sich auf diesen wenigen Quadratmetern wirklich nicht unterbringen.

Und natürlich spiegelte sich die Begeisterung für Schottland auch in der Gastfreundschaft der Dame des Hauses wider. Ich war mit zwei Engländern unterwegs und gab mich (durch Schweigen) nicht als Deutsche zu erkennen. So kam ich also in den Genuss einer formvollendeten schottischen Begrüßung, die auch die, mit breitem deutschen Akzent vorgetragenen, Signalwörter *dear*, *darling* und *lovely* nicht vermissen ließ. Erst am Ende unseres Aufenthalts, nachdem ich mehr als drei Wörter mit ihr gewechselt hatte, durchschaute sie mich und nutzte die Gelegenheit, von nun an nur noch deutsch mit mir zu sprechen. Das war wirklich schade, denn gerne hätte ich gesehen, wie sie diesen wohleinstudierten Tanz schottischer Gastfreundschaft zu Ende getanzt hätte. Denn dieser Tanz gehört zu den schönsten Dingen in einem Urlaub in Schottland, eine Wohltat für alle, die von anonymen Hotels genug haben und einfach bei unaufdringlichen Freunden ein bisschen ausspannen wollen.

29. GRUND

Weil man hier jede Nacht wie ein König schläft

Es gibt Dinge, die kann man nicht einfach mit einer simplen Erwähnung abtun. Die Betten in Schottland gehören definitiv dazu. In Schottland ist ein *bedroom* noch wirklich ein *bedroom*: ein Raum, der sich vollständig um das Bett dreht. Groß und einladend thront es in der Mitte der Gästezimmer, bedeckt mit Kissen und Decken, als gäbe es keinen gemütlicheren Ort auf der Welt. Aufwendig verzierte Bettgestelle sind keine Seltenheit, und die dicken Matratzen verstärken den Eindruck, man habe sich in ein königliches Schlafgemach verirrt. Die detailverliebt gestalteten Ausstellungsräume bei IKEA, die ich – wie viele andere Frauen vielleicht auch – immer voller Sehnsucht bestaune, sind nichts gegen viele gemütlich eingerichtete Schlafzimmer, in denen ich in Schottland schon die Nacht verbringen durfte. *King* oder *Queen size*-Betten mit riesigen weichen Bettdecken sorgen dafür, dass man sich manchmal schon am Morgen wieder auf den Abend freut, wenn man wieder in diese weiche Welt aus Plüsch abtauchen kann. Hier lässt es sich erholsam schlafen und von bereits Erlebtem und noch Bevorstehendem träumen.

Einmal abgesehen vom Bett, sind die britischen Schlafzimmer dann sehr sparsam eingerichtet. Wie könnte es auch anders sein? Das kolossale Bett in der Raummitte lässt in den *bedrooms*, die in der Regel recht klein sind, ja kaum noch Platz für etwas anderes. Während Zimmer bei uns häufig mehr als eine Funktion erfüllen – also zum Beispiel noch Platz für einen Schreibtisch, für andere Sitzgelegenheiten oder wenigstens für Schränke und Regale bieten –, sucht man all das im klassisch schottischen *bedroom* vergeblich. Eine Kommode und / oder ein einzelner Schrank müssen meistens ausreichen. Gerade wer, wie ich, für einen längeren Aufenthalt auf der Suche nach einem Zimmer ist, wird mitunter Schwierigkeiten haben, etwas Passendes zu finden. Ein *bedroom* ist ein *bedroom*, und darin wird geschlafen. Für alles andere gibt es im Wohnzimmer Platz, im Multifunktionsraum jedes britischen Haushalts. Den teilt man sich dann zwar meistens mit den anderen Bewohnern, doch auch das hat durchaus seine Vorzüge. Zusammenwohnen heißt hier oft noch wirklich *zusammen* wohnen, Zeit miteinander verbringen, gemeinsam essen und sich abends unterhalten – oder wenigstens gemeinsam vor dem Fernseher sitzen. Erst zum Schlafen zieht sich dann jeder in sein eigenes Zimmer mit dem himmlischen Bett zurück.

30. GRUND

Weil echte Highlander einfach nicht frieren

Echte Highlander frieren nicht. Ganz klar: Wer bei Regen, Sturm und Kälte im Kilt durch die wilden Berge wandert, unten drunter nichts als ein laues Lüftchen, der kennt keine Kälte. Der kann sich nachts unter einem Baum in ein wollenes Plaid einwickeln und an Ort und Stelle einschlafen. Der braucht nicht mal ein Feuer. Ein dünnes Deckbett im *Bed and Breakfast* ist im Vergleich dazu absoluter Luxus – und mehr als genug, um einen Highlander auch in kühlen Nächten glücklich und warm zu halten. Mit den Schottland-Besuchern verhält es sich häufig ein bisschen anders. Wenn sich nachts eine feuchte Kälte über das Land legt, kann es unter diesen zwar hübsch verzierten, aber nicht besonders dicken Decken schon mal frisch werden. Als Tourist, der niemals auf die Idee käme, ohne entsprechende Outdoor-Bekleidung – an den bunten Farben und funktionalen Stoffen erkennt man in Schottland die Urlauber (aus Deutschland) – auch nur einen Schritt vor die Tür zu machen, hat man diesen schottischen Nächten weniger entgegenzusetzen als die Einheimischen, die sich einfach zufrieden seufzend auf die andere Seite drehen und ein Bein unter der Decke hervorschieben. Um sich abzukühlen natürlich. Wenn Sie auch zur Fraktion der bunten

Funktionsjackenträger gehören, ist es also nicht ehrenrührig, wenn Sie den Betreiber Ihres *B&Bs* um eine weitere warme Decke bitten. In den meisten Fällen liegen in den Schränken ohnehin zusätzliche Woll- und Deckbetten bereit, die Sie ohne zu zögern benutzen können.

Aber keine Sorge: Arktisch kalt wird es selbst im tiefsten schottischen Winter nicht. Zwar kann es zwischen November und Mai – und manchmal auch darüber hinaus – recht ungemütlich, kalt und windig werden, doch Schnee ist in Schottland eher selten. Nur die höchsten Berge der Highlands tragen im Winter eine Schneekuppe. In den Tälern, im Flachland, in den größeren Städten und an der Küste ist kaum mit winterlichen Temperaturen und Schnee nach deutschem Vorbild zu rechnen. Dafür trägt der Golfstrom Sorge, der ganzjährig mildes Klima nach Schottland bringt. Nie zu warm, aber eben auch nie zu kalt. In diesem Wissen bauen die Schotten übrigens auch ihre Häuser. Doppelte Fenster, Isolierverglasungen, Wärmedämmungen – all das sind Begriffe, die für uns selbstverständlich, in schottischen Häusern aber in der Regel Fremdwörter sind. Vor allem in älteren Häusern sucht man oft vergeblich danach und zerrt schon bei der Ankunft vorsorglich die zusätzlichen Decken aus dem Schrank. Und wenn das nicht reichen sollte, hilft etwas, was in Schottland immer und bei jeder Gelegenheit hilft: das Universalheilmittel Tee mit Milch. Ein Genuss, dem wir uns jetzt aus gutem Grund noch ausführlicher widmen.

31. GRUND

Weil ein Wasserkocher am Bett das Schönste ist

Ich habe nun schon viel über die Behaglichkeit schottischer *Bed and Breakfasts* geschrieben, doch es gibt ein kleines Detail, auf das ich Ihre Aufmerksamkeit unbedingt noch lenken möchte: auf die sogenannten *tea & coffee making facilities*, die in fast allen Zimmern für Sie bereit stehen. Was in den Unterkunftsbeschreibungen zunächst etwas nüchtern klingt, entpuppt sich als wahres Geschenk des Himmels, wenn man nach einem erlebnisreichen Tag endlich das *B&B* erreicht und die Tür hinter sich geschlossen hat. Ein kleines Tablett mit einer übersichtlichen Auswahl an Teesorten, Instant-Kaffee und heißer Schokolade, daneben ein Wasserkocher – mehr ist es nicht. Aber nichts sagt so sehr »Du bist für heute angekommen, jetzt lass es dir gut gehen« wie eine Tasse heißen Tees oder eine kräftige heiße Schokolade. Klar, zu Hause habe ich auch einen Wasserkocher und sogar Tee und Kakao zum Anrühren, aber in der Hektik des Alltags gönnt man sich nur selten diesen friedlichen Moment des Ankommens und Teetrinkens.

Auf der Insel aber ist er ein fester Bestandteil der britischen Mentalität. Und dieser Teil überträgt sich überraschend schnell auf die Besucher vom Kontinent. In einem Urlaub in Schottland genießt man jede Tasse Tee und jeden Becher *hot chocolate* ganz anders. Irgendetwas sorgt hier dafür, dass schwarzer Tee, Earl Grey und English Breakfast Tea, mit frischer Milch serviert, einfach viel besser schmeckt, als sie es in Deutschland jemals könnten. Vielleicht liegt es an der vielen frischen Luft, die einem im Verlauf eines Urlaubstages um die Nase weht, vielleicht liegt es am Wind, der nach Meer und Heidekraut riecht, oder am Regen, der das Bedürfnis weckt, sich gemütlich in Kuschelpullover und Wollsocken, an eine Teetasse geklammert, aufs Fensterbrett zu setzen und hinauszuschauen. Oder es liegt einfach daran, dass es immer und überall Tee gibt und den Schotten die Frage, ob man *a cup of tea* wünsche, besonders leicht von der Zunge geht.

Wie dem auch sei: Die Ankunft in einem *Bed and Breakfast* in Schottland feiert man standesgemäß, indem man als Allererstes den Wasserkocher aufsetzt, Teebeutel in die Tassen hängt und dann mit einem wohligen Schauer den Tee aufgießt. Einen Schluck Milch dazu – und schon kann der Abend kommen. So gestärkt, macht man sich dann gern noch einmal zu Fuß zu Erkundungstouren in der näheren Umgebung auf oder nimmt etwas später die kurze Wanderung zum Pub in Angriff, wo man den Tag mit einer deftigen Mahlzeit und einem Pint Lager oder Ale ausklingen lassen kann.

32. GRUND

Weil drei eben einfach besser ist als zwei

Drei ist besser als zwei. Das ist ganz klar und liegt auf der Hand. Schon mathematisch gesehen. Warum also sparen? Warum sich mit einem zweipoligen Steckdosensystem begnügen, wenn man doch drei Pole haben kann? Das muss man sich im 19. Jahrhundert auch in Großbritannien gedacht haben, als man den sogenannten *British 3-pin* entwickelte: einen Stecker mit zwei kurzen waagerechten Schlitzen und einem längeren senkrechten Schlitz in der Mitte. Parallel dazu entwickelte man in Deutschland lediglich zweipolige Steckdosen. Vielleicht war man hier zu bescheiden, um sich drei Pole zu gönnen, vielleicht folgte man aber auch einfach der Devise, weniger sei mehr. Tatsache ist auf jeden Fall: Während Großbritannien das dreipolige System in seinen Kolonien – und damit praktisch auf der ganzen Welt – etablierte, begnügte sich Deutschland mit seinen zwei Steckerpolen. Mit der Folge, dass deutsche Handys, Laptops, Tablets und Co. in Schottland heute schnell auf dem Trockenen sitzen.

Das ist natürlich ärgerlich und veranlasst zu der Frage, ob man sich damals nicht hätte denken können, dass die Urlauber irgendwann mit Hosentaschen und Rucksäcken voller mobiler elektronischer Geräte ins Land kommen würden. Man kann natürlich gern versuchen, die schottischen Steckdosen mit deutschen Steckern zu benutzen. Im Internet gibt es einige Anleitungen zur Überbrückung der Sicherheitsentriegelung mittels Kugelschreiber, doch wer es sich nicht gleich zu Anfang mit den Betreibern seines *Bed and Breakfasts* verscherzen möchte, benutzt vielleicht lieber einen Adapter. Mithilfe eines solchen Adapters – Adapter Typ G (BS 1363) mit einer Buchse vom Typ F, um genau zu sein – ermöglichen die Briten in ihrer Großzügigkeit auch den deutschen Besuchern die Nutzung ihrer großartigen dreipoligen Steckdosen. Man bekommt ihn auf der Insel recht günstig in Flughäfen, an Häfen und Bahnhöfen und in Elektrofachgeschäften. Oder man kauft ihn schon vor dem Urlaub zu Hause in Deutschland oder über das Internet. Sollte das angeschlossene Gerät dann dennoch nicht laden, liegt das nicht etwa an der Fehlbarkeit des großartigen *British 3-pins*, sondern daran, dass man den kleinen Schalter neben der Steckdose noch nicht umgelegt hat. Er dient der Sicherheit und beweist einmal mehr die Überlegenheit des britischen Steckdosen-Systems. Drei ist eben wirklich besser als zwei. Dass die dahinter liegende Technik nicht besser oder schlechter ist als unsere, tut hier überhaupt nichts zur Sache.

33. GRUND

Weil moderne Technik eindeutig überbewertet wird

Nachdem wir uns nun mit den Besonderheiten der schottischen Steckdosen beschäftigt haben, lohnt sich ein Blick auf das, was mit diesen Steckdosen betrieben wird. In vielen *Bed and Breakfasts* kommt dieser Blick einem Besuch im Museum gleich. So manches elektronische Gerät, das einem hier begegnet, hat schon historischen Wert. Während es an den Fernsehgeräten auf den Zimmern in den meisten Fällen nichts zu meckern gibt – die Flachbildschirme haben inzwischen auch den Siegeszug bis in die tiefsten Highlands angetreten – und selbst die entlegensten *Bed and Breakfasts* in der Regel über Hochgeschwindigkeitsinternet verfügen, sind die Schotten, was viele andere elektrische Geräte angeht, herrlich altmodisch und traditionsbewusst.

Riesige Toaster-Ungetüme, die zehn Toasts oder mehr zur gleichen Zeit fassen können und dabei vor sich hin rattern, als müssten sie nebenbei noch einen Zug den Berg hinaufziehen. Wasserkocher, die vor Urzeiten schon über Feuern gehangen haben könnten und die nur durch Zufall inzwischen über einen Stecker verfügen. Antik anmutende Badschnellheizer mit Kordel, die ein eiskaltes Badezimmer binnen weniger Minuten mit viel Getöse in eine Sauna verwandeln. Haartrockner, die ihrer eigenen Wichtigkeit durch besonders lautes Geheule Ausdruck verleihen müssen. Aufwendig konzipierte externe Mischbatterien in den Duschen, die man ohne einen entsprechenden Abschluss nur schwer zielführend bedienen kann. Stehlampen und Nachttischleuchten, die schon zu Großmutters Zeiten eigentlich nicht mehr in Mode waren.

All das würde man sich zu Hause wohl nicht in die Wohnung stellen. In einem schottischen *B&B* jedoch, zwischen gehäkelten Decken, Spitzenkissen und antiken Möbeln, haben diese Schätze vergangener Epochen eine Daseinsberechtigung. Hier gehören sie hin. Hier bekommen sie ihr Gnadenbrot und werden mit der Wertschätzung und dem Respekt behandelt, die ihnen in ihrem hohen Alter zustehen. Und dafür geben sie auch etwas zurück: Mit ihrer stoischen Ruhe und Gelassenheit tragen diese historischen technischen Geräte deutlich zur Entschleunigung in Ihrem Urlaub bei. Es ist ja gut und schön, dass es Wasserkocher gibt, die einen Liter Wasser in unter 150 Sekunden erhitzen können. Doch der Sinn und Zweck einer schönen Tasse Tee in Schottland besteht doch darin, sich zurückzulehnen, sich zu entspannen und zunächst ein bisschen dem Keuchen und Rütteln des Wasserkochers zu lauschen, bevor man das so mühsam erhitzte Wasser genüsslich über den Teebeutel gießt. Das ist eine Form der Entspannung, die einem moderne technische Geräte einfach nicht bieten können.

Weil in schottischen Hostels die tollsten Dinge passieren

Wenn Sie glauben, dass es nur einen einzigen guten – nämlich finanziellen – Grund gibt, in Schottland in einem Hostel zu übernachten, dann muss ich Sie korrigieren. Tatsächlich gibt es nämlich mindestens 70 gute Gründe – genauso viele wie es Hostels der *Scottish Youth Hostels Association (SYHA)* gibt. Es gibt Dinge, die passieren einem einfach nur, wenn man mit anderen Gleichgesinnten in einer einfachen, zweckmäßigen Unterkunft wohnt, in der alle Lust auf ein bisschen Abenteuer verspüren und die normalen Regeln außer Kraft gesetzt sind. Obwohl »einfach und zweckmäßig« natürlich Ansichtssache ist. Am Loch Lomond in den Trossachs gab es bis 2012 eine fantastische Jugendherberge, die in einem ehemaligen Jagdschloss untergebracht war. Das alte Gemäuer mit seinen Türmchen und Erkern hatte nichts mit dem Bild einer klassischen Jugendherberge gemeinsam und galt als eines der »most haunted hostels in Europe«, wie der *Scotsman* damals schrieb[7].

Ich habe im Laufe der Jahre mehrere Nächte dort verbracht, doch die letzte ist mir am meisten in Erinnerung geblieben. An der Rezeption saß ein junger Mann, der gruselwütigen Mädchen mit Vorliebe die Geschichte des weiblichen Geistes erzählte, der das Haus angeblich seit Jahrhunderten heimsuchte. Welche Intention er damit verfolgte, sei hier einmal dahingestellt. Immer wieder könnte man, so hieß es bei ihm, am Fenster des Turmzimmers eine trauernde Frauengestalt sehen, die nach ihrem Geliebten Ausschau hielt. Als die Rezeption am Abend schloss, nahm er uns fünf Mädchen durch eine winzige, geheime Luke auf das Dach des Schlosses mit, um uns die tragische Geschichte der Liebenden von Auchendennan House zu erzählen. So kitschig und unglaubwürdig die Story auch war, die er dort oben zusammenimprovisierte: Einen schöneren Ausblick auf den Loch Lomond habe ich nie gesehen. Es muss nicht extra erwähnt werden, dass wir im Anschluss nur noch in größeren Gruppen durch das Hostel liefen und uns in den dunklen Gängen beinah zu Tode gruselten.

Ein anderes Hostel in Schottland ist mir vor allem deshalb in Erinnerung geblieben, weil ich hier die Bekanntschaft eines jungen Ägypters machte, der ein halbes Jahr in Aberdeen studiert hatte und die restlichen Wochen seines Aufenthalts zum Reisen nutzte. Von Inverness aus unternahmen wir einige Ausflüge zusammen, unter anderem in den Cairngorms-Nationalpark, wo er zum ersten Mal in seinem Leben Schnee sah und sich kurz entschlossen (und todesmutig) auf einem Paar Skiern den Berg hinabstürzen wollte. Zwei Stunden sah ich nichts von ihm, bis er mit den Skiern in der Hand und einem breiten Grinsen auf dem Gesicht den Weg neben der Piste herabgestiefelt kam. In einem dritten Hostel, in Thurso, verbrachte ich einmal eine Mittsommernacht und lernte dort neben vielen anderen interessanten Gästen auch den Vater eines Freundes aus Inverness kennen. Schottland ist eben ein Dorf!

Wegen solcher Geschichten ist das Touren von Hostel zu Hostel bis heute meine bevorzugte Art des Reisens durch Schottland geblieben. Als Mitglied des Deutschen Jugendherbergswerks (DJH) profitiert man immer von den günstigen Konditionen der Herbergen – vollkommen egal, wie alt man ist. Und wenn Sie sich das Zimmer nicht mit elf anderen Backpackern teilen wollen, die im Schlaf in allen erdenklichen Sprachen reden, und am Morgen nicht mit der Waschtasche unterm Arm in die überfüllte Gemeinschaftsdusche schlürfen wollen, dann ist das auch kein Problem. Viele *Youth Hostels* bieten gegen einen Aufpreis auch kleinere Zimmer mit mehr Ruhe und Privatsphäre an. Mit etwas Glück ergattern Sie sogar ein Doppelzimmer mit eigenem Bad – und fühlen sich ganz wie in einem Hotel. Dass Sie dann noch auf ungewöhnliche Jugendherbergserlebnisse hoffen dürfen, kann ich Ihnen zwar nicht versprechen, doch spätestens im Gemeinschaftszimmer oder in der

Küche, wo es wie in jeder anderen Hostel-Küche der Welt nach billigem Kräutertee und Dosen-Ravioli riecht, wachsen die Chancen darauf dann wieder ganz beträchtlich.

35. GRUND

Weil »wild camping« jeden Urlaub zum Abenteuer macht

Wenn man die Schotten fragt, was typisch deutsch ist, dann antworten sie mit Sicherheit etwas wie: »Germans love to follow the rules.« Und tatsächlich: Aus irgendeinem Grund ist es für uns nur schwer zu begreifen, dass in anderen Ländern nicht alles bis ins kleinste Detail geregelt und vorgeschrieben werden muss. Die Schotten zum Beispiel sehen das ganz anders – und schenken dem Urlauber damit ein großes Stück Freiheit. Das beste Beispiel dafür ist das Jedermannsrecht, das allen Menschen bestimmte grundlegende Rechte bei der Nutzung der Wildnis zuspricht, selbst wenn es sich dabei um privates Landeigentum handelt. Das bedeutet: Solange Sie Ihr Zelt nicht direkt im Vorgarten eines Reihenhauses oder auf einem Gemüsebeet errichten, steht es Ihnen vollkommen frei zu wählen, wo Sie campen, unabhängig von jedem ausgewiesenen Zeltplatz.

Jedes unkultivierte Stück Land fällt unter das uralte Gewohnheitsrecht, das 2003 erstmals schriftlich fixiert wurde, dessen Wurzeln aber viel weiter zurückreichen. Das Jedermannsrecht erlaubt es jedem, sich auf diesem Land frei zu bewegen und dort zu kampieren. Voraussetzung dafür ist jedoch, dass sich die Wildcamper an den *Scottish Outdoor Access Code* halten. Denn klar ist: Wenn jeder campen würde, wie er wollte, und sich nicht um die Folgen seines Handelns scherte, wäre von der unberührten Wildnis Schottlands, derentwegen die Camper eigentlich herkommen, bald nichts mehr übrig. Der *Scottish Outdoor Access Code* ist eigentlich eine

Sammlung von Selbstverständlichkeiten, die die meisten von uns schon mit der Muttermilch – oder wenigstens kurz danach – aufgenommen haben (sollten). Seine oberste Prämisse: *Leave no trace*, hinterlasse keine Spuren. Das beinhaltet natürlich, dass man sämtlichen Müll wieder einsammelt, bevor man weiterzieht, und dass man alle Spuren eines Lagerfeuers beseitigt, wenn man die Zelte wieder abbricht. Mutwilliges Zertrampeln, Abbrechen und Ausrupfen von Pflanzen sollte ebenso unterbleiben wie – und das steht wirklich im Leitfaden, wohl für den Fall, dass jemand nicht weiß, wohin mit seiner Kraft – das Fällen von Bäumen.

Dass man Rücksicht auf Tiere und andere Menschen nimmt, setzt der Code ebenfalls voraus. Das meint sowohl andere Wildcamper als auch die Bewohner der Gegend, die sicher nicht davon aufgeschreckt werden wollen, dass Sie sich mitten in der Nacht in ihren Vorgarten schleichen, um sich zu erleichtern. Am besten errichten Sie Ihre Lagerstätte etwas entfernt von bewohntem Gebiet. Das erspart Ihnen nicht nur Ärger mit den Nachbarn, sondern verstärkt auch den Abenteuereffekt des *wild campings.* Lässt es sich jedoch aus irgendeinem Grund nicht vermeiden, in der Nähe von Höfen oder Häusern zu zelten, wäre es nett, die Bewohner wenigstens höflich um Erlaubnis zu fragen. Rücksicht meint aber auch, dass Sie auf sich selbst achtgeben und sich (und andere) nicht unnötig in Gefahr bringen. Hören Sie auf die Hinweise und gegebenenfalls Warnungen der Menschen, die diese Wildnis ihr Zuhause nennen, und folgen Sie den Anweisungen von Forst- und Landwirtschaftsarbeitern. Mit der richtigen Ausrüstung kann dann eigentlich auch schon nichts mehr schiefgehen.

Das *wild camping* ist zwar lange nicht so gemütlich wie die geradezu luxuriös anmutenden Betten in den meisten *Bed and Breakfasts*, doch das Gefühl, spätabends und am frühen Morgen allein in der Wildnis zu sein, ist einfach überwältigend. Nichts bringt einem Schottland so nah wie das Campen draußen in den Highlands. Da ist es dann ganz selbstverständlich, dass man Rücksicht nimmt, um diese einzigartige Landschaft zu bewahren. Das Einzige, was dann zurückbleibt, ist ein bisschen platt gedrücktes Gras an der Stelle, an der Sie geschlafen haben. Alles andere tragen hartgesottene Wanderer und Outdoor-Enthusiasten auf ihrem Rücken wieder davon.

36. GRUND

Weil Einkaufen längst nicht so teuer ist, wie man denkt

Als meine Familie ihren ersten Urlaub in Schottland verbrachte – ich war etwa zehn Jahre alt –, reisten wir mit einem großen Jetbag auf dem Autodach an, der bis an den Rand mit Lebensmitteln gefüllt war. Meine Eltern hatten gehört, wie wahnsinnig teuer das Einkaufen in Großbritannien sei, und deshalb beschlossen, auf diese Weise unsere Reisekasse zu schonen. Ob es damals wirklich noch so teuer war, weiß ich nicht. Ich erinnere mich nur noch an den einen Abend, an dem uns das Dosenessen förmlich zu den Ohren herauskam und wir in die Stadt fuhren, um chinesisches *Take away*-Essen zu besorgen. Heute jedenfalls kann man getrost vor Ort in Schottland einkaufen gehen, ohne sich größere Sorgen um die Reisekasse machen zu müssen. Die deutschen Discounter Lidl und Aldi sind inzwischen in fast jeder größeren Stadt vertreten, und das Preisniveau dort unterscheidet sich kaum von den Märkten in Deutschland. Auch ASDA ist eine gute Adresse, wenn man vor allem günstig einkaufen will. Unter dem Slogan *Britain's Lowest Priced Supermarket, xx Years Running* fährt ASDA ein Angebot auf, das etwa mit dem von Kaufland zu vergleichen ist.

Gefrorene Lebensmittel zu praktisch unschlagbaren *Buy one, get one free*-Angeboten bekommt man auch in beinah jeder Fußgängerzone bei Iceland. Verhältnismäßig günstige Großeinkäufe erledigt man in Schottland bei Morrisons, Sainsbury's oder bei Tesco, die meistens etwas außerhalb des Stadtzentrums in Gewerbegebieten mit riesigen Einkaufslandschaften locken. Hier gibt es nichts, was es nicht gibt. Neben Eiern, Brot und Milch finden Sie hier auch Kleidung, Spielsachen, Kosmetik, Küchengeräte, Haushaltszubehör und sogar Möbel. Wenn Sie sich dann an die zwei wichtigsten goldenen Regeln des Einkaufens in Schottland halten, bleibt einfach mehr Geld für die schönen Dinge des Urlaubs übrig. Diese Regeln lauten: »Nimm nie nur zwei, wenn du zum gleichen Preis auch drei haben kannst!« und »Größer ist immer besser!«. Es gibt fast keinen Artikel, der nicht in irgendwelchen Rabatt-Angeboten kombinierbar ist und dadurch billiger wird. Drei Pizzen für den Preis von zweien, fünf Artikel aus der Obst- und Gemüseabteilung für 5 Pfund und kombinierbare Lunch-Angebote für den schmalen Taler. So kauft man in Schottland sparsam ein.

Doch was nützen einem drei Pizzen zum Preis von zweien, wenn man allein ist und riesigen Hunger hat? Für die einzelne Pizza greift man dann schnell mal tiefer in die Tasche. Für Reisende auf einer Rundreise durch Schottland kommt hinzu, dass sie in der Regel keine Gelegenheit haben, das verbleibende Essen auch zu lagern und später aufzubrauchen. Verderbliche Lebensmittel den ganzen Tag im Auto spazieren zu fahren und sie erst am Abend wieder in einem Kühlschrank unterzubringen, ist wohl der sicherste Weg, sich den Magen – und damit den Urlaub – zu verderben. Hier gilt es, mit etwas Geschick vorauszuplanen und nicht blindwütig den Einkaufswagen mit günstigen Kombiangeboten vollzuhauen. Wenig Sinn ergibt es zum Beispiel auch, riesige 5-Liter-Kanister Orangensaft aus dem Supermarkt zu schleppen, wenn man nur noch zwei Tage in Schottland ist und nur morgens ein Glas Saft genießen möchte. Hier trifft dann Sparwut auf Lebensmittelverschwendung – ein großes Problem, nicht nur in Schottland.

Nehmen Sie sich also lieber vorher einen Moment Zeit und überlegen Sie, was Sie wirklich brauchen, wie Sie Ihre Lebensmittel lagern und transportieren. Steht Ihnen ein Kühlschrank an einem festen Wohnsitz zur Verfügung? Na, perfekt! Dann nehmen Sie lieber drei als zwei von allem. Wenn nicht, ist es manchmal günstiger, eine einzelne Packung zu nehmen und die Kassiererin verneinend anzulächeln, wenn sie Sie fragt, ob Sie nicht von den tollen Kombi-Angeboten profitieren wollen. Und wenn Sie schon dabei sind, dürfen Sie auch noch ein zweites Mal dankend den Kopf schütteln. Nämlich dann, wenn sie Ihnen Ihre Einkäufe in zahllose winzige Plastikbeutel packen möchte. Nicht jeder Artikel braucht seine eigene Tragetasche. Auch das ist eine Form des Sparens: Nur weil es etwas in großer Zahl gibt, heißt das nicht, dass man es auch nehmen muss. Das ist die dritte goldene Regel beim Einkaufen in Schottland.

37. GRUND

Weil kein Supermarkt lange geschlossen bleibt

In so einem Urlaub in Schottland passiert es schnell, dass man die Zeit vergisst. Während man von Sehenswürdigkeit zu Sehenswürdigkeit durch die Jahrhunderte reist, spielen so triviale Dinge wie Wochentage oder Öffnungszeiten ganz schnell keine Rolle mehr. Gott sei Dank sind sich die Schotten dessen bewusst und haben deshalb touristenfreundliche Verkaufszeiten an sieben Tagen in der Woche eingeführt. Engpässen in Ferienhaus-Kühlschränken und schlecht gelaunten – weil hungrigen – Touristen wird so wirksam vorgebeugt. Eine wirklich großzügige Geste gegenüber den Gästen, die sie mit landschaftlicher Schönheit und vollem kulturellen Programm geradezu überfordern und denen es deshalb schwerfällt, sich auf so alltägliche Dinge wie das Einkaufen zu konzentrieren. Und weil die Geschäfte nun schon einmal geöffnet haben, nehmen auch die Schotten selbst diese großzügigen Öffnungszeiten nur zu gern in Anspruch. Von 9 Uhr morgens bis 22 Uhr am Abend kann man an sieben Tagen in der Woche nach Herzenslust durch die Supermärkte spazieren – und wird dabei nie allein sein.

Steht man dann am Sonntag in einer langen Kassenschlange im Tesco und beobachtet, wie tonnenweise Lebensmittel über das Fließband gleiten, fragt man sich unweigerlich, was die Menschen hier täten, wenn es eine gesetzliche Beschränkung der Ladenöffnungszeiten wie in Deutschland gäbe. Die ersten sechs Tage der Woche müssen für die Schotten einfach dermaßen vollgestopft sein, dass es ihnen schlichtweg nicht möglich ist, auch noch einkaufen zu gehen. Nachdem man also gute 30 Minuten angestanden hat, beschließt man, den nächsten Einkauf an einem Wochentag vorzunehmen. Da müssten die Supermärkte ja förmlich ausgestorben sein. Doch Pustekuchen! Nach weiteren langen Minuten in einer Warteschlange am Dienstagnachmittag gibt es eigentlich nur noch zwei Erklärungen für dieses Phänomen: Entweder die Einkäufe der Schotten verschwinden direkt in schwarzen Löchern, oder man braucht hier einfach größere Mengen an Lebensmitteln als bei uns.

Und da es Letzteres nicht (oder nur bedingt) sein kann, muss man mit den Schotten, die sich Tag für Tag zu allen möglichen und unmöglichen Zeiten in die Supermärkte schleppen, regelrecht Mitleid haben. Dann wird klar, dass es nicht vorrangig um die Touristen ging, als man die Öffnungszeiten der Supermärkte auf ein Maximum ausdehnte. Und man spürt, dass Schottland ein Land ist, das an seine Menschen denkt und sich um ihre Sorgen und Nöte kümmert – und das ihnen vollkommen uneigennützig nahezu unbegrenzte Öffnungszeiten geschenkt hat. Ein wirklich guter Grund, Schottland zu lieben. Sollte Sie bei alldem Einkaufen rund um die Uhr Heimweh überkommen und sollten Sie mal wieder das Gefühl erleben wollen, vor einem geschlossenen Laden zu stehen, können Sie diese Sehnsucht in den High Streets überall im Lande stillen. Montag bis Samstag schließen die Geschäfte hier um 18:30 Uhr und am Sonntag ist bereits um 17 Uhr Feierabend.

38. GRUND

Weil das TV-Programm einen ganz eigenen Charme hat

Wer nur für einen Urlaub in Schottland ist, der kann und sollte dieses Kapitel gern überspringen; die Zeit ist viel zu kurz und zu wertvoll, um sie vor dem Fernseher zu verbringen. Gehen Sie am Abend lieber mit den Einheimischen in den Pub, hören Sie irgendwo Livemusik, besuchen Sie ein *cèilidh* oder blicken Sie lange und verträumt in den schottischen Nachthimmel. Für alle anderen, für die also, die Schottland für ein paar Monate oder sogar länger zu ihrem Zuhause machen wollen, wird aber irgendwann unweigerlich der Punkt kommen, an dem sie mal wieder Lust verspüren, einen ruhigen Abend vor dem Fernseher zu verbringen. Und da hat das schottische TV-Programm wirklich einiges zu bieten. BBC One und BBC Two zum Beispiel.

Schon lange bevor die öffentlich-rechtlichen Sender in Deutschland das Potenzial aufwendig produzierter TV-Serien erkannten, wusste man in der *British Broadcasting Corporation* bereits, was die Stunde geschlagen hat. Spätestens mit der großartigen Serie *Sherlock* hat sich BBC One, das meistgesehene Inlandsfernsehprogramm Großbritanniens, an die Weltspitze gesetzt. Hier laufen außerdem die beiden ewigen Klassiker *Doctor Who* und *EastEnders.* Während jeder *GZSZ*-Fan sofort empfänglich für die Faszination von *EastEnders* sein und in dem nur auf den ersten Blick konfusen Gewusel der Figuren gleich eine neue Heimat finden wird (Alternativ genießen Sie auf ITV *Coronation Street*, die englische Version der *Lindenstraße*), ist *Doctor Who* ein wahrhaft britisches Phänomen.

Begonnen in den 1960er-Jahren mit den damals zur Verfügung stehenden technischen Mitteln, erzählt die Serie die Geschichte des »Doctors«, der in seiner »TARDIS«, die nur für ungeübte Augen wie ein altes Polizei-Notrufhäuschen aussieht, in Wahrheit aber eine futuristische Maschine ist, durch Zeit und Raum reist. Das ist Trash vom Feinsten und – da bin ich mir sicher – einer der Schlüssel zum Verständnis der modernen britischen Seele. Der schottische Ableger von BBC One – BBC One Scotland – bietet darüber hinaus einen bunten Mix eigenproduzierter Comedy-, Drama- und Nachrichten-Formate aus Schottland an und stockt ihn mit englischen BBC One-Inhalten auf.

BBC Two ist der ewig zweite Sender der Briten – und das Zuhause von *Monty Python's Flying Circus*, dem Klassiker der britischen Comedy, und von *Fawlty Towers*. *Monty Python* dürfte jedem ein Begriff sein, der bei den Klängen von *Always Look on the Bright Side of Life* automatisch an einen Hügel denkt, auf dem Judäer an Holzkreuzen hängend dem Sonnenuntergang entgegensingen. Schwarz, schwärzer, britischer Humor: Das Gespann um John Cleese und Eric Idle hat seinen Platz auf dem Comedy-Olymp sicher.

Fawlty Towers war ebenfalls eine Idee von John Cleese und handelt von dem herrlich cholerischen Hotelbesitzer Basil und seiner resoluten Frau Sybil Fawlty, die in ihrem Hotel nicht selten an ihre Grenzen kommen. Etwa dann, wenn 30 Jahre nach Ende des Zweiten Weltkriegs deutsche Urlauber im Hotel *Fawlty Towers* übernachten und Cleese, alias Basil, nicht in der Lage ist, sich seine Anspielungen auf den Krieg zu verkneifen. Der Ausruf »You started it!« ist einer der liebsten Witze der Briten, wenn sie mit einem Deutschen ins Gespräch kommen. Schon allein deshalb lohnt es sich, wenigstens die Folge gesehen zu haben. Eine weitere urbritische Sendung ist das Comedy-Format *Little Britain* auf BBC Three, für das man schon über einige Erfahrung im Bereich des britischen Humors verfügen sollte.

BBC Two Scotland ist übrigens Ihr Favorit, wenn Sie schottische Nachrichten, Live-Übertragungen aus dem Schottischen Parlament oder Kinder- und Jugendsendungen in gälischer Sprache suchen. Gemeinsam mit dem Konkurrenten STV, also Scottish Television, wirbt BBC Two Scotland um jenen Anteil der Fernsehzuschauer, der sich ein eher regionales und lokales schottisches Programm wünscht, weitgehend losgelöst von englischen und amerikanischen Formaten. Schließlich ist man, *after all,* ein eigener Staat mit eigener Identität. Und wo, wenn nicht beim Fernsehgucken, sollte das zum Ausdruck kommen?

Nur vergessen Sie bei all diesen Kultformaten nicht: Draußen vor der Tür liegt Schottland, ein atemberaubendes Land, das es zu erkunden gilt!

III

WENN SIE LAND UND LEUTE KENNENLERNEN

39. GRUND

Weil hier das charmanteste Englisch gesprochen wird

Jahrhundertelang haben die Schotten mit allen Mitteln versucht, sich von den südlichen Nachbarn abzugrenzen: Sie trugen farbenfroh gemusterte Röcke, als alle anderen längst in schlichten Hosen unterwegs waren, gaben ihren Kindern Namen, die man nicht ohne Knoten in der Zunge aussprechen konnte, und beharrten eisern darauf, dass nichts so gut schmeckt wie mit Innereien gefüllter Schafsmagen. Da lag es nah, diesen Kampf um die Autonomie von England auch in die Sprache einfließen zu lassen und sie mit allen erdenklichen Eigenarten auszustatten. Klar, musste auch der letzte Schotte irgendwann einsehen, dass es keinen Zweck hatte, sich dem Angelsächsischen zu verweigern, wenn man nicht wahlweise im Kerker oder auf dem nächsten Schiff in die Kolonien enden wollte. Doch die Schotten sind stur.

Ja, sie sprechen englisch, aber sie tun es auf ihre ganz eigene Art und Weise. Wenn ein echter Highlander englisch spricht, erinnert das an das Gurgeln eines Baches, in dem feuchte Steine munter durcheinanderpurzeln. Ein echter *Weegie*, wie man die Einwohner von Glasgow nennt, hingegen klingt eher wie ein Sack voller hölzerner Bauklötze, der ordentlich durchgeschüttelt wird. Mit etwas Glück vermag das geübte Ohr, das eine oder andere Wort der englischen Sprache herauszufischen – nur um dann gleich an typisch schottischen Vokabeln zu verzweifeln. Der Schotte sagt *aye* am Ende eines Satzes, um die Zustimmung seiner Zuhörer einzuholen. Er sagt *lad* und meint »Junge«; er sagt *lassie* und meint »Mädchen«. Wenn er *wee* sagt, meint er »klein«; wen er *bonnie* nennt, den findet er hübsch, und wenn er *hammered* ist, ist er einfach nur betrunken. Darüber hinaus gibt es eine Reihe schottischer Geräusche mit einer erstaunlichen Bedeutungsdichte. Ein einfaches *och* kann vieles heißen – bis hin zu einem entnervten »Vergiss es einfach!«.

Ihren Ursprung haben manche dieser Wörter noch in der Zeit, als man im hohen Norden nur gälisch sprach. Das *Gàidhlig*, das zu den keltischen Sprachen gehört, ist uralt und stammt, wie die schottischsten Schotten, aus Irland, wo das Irisch-Gälische heute noch gebräuchlich ist. Wer einen Schotten gälisch sprechen hört, sieht vor seinem geistigen Auge unweigerlich Arwen und Elrond in Bruchtal in eine Diskussion über die Zukunft der Elben von Mittelerde vertieft – und liegt damit gar nicht mal so falsch. Als J. R. R. Tolkien Sindarin, die Sprache der Elben, entwickelte, orientierte er sich aber (neben dem Finnischen) eher an einer anderen alten keltischen Sprache, nämlich am Walisischen. Doch das Ergebnis bleibt das gleiche: Dem in germanischen Sprachen geschulten Ohr erschließt sich kein einziges Wort. Aber kein Grund zur Panik: Gälisch wird heute nur noch von sehr wenigen Menschen fließend gesprochen, und die leben alle weit draußen, auf den Äußeren Hebriden, in einem eigenen Mikrokosmos, zu dem Besucher praktisch keinen Zugang haben.

Dort veranstalten sie die sogenannten *cèilidhs*, singen die alten Lieder, erzählen uralte Geschichten und tanzen zu den klagenden Klängen des Dudelsacks, wie es schon ihre Vorfahren vor Hunderten von Jahren taten.

Auch des sogenannten *Scots* – einer Variante der englischen Sprache, die in den schottischen Lowlands, im Central Belt und an der Ostküste gesprochen wird und die Robert Burns in seinen Gedichten verewigt hat – sind gerade einmal 1,5 Millionen Menschen in Schottland mächtig, sodass die Wahrscheinlichkeit, an einen Schotten zu geraten, mit dem wir uns gar nicht verständigen können, an Null grenzt. Die meisten der gastfreundlichen Schotten bemühen sich wirklich redlich, eine Sprache zu sprechen, die wenigstens entfernt mit unserem Schulenglisch zu tun hat. Aber auch, wenn wir sie zwischendurch mal nicht verstehen, können wir getrost dem Murmeln des Baches lauschen und uns ein *wee bit* in diese bezaubernde und sehr charmante Version der englischen Sprache verlieben.

40. GRUND

Weil Melancholie nirgendwo sonst so schön ist

»Wir sind alle fröhliche Leute. Aber vielleicht ist da etwas in der schottischen Natur, das so eine Melancholie in die Akkordfolgen und Melodien bringt«[8], erklärte Martin Doherty, Sänger der schottischen Elektropop-Band Chvrches 2013 dem Magazin *SPIEGEL* die urschottischen Einflüsse auf die Musik seiner Band – und traf damit den Nagel auf den Kopf. Einem alteingesessenen Schottland-Fan muss diese Aussage nicht weiter erläutert werden; er weiß sofort, was gemeint ist. Schottland-Neulingen aber will ich kurz zu erklären versuchen, was es mit diesem unbestimmten Gefühl der Melancholie auf sich hat. Einfach nur, damit Sie vorbereitet sind. Ich bin mir dabei der Tatsache bewusst, dass dieser Versuch etwa dem gleichkommen dürfte, die Farbe des Glücks zu bestimmen oder die Flugbahn einer Fliege vorauszuberechnen. Aber sei es drum, ich probiere es trotzdem.

Versuchen wir es zunächst durch eine geografische Annäherung an die Schotten und ihr Land, so weit oben, am Rande Europas, wo es immer irgendwie ein bisschen einsam ist. Vielleicht nicht in den Straßen von Edinburgh, Glasgow, Aberdeen oder Inverness, aber sobald man die Städte verlässt und höher in den wilden Norden vordringt, wird es immer einsamer. Majestätische Berge, verwunschene Moore, sturmumtoste Klippen, verlassene Sandstrände. Kitschige Bilder wie diese muss man in Schottland nicht erfinden; man kann sie überall sehen. Ein Land, das über lange Monate in Dunkelheit gehüllt und nicht selten von dicken Nebelschwaden durchzogen ist. Ein Land, in dem es Tore zwischen den Welten zu geben scheint und in denen Wanderer auf Schritt und Tritt auf Zeugnisse aus der Vergangenheit stoßen. Ein Land, dessen Boden mit Erinnerungen vollgesogen ist wie mit Blut. Dieses Land ist der Nährboden für die schottische Seele.

In diesem Land nun leben Menschen, die mit Liedern und Geschichten aus der Vergangenheit aufgewachsen sind. Nicht mehr die Jüngsten von ihnen vielleicht. Nein, da mache ich mir keine Illusionen. Sie werden sicherlich nicht am Abend ihre Smartphones weglegen, Laptops zuklappen, Tablets herunterfahren oder Fernseher ausschalten, um sich im Kreise der Familie niederzulassen und gebannt den alten Geschichten zu lauschen. Das ist recht unwahrscheinlich – wenn auch nicht unmöglich. Doch ihre Eltern oder wenigstens noch ihre Großeltern haben ständig die Lieder und Legenden über die schottischen Helden der Vergangenheit gehört, die Geschichten über tragische Schicksale, über Schlachten, Siege und Niederlagen, über gemeine Hinterhalte und uralte Clan-Fehden. Und natürlich große Romanzen, in denen die Liebenden manchmal alle Hindernisse überwinden konnten, viel häufiger aber nicht.

Sie hörten immer wieder von den Traumata von Culloden und der *Highland Clearances*, davon, wie den Menschen ihr Land, ihre Identität, ihre Sprache genommen wurden – und davon, wie viel besser vorher alles gewesen sei. Als Schottland noch unabhängig war, als es noch nach seinen eigenen Regeln lebte, als es klare Strukturen gab, einen schottischen König und das gute alte Feudalsystem der Clans. Es liegt wohl in der Natur des Menschen – und vor allem der Schotten –, sich immer an die »gute alte Zeit« zu erinnern und melancholisch in Erinnerungen an eine bessere Vergangenheit zu schwelgen. Das ist keine Erfindung der Gegenwart. Schon als die Jakobiten 1745 jenen Aufstand anzettelten, der schließlich in der Schlacht von Culloden blutig endete, sehnten sie sich nach den goldenen Jahren der Herrschaft des Katholiken James II. im 17. Jahrhundert zurück.

Nachdem er 1746 bei Culloden gescheitert war, erfuhr schließlich auch der Jakobiten-Aufstand selbst eine Romantisierung, die bis heute anhält und der Melancholie der Schotten stets neues Futter gibt. Beim Klang von Dudelsack und Trommeln verfällt man dann auch als Besucher nur zu leicht dem Gefühl unbestimmter Trauer über den Verlust von Stolz, Stärke und Unabhängigkeit Schottlands. Dann sieht man die schottische Flagge im Wind wehen, spürt, wie das Herz schneller schlägt, das Blut zu kochen beginnt und eine vollkommen irrationale Leidenschaft von einem Besitz ergreift. Dann möchte man sich doch glatt das Plaid schwungvoll über die Schulter werfen, die Brosche richten, die Kniestrümpfe hochziehen und in voller Highland-Montur in die Schlacht um ein Schottland ziehen, das es vielleicht nie gegeben hat, das aber in der herzzerreißenden Melancholie der Schotten wohl ewig weiterleben wird.

41. GRUND

Weil nur Männer im Kilt richtige Männer sind

Wenn Sie mich fragen, gibt es kaum etwas Männlicheres als einen Mann im Kilt. Idealerweise steht er dabei, einen Fuß auf einen Fels gestützt, mit abwesendem Blick, wehendem Haar und Rock, mitten in den Highlands. Hinter ihm grast ein Pferd, verschwitzt vom schnellen Ritt durch die Berge, und in der Ferne spielt ein Dudelsack … Nein, halt, ich komme vom Thema ab! Aber mal im Ernst: Wir Frauen wissen nicht erst seit der *Outlander*-Saga von Diana Gabaldon, dass Männer im Kilt männlich und ziemlich sexy sind. Nur die Männer selbst scheinen sich dessen in der Regel nicht bewusst zu sein. Der Kilt ist ja schließlich ein Rock. Und Röcke sind was für Mädchen. Aber haben Sie schon einmal mit einem Mann gesprochen, der einen Kilt getragen hat? Nicht nur so zum Spaß in einem Souvenir-Geschäft, sondern längere Zeit und draußen? Dieser Mann wird Ihnen bestätigen, dass der Kilt seinem Träger ein unvergleichliches Gefühl von Freiheit und Männlichkeit verleiht.

Und das in jeder Hinsicht, denn das gewickelte Plaid, der wilde Vorläufer des zivilisierten Kilts, der etwa seit Ende des 16. Jahrhunderts in Gebrauch war, machte jeden Mann wahrlich frei und unabhängig. Es garantierte maximale Bewegungsfreiheit, ließ das Plaid, das zunächst um die Hüften geschlungen und dann über die Schulter gelegt und mit einer Brosche befestigt wurde, doch die Arme und Beine weitgehend frei. Nichts engte den hart arbeitenden Highlander ein, der mit Schweißperlen auf der Stirn störrische Schafe beim Scheren bändigte oder ein temperamentvolles Pferd einritt … Mit dem Plaid, das aus fünf Yards robuster Wolle ebenjener Schafe bestand, war der Highlander für alle Wetter-Eventualitäten gerüstet. Regnete es, bot es, über den Kopf gezogen, Schutz. Schneite oder stürmte es, konnte sich der Highlander komplett darin einwickeln und gegen die Unbill des schottischen Wetters abschirmen. Und war die harte Arbeit des Tages endlich erledigt, erwies sich das Plaid einmal mehr als überaus praktisch, denn der Stoff eignete sich auch hervorragend als Bettdecke, wenn man(n) die Nacht auf Reisen oder Feldzügen im Freien verbringen musste.

Der Kilt, wie wir ihn heute kennen, entstand dann im 17. Jahrhundert. Dieser sogenannte *small kilt* unterscheidet sich vom *breacan an fhéilidh,* dem *belted plaid*, dadurch, dass er lediglich um die Hüften geschlungen und dort befestigt wird. Die schwierige Wickeltechnik, die noch heute so manchen Kiltträger zur Verzweiflung bringt und – wie man hört – gar nicht so leicht zu erlernen ist, entfiel. Auch bedurfte es für den *small kilt* wesentlich weniger Stoffes. Für die weniger wohlhabenden Clansmänner wird das wohl ein wichtiger Anreiz gewesen sein, den schweren Stoff des *breacan an fhéilidh* abzulegen und »oben ohne« zu gehen. Ein interessanter Nebeneffekt des Kleinen Kilts war die Tatsache, dass die Hochlandkrieger jetzt nicht mehr vollkommen entblößt dastanden, wenn sie sich für den Kampf das Plaid von den Schultern rissen. Denn unweigerlich ging mit der Decke, die den Oberkörper bedeckte, auch das restliche Outfit zu Boden, und die Schotten begegneten ihren Feinden nackt, wie Gott sie schuf. Sehnige, muskulöse Arme und Beine, auf denen sich der Schlamm der Straßen mit dem Regen vermischte, der die Schlachtfelder in Sümpfe verwandelte, wehendes rotes Haar im Licht der aufgehenden Sonne ... Stopp! Ich befürchte, das wird hier wohl nichts mehr. Merken Sie sich bitte einfach, dass es kaum etwas gibt, was so männlich ist wie ein Mann im Kilt, und wir belassen es dabei.

42. GRUND

Weil ein Karo mehr sagt als tausend Worte

Zeig mir, was du trägst, und ich sage dir, wer du bist – in kaum einer anderen Region der Erde ist das so wahr wie in den schottischen Highlands. Denn das Karomuster der Kilts ist mehr Visitenkarte als Stilentscheidung. Ein Highlander trägt nicht den »Tartan« genannten Karostoff, der seiner Tagesverfassung am besten entspricht oder seiner Augenfarbe am meisten schmeichelt, sondern jenen Tartan, den das Oberhaupt seines Clans ausgewählt hat, um die Familie zu repräsentieren. Das hatte zunächst ganz praktische Gründe. Jede Region hatte ihren eigenen Weber, der seine eigene Technik besaß. Das Muster, das er seinen Stoffen verlieh, und die Farben, die er dafür wählte, waren sein Markenzeichen – einmalig und von hohem Wiedererkennungswert. Zumeist waren das einfache Karomuster aus zunächst ungefärbter Wolle von weißen und braunen Soayschafen; später mischte man Färbemittel bei und trug so der Vorliebe der Highlander zu kräftigen Farben Rechnung. Infolgedessen kleideten sich also alle Highlander im Einzugsgebiet eines bestimmten Webers mit dem gleichen Stoff. Das ist ein bisschen so wie heute in den Einzugsgebieten von Primark und H&M.

Gleichzeitig war man mit den Menschen in der näheren Umgebung aber in der Regel auch verwandt oder verschwägert, was dazu führte, dass man sich und seinen Clan irgendwann mit diesem Muster identifizierte. Das spielte im Alltag, auf den Feldern und Weiden, weniger eine Rolle als zu Kriegszeiten. So wie heute Fußballmannschaften verschiedenfarbige Trikots tragen, um zu verhindern, dass der Ball versehentlich an Feindesfuß geschossen wird, ließen sich die einzelnen Kriegsparteien damals vor allem an ihren Tartan-Mustern unterscheiden. Während ein Fehlpass ja vielleicht noch zu verschmerzen ist, kann ein fehlgeleitetes Breitschwert irreversiblen Schaden anrichten. Ein kleiner feiner Unterschied in der Linienführung, in der Leuchtkraft des Rots oder eine zusätzliche schmale weiße Linie entschieden also im Zweifelsfall über Leben und Tod. In welchen Farben der Clan in die Schlacht zog, oblag wiederum der Entscheidung des jeweiligen Clanoberhaupts. Er wählte Muster und Farben der im Kampf getragenen Plaids und bestätigte mit Siegel und Unterschrift, dass sich sein Clan fortan von diesen Farben repräsentieren lassen würde.

Der Clan Campbell zum Beispiel, einst der führende Clan der westlichen Inseln, trägt noch heute ein einfaches grün-schwarzblaues Set. Es kleidet das Oberhaupt der Campbells und die meisten wichtigen Campbell-Familien in Argyll. Um jedoch die vielen anderen Campbell-Clans – die Campbells of Breadalbane, die Campbells of Cawdor oder die Campbells of Loudoun – und die verschiedenen Regimente voneinander unterscheiden zu können, fügte Wilson of Bannockburn, der im 18. Jahrhundert die größte Weberei in Schottland betrieb, dem Grundmuster verschiedenfarbige Streifen hinzu. Auch sie mussten natürlich wiederum vom Clanoberhaupt genehmigt werden. Es kann ja schließlich nicht angehen, dass die Mitglieder dieser stolzen Familie kunterbunt und wie es ihnen gefällt durch die Gegend rennen. Was mich zu der Frage führt, was ein Clanchef wohl heute empfindet, wenn er durch Edinburgh flaniert und auf der Royal Mile einer Schar Touristen begegnet, die laut in einer fremden Sprache schnatternd aus einem der Souvenirläden stolpert, bekleidet mit einem Kilt im stolzen Tartan-Muster seines eigenen Clans. Einem Kilt, den sie eben erst für 20 Pfund erstanden haben und mit dem sie am Abend die Pubs unsicher machen wollen. Ich muss gestehen, dass auch ich selbst den einen oder anderen

Kilt aus Souvenir-Shops im Schrank liegen habe. Aber genau dieser Gedanke hielt mich in der Regel davon ab, sie in Schottland – oder irgendwo anders – zu tragen.

Richtige Highlander kaufen ihre Kilts natürlich nicht in diesen Ramschläden zwischen Nessie-Figuren und Kühlschrankmagneten. Sie frequentieren eher die edlen Schneidereien am Fuß des Castle Rocks, wo ein komplettes Highlander-Outfit, bestehend aus Strümpfen, Plaid, Hemd, Brosche, Dirk und Sporran, mal locker das Hundertfache kostet. Auf Wunsch werden die edlen Stoffe mit den authentischen Tartan-Mustern hier auch maßgeschneidert verarbeitet. Wer sich traut und solch einen altehrwürdigen Laden trotz missbilligender Blicke über die Monokel der Verkäufer betritt, wird dann spätestens in der Umkleidekabine sein blau-rot-grün kariertes Wunder erleben. Denn während sich die Kilts in den Souvenirläden ganz einfach mit einer Schnalle und einer Sicherheitsnadel schließen lassen, als wickle man sich ein kariertes Badehandtuch um die Hüften, braucht es für diese luxuriösen Gewänder eine ganz spezielle Wickeltechnik, die einem schnell die Tränen in die Augen treibt. Und zwar nicht nur dem ambitionierten Kunden, sondern auch dem Verkäufer. Letzterem allerdings vor Lachen.

43. GRUND

Weil Großzügigkeit hier wie Geiz aussehen kann

Warum sich das gängige Vorurteil, die Schotten seien geizig, so beharrlich hält, war mir schon immer ein Rätsel. Alle Schotten, die *ich* kennengelernt habe, waren gastfreundliche, großzügige Menschen, die – wenn schon nicht ihr letztes Hemd – so doch wenigstens die letzten Vorräte aus ihrem Kühlschrank für ihre Gäste gegeben hätten. Wenn ein Schotte sagt, sein Zuhause sei auch Ihr Zuhause, wäre es für ihn die größte Beleidigung, wenn Sie sich nicht dementsprechend verhalten würden. Das heißt natürlich nicht, dass Sie sofort alle Hemmungen fallen lassen, sich bis auf die Unterhose ausziehen und mit einer Bierflasche in der Hand das Sofa erobern sollen. Vielmehr möchte er, dass Sie das annehmen, was er in seiner Großzügigkeit für Sie auffährt. Aus Höflichkeit eine angebotene Speise, ein Glas Whisky oder ein Pint im Pub abzulehnen wäre der größte Affront. Nicht das letzte Stückchen Fleisch zu nehmen, das Ihnen die Herrin des Hauses hinhält, oder gar zurückhaltend ein paar Reste des Essens an den Tellerrand zu schieben – der Gastgeber soll ja nicht glauben, man sei nicht satt geworden – kommt einer Beleidigung gleich.

Auch das ist natürlich wieder historisch bedingt. Bekamen die Hochland-Schotten in vergangenen Jahrhunderten Besuch, dann war das ein recht seltenes Ereignis, das gebührend gefeiert werden musste. Für die Kelten war Gastfreundschaft schon seit ewigen Zeiten ein Zeichen von Adel und damit ein ungeschriebenes Gesetz, wenn man etwas auf sich hielt. Dann tischte man für den Gast auf, was man im Haus hatte (oder schnell noch besorgen konnte). Sich hier lumpen zu lassen wäre ein Unding für die stolzen Schotten gewesen. Einen Gast angemessen zu bewirten ist Ehrensache, denn alles andere würde darauf schließen lassen, dass man finanziell nicht dazu *in der Lage wäre*, groß für den Gast aufzufahren. Also einfach unvorstellbar! Hatte man den Gast dann fürstlich bewirtet, musste man den Gürtel vielleicht in den kommenden Wochen und Monaten etwas enger schnallen, doch hier hielt man sich tapfer an das Motto: »Spare in der Zeit, so hast du in der Not.« Was man hatte, hielt man zusammen, um es bei der nächsten Gelegenheit verschwenderisch auftischen zu können.

Es ist irgendwie typisch, dass sich jene notwendige Konsequenz der grenzenlosen Großzügigkeit einen Weg in die kollektive Wahrnehmung gebahnt hat – und nicht die Großzügigkeit selbst. Nur so ist es zu erklären, dass die Schotten heute in der ganzen Welt als geizig verschrien sind und nicht als die gastfreundlichsten

Menschen des Planeten gefeiert werden. Obwohl sich das in dem Moment relativiert, in dem man das erste Mal selbst in den Genuss traditioneller schottischer Gastfreundschaft kommt. In der Regel also in einem *B&B* irgendwo in den Highlands, obwohl es vielleicht nicht ganz das Gleiche ist, wenn Sie dafür bezahlen. Ich kann natürlich nicht für alle Schotten sprechen. Einigen mag der unbedingte Wille, den Gast zum König zu erklären, hier und da etwas abhandengekommen sein. Die Kunst des Maßhaltens und die stolze Tradition der Gastfreundschaft werden nicht mehr überall mit der Muttermilch weitergegeben. Schottland hat sich geöffnet und anderen Mentalitäten Einlass gewährt, hat von vielen Gütern zu viel und von anderen Werten dafür heute deutlich weniger als in vergangenen Jahrhunderten.

Doch das gehört jetzt nicht hierher und trifft auch nur auf einen kleinen Prozentsatz der Menschen zu. Machen Sie sich also darauf gefasst, in unendlicher Großzügigkeit empfangen zu werden, die nicht einmal im Entferntesten an Geiz erinnert.

44. GRUND

Weil die Schotten nie etwas vergessen

Im dramatischen Tal von Glen Coe, einem meiner persönlichen Lieblingsorte in Schottland, gibt es ein altehrwürdiges Hotel, verwinkelt, wahnsinnig gemütlich: das Clachaig Inn. Ich kann mir kaum einen einladenderen Ort vorstellen und nutze jede Gelegenheit, ihm einen Besuch abzustatten. Aber mein Name ist auch nicht Campbell. Für die ist im Clachaig Inn nämlich nicht gut Haggis essen. Ein goldenes Schild am Eingangstresen verkündet: *No Hawkers or Campbells.* Was man hier gegen Hausierer haben könnte, liegt wohl auf der Hand. Aber um zu verstehen, was es mit der Abneigung gegen Campbells auf sich hat, muss man in die Vergangenheit dieses geheimnisvollen Tals reisen – und trifft dort auf ein überaus blutiges Ereignis: das Massaker von Glencoe.

Die Hintergründe dieses traumatischen Augenblicks in der schottischen Geschichte aufzuschlüsseln hebe ich mir für später auf, doch so viel sei schon einmal erzählt: In einer eiskalten Februarnacht im Jahr 1692 ermordeten 120 Soldaten unter Führung von Robert Campbell von Glenlyon 38 Männer, Frauen und Kinder des Clans MacDonald, deren Gastfreundschaft sie zwei Wochen lang genossen hatten. Es war die Strafe dafür, dass ihr Chief es versäumt hatte, rechtzeitig dem neuen König, William, Prince of Orange, den Treueeid zu schwören. Das gab John Dalrymple, dem *Secretary of State over Scotland*, die ideale Gelegenheit, einen Schlag gegen das Clansystem zu führen, das ihm schon seit dem ersten Jakobiten-Aufstand 1688 ein Dorn im Auge war. Wer das Massaker überlebte und in die Berge fliehen konnte, wurde später aufgegriffen, verhungerte oder erfror. All das ist jetzt mehr als 320 Jahre her – doch es ist nicht vergessen.

Die Schotten vergessen nämlich nicht. 1928, also mehr als 200 Jahre nach dem Massaker, veröffentlichte Henry Vollam Morton das Buch *In Search of Scotland.*[9] Er erzählt darin, wie sein Freund, ein Campbell, Anfang des 20. Jahrhunderts in ein Haus im Glen Coe eingeladen wurde, wo man ihn so lange freundlich empfing und bewirtete, bis man seinen Namen erfuhr. Daraufhin soll sich der Gastgeber, ein Highland-Gentleman der alten Schule mit einem Haupt wie ein König, erhoben und auf die Tür gedeutet haben. »Kein Campbell soll an meiner Feuerstelle Platz finden«, soll er gesagt und den jungen Mann vor die Tür gesetzt haben. Morton, ein weltgewandter englischer Abenteurer und Reiseschriftsteller, konnte kaum glauben, wie lebendig die Erinnerung an dieses grausige Ereignis war und welche Rolle es noch immer für die Gegenwart spielte.

Doch das ist etwas Grundlegendes, was man über die Schotten wissen sollte: Vergangenheit und Gegenwart sind nicht voneinander zu trennen, die Geschichte schimmert immer wieder durch das Heute hindurch. Nur weil etwas Jahrhunderte zurückliegt, heißt es nicht, dass es vergeben und vergessen ist. Sie deshalb im klassischen Sinne nachtragend zu nennen wäre falsch, doch Tatsache ist, dass die Schotten einen ganz anderen Umgang mit ihrer Vergangenheit haben als wir. Familienfehden, wie die zwischen den Campbells und MacDonalds, die in eine Zeit weit vor dem Massaker zurückreicht, können Generationen überstehen, ohne dass sich auch nur ein einzelnes Familienmitglied daran erinnern kann, wann und warum das alles einst begonnen hat. Aber die Fehde aufzugeben käme nicht infrage. Geschichte bleibt in Schottland lebendig. Für mich, die ich alles verschlinge, was ich über die Vergangenheit dieses Landes in die Finger bekommen kann, gehört das zum besonderen Zauber von Schottland.

45. GRUND

Weil hier eben doch nicht klar ist, wen man hassen muss

Machen Sie sich doch einmal die Mühe und suchen Sie im Internet danach, was Schotten hassen könnten. Selbst wenn Sie unvoreingenommen an diese Internetsuche herangehen und mit keinem Wort erwähnen, dass Sie *vermuten,* der Hass der Schotten könne sich in irgendeiner Form gegen die Engländer richten, wird das Suchergebnis Sie binnen weniger Sekunden davon überzeugt haben. Die Schotten hassen die Engländer. Das ist nicht nur das Fazit dieser Suche, sondern auch so etwas wie *common sense.* Ein Vorurteil, das nicht hinterfragt wird. Warum auch? Schließlich haben die Schotten – seien wir mal ehrlich! – mehr als genug Grund, größte Wut gegen den vermeintlich übermächtigen südlichen Nachbarn zu empfinden. Und das Unabhängigkeits-Referendum von 2014 schien einmal mehr zu beweisen, dass es in Schottland nur eine Richtung geben kann, gegen die sich Hass richtet – und zwar gen Süden dieser wunderschönen Insel.

Dabei vergisst man aber zwei Dinge. Zum einen nämlich, dass sich die Schotten am Ende mit überraschender Mehrheit *gegen* die Unabhängigkeit von England entschieden haben, und zum anderen, dass der vermeintliche Hass der Schotten gegen die Engländer im realen Leben nicht existiert. Zwar lässt sich das *No*-Votum nicht direkt als Liebeserklärung an den südlichen Nachbarn interpretieren und kann auch nicht als Ausdruck tiefster Sentimentalität für die immerhin 400 Jahre währende enge Verbindung verstanden werden. Doch dass die Schotten schon längst nicht mehr mit barbarischer Gesichtsbemalung und wehendem Kilt, das Breitschwert drohend in der Luft schwingend, über die Grenze stürmen und dort alles niedermetzeln, merkt jeder Schottland-Besucher sofort.

Natürlich sind die Schotten nicht glücklich mit vielen Entscheidungen, die in Westminster getroffen werden, doch das kann man über einen Großteil der Engländer genauso sagen. Doch deshalb von einem tiefsitzenden, lang gehegten Hass gegen die Engländer zu sprechen, der seit 400 Jahren schwelt und jederzeit eskalieren könnte, ist wirklich zu weit hergeholt. Im schottischen Alltag hat der vermeintliche Hass gegen die Engländer nur zwei Einsatzgebiete: Fußball und Comedy. Es ist in Schottland eine Frage der Ehre, jedes Team zu unterstützen, das *nicht England* ist. Vollkommen wahllos entwickeln die Schotten in Turnieren plötzlich leidenschaftliche Begeisterung für Teams, von denen sie noch nie gehört haben – nur damit England nicht gewinnt. England scheint Schottland diesen kleinen Gefallen hin und wieder ganz gern zu tun, aber das ist eine andere Geschichte und soll von anderen an anderer Stelle diskutiert werden.

Das und vieles mehr ist auch beliebter Gegenstand schottischer Comedy, die sich nicht selten mit dem angeblichen Hass der Schotten gegen die Engländer beschäftigt. Doch im Gegensatz zur englischen Comedy, die die Schotten gern als dumm, ungebildet und barbarisch dastehen lässt und humorlosen Schotten mitunter Grund gibt, einen echten neuen Hass zu entwickeln, richtet sich der schottische Humor gegen die Schotten und das Vorurteil vom England-Hasser selbst. Wenn der schottische Comedian Frankie Boyle sagt: »In Scotland we have mixed feelings about global warming, because we will get to sit on the mountains and watch the English drown«[10], dann macht er sich damit nicht über den Engländer lustig, der untergeht, sondern über den vermeintlich kaltherzigen Schotten, der ihm frohlockend dabei zusieht. Ja, solche liebenswerten Menschen, die am liebsten über sich selbst lachen, sind die Schotten.

46. GRUND

Weil man nirgendwo sonst so einfach neue Freunde findet

Ich bin ein Mensch, der gern alleine reist. Das heißt aber nicht, dass ich auch ein Mensch bin, der auf Reisen gern alleine ist. Diese beiden Dinge schließen sich nicht aus; aus meiner Erfahrung bedingen sie sich sogar gegenseitig. Wann immer ich allein durch Schottland gereist bin – mit Bus und Bahn oder später allein mit meinem Auto –, habe ich wesentlich mehr Leute kennengelernt, als wenn ich in einer größeren Gruppe unterwegs war. Das liegt natürlich vor allem daran, dass man bei Weitem nicht der Einzige ist, der ohne Begleitung durch das Land zieht. Und wie das dann immer so ist: Man findet sich. Irgendetwas scheint dann ganz deutlich zu funken: »Hey, ich bin auch allein, lass uns quatschen.« Jetzt mögen Sie einwenden, dass das in jedem Land der Erde so ist und dass Sie das schon wahnsinnig oft an allen möglichen Orten erlebt haben, aber mir ist es bisher nirgendwo so deutlich aufgefallen wie in Schottland.

Wo ich hier nicht schon überall Leute kennengelernt habe! Natürlich waren darunter auch viele gewöhnliche Kennenlern-Locations: etwa Pubs, Cafés und Restaurants. Und Hostelküchen natürlich. Ich glaube, es gibt kaum einen besseren Ort, um auf Reisen Menschen kennenzulernen als zwischen billigem Kräutertee und Dosen-Ravioli. Selbst wenn man gerade nichts zu kochen hat, ist ein Aufenthalt hier deshalb äußerst empfehlenswert. Auch, weil man so Leute kennenlernt, mit denen man schon am nächsten Abend den Fertiggerichten entkommen kann. Ich weiß noch, dass mir 2008 in den ganzen zwei Wochen, die ich durch Schottland gereist bin, kein Essen so gut geschmeckt hat wie das, das mein neuer ägyptischer Freund am Abend nach unserem Ausflug in das Skigebiet in der Hostelküche in Inverness für uns zubereitet hat.

Andere Leute lernte ich an ungewöhnlicheren Orten kennen. Etwa auf dem Schlachtfeld von Culloden, wo ich – thematisch passend – in *Feuer und Stein* von Diana Gabaldon versunken über eine Tasse heiße Schokolade gebeugt saß und die Bekanntschaft von Paul machen durfte, der zwar Diana Gabaldon nicht kannte, mir aber einen Abend am Lagerfeuer in der Nähe des Schlachtfeldes und am nächsten Tag einen tollen Ausflug zu einem Beobachtungspunkt für Delfine bescherte. Oder bei einem seltsam fehlplatziert wirkenden Samba-Trommelkurs in Carrbridge, wo schottischste Schotten zeigten, dass Temperament keine Frage der Herkunft ist. Oder in der Warteschlange vor dem Eden Court Veranstaltungszentrum in Inverness, wo wir darauf warteten, den Dalai Lama sprechen zu hören. Oder im Leseraum der dortigen *Public Library*, wo natürlich eigentlich absolutes Redeverbot besteht, man aber manchmal einfach trotzdem viel zu neugierig ist.

Spielend leicht kommt man überall und zu jeder Zeit mit jedem ins Gespräch – und ehe man sich versieht, hat man gute Freunde gefunden, mit denen man auch im Anschluss noch lange in Kontakt bleibt. Die meisten meiner Freunde habe ich jedoch beim Treffen der *Couch Surfing Community* von Inverness kennengelernt. Das ist mein ultimativer Tipp für alle, die alleine kommen, es aber nicht bleiben wollen. Die *Couch Surfer* sind ein ganz eigener Menschenschlag: offen, kommunikativ, neugierig und wahnsinnig unternehmungslustig. Kein Vorschlag, der nicht mit Begeisterung aufgenommen wird und zu dem sich nicht noch mindestens zwei weitere *Couch Surfer* enthusiastisch bereit erklären. Auf diese Weise kam ich zum Trommelkurs, nahm an *German Speaking Evenings* mit Schotten und Niederländern teil, unternahm Reittouren durch die Berge, machte selbst Sushi, kaufte einen Grill und ging nachts an der Nordostküste mit Delfinen schwimmen. Ich unternahm Wanderungen in den Highlands, feuerte in der buntesten Truppe das deutsche Team bei der EM 2012 an und schämte mich vor meinen internationalen Freunden ein bisschen für unsere Darbietung beim *Eurovision Song Contest* im gleichen Jahr.

Es war eine unvergessliche Zeit, und all das verdanke ich den vielen tollen Menschen, die man so spielend leicht in Schottland kennenlernen kann. Besucher und Einheimische gleichermaßen. Und so viele Freunde, wie ich damals kennengelernt habe, so viele Gründe habe ich heute, immer wieder zurückzukehren.

47. GRUND

Weil man sich in Schottland immer zweimal begegnet

Auch wenn es auf der Karte vielleicht nicht ganz so aussehen mag: Schottland ist ein kleines Land. Ein Mikrokosmos sozusagen. Die Art Land, in der die Leute sagen: »John McKenzie aus Gairloch? Ja, natürlich kenn ich den. Der ist der Schwager meiner Schwester.« Die Art Land, in der man ein liebes, unscheinbares Mädchen trifft und am Ende des Abends über sie erfährt, dass sie in der übersichtlichen gälischsprachigen Community der westlichen Inseln ein Star ist – jeder, wirklich jeder (!) kennt sie – weil sie eine beliebte Sendung moderiert. Die Art Land, in der man feststellt, dass der Schriftsteller, mit dem man sich gerade in einem entlegenen Hostel an der Nordküste unterhält, der Vater eines Freundes ist. Und die Art Land, in der man einen Menschen nach vier Jahren, in denen der Kontakt gänzlich abgerissen ist, einfach so wiedertrifft. Ein Land, in dem man sich – wenn man sich nur lange genug dort aufhält – unweigerlich mindestens zweimal begegnet.

Mit knapp 5,3 Millionen Einwohnern hat Schottland noch nicht einmal so viele Bewohner wie Berlin, München und Hamburg zusammengenommen. Sie verteilen sich dabei immerhin auf 78.772 Quadratkilometer, etwa einem Fünftel der Fläche von Deutschland. Das ergibt eine niedliche Bevölkerungsdichte von 68 Einwohnern pro Quadratkilometer, während in Deutschland 226 Menschen auf einen Quadratkilometer kommen. Wobei man hier natürlich berücksichtigen muss, dass es große Gebiete – Moore und schroffe Berge – in Schottland gibt, die einfach nicht bewohnbar sind. Umso größer ist die Dichte dann in den Ballungsräumen, die der Mensch der Natur abgerungen hat. Die Wahrscheinlichkeit, sich hier doppelt und dreifach zu begegnen, ist also wirklich recht hoch.

Die Menschen jedoch, die man am häufigsten mindestens ein zweites Mal trifft, wenn nicht sogar ein drittes oder viertes Mal, sind andere deutsche Urlauber in ihren kunterbunten Funktionsjacken, mit den hochwertigen Wanderstiefeln und den Outdoor-Rucksäcken auf dem Rücken, die einem mit dem charakteristischen Schottland-Grinsen auf dem Gesicht wirklich überall begegnen. Es scheint ungeschriebene Gesetze zu geben, nach denen Deutsche ihre Reiserouten durch Schottland auf die immer gleiche Art und Weise (nämlich im Uhrzeigersinn) planen. Gesetze, die dazu führen, dass die Zimmernachbarn von heute schon morgen neben Ihnen an der Reling der Fähre stehen, dann übermorgen das gleiche Restaurant besuchen wie Sie und am Tag darauf neben Ihnen Ihr

Zelt aufschlagen, wenn Sie sich – zur Abwechslung – doch mal für einen Zeltplatz entscheiden.

Zum Glück gibt es dagegen ein Patentrezept, das sich leicht umsetzen lässt: Planen Sie gegen den Strom und reisen Sie entgegen dem Uhrzeigersinn. So kommt es immer wieder zu neuen, aufregenden Begegnungen mit interessanten Menschen.

48. GRUND

Weil Schottland reich an Kinderlachen ist

Am Anfang fällt es vielleicht noch gar nicht so richtig auf, doch irgendwann merkt der Schottland-Urlauber, dass es rings um ihn herum ständig nur so von Kindern wimmelt. In den kleinen Städten tummeln sie sich nach Schulschluss in ihren Schuluniformen in den Fußgängerzonen, stürmen die McDonald's-Filialen und erobern mit ihrem bunten Treiben und anfeuernden Rufen, ihrem Gelächter und ihrem vielstimmigen Geplapper die innerstädtischen Sportplätze und Parks. Frischgebackene Mütter bevölkern tagsüber die Cafés und Restaurants und schaukeln mit der einen Hand ihren Nachwuchs in den Schlaf, während sie mit der anderen Tee nachschenken und Stückchen von *scones* durch die *clotted cream* ziehen. In manchen Städten scheint es mehr Kinderwagen als Autos zu geben.

Großbritannien erlebt derzeit einen Babyboom, der in Europa einzigartig ist: Während die Geburtenraten in Deutschland, Spanien und Italien rückläufig sind und Experten damit rechnen, dass die Geburtenzahl in Deutschland 2020 einbrechen wird, werden in Schottland im Schnitt jede Minute 1,5 Kinder geboren. Laut Statistik – nur dort können solche seltsamen Aussagen zustande kommen – bekommen schottische Frauen 1,8 Kinder und liegen damit sogar noch unter dem britischen Durchschnitt von 1,98 Babys pro Frau. Zum Vergleich: In Deutschland liegt die sogenannte Fruchtbarkeitsrate bei 1,38 Geburten pro Frau. Übertroffen wird Großbritannien nur noch von Frankreich, wo man nach Stand 2012 mit 2,01 Geburten pro Frau rechnet. 1,8 Kinder pro Frau – auf diese Weise kommt schon eine Menge Leben in Wohnungen, Häuser und Städte.

Es sind vor allem Frauen mit Migrationshintergrund, die dafür sorgen, dass Großbritannien reich mit Kinderlachen gesegnet ist. Neben der höheren Lebenserwartung der Männer – interessanter Aspekt! – wird die hohe Einwanderungsquote als Hauptgrund für die hohen Geburtenzahlen in Großbritannien angeführt. Vor allem London habe infolgedessen einen wahren Kindersegen erfahren. Mit 2,28 Kindern pro Frau liegt der Schnitt bei den Einwanderinnen deutlich über dem Durchschnitt der Schottinnen, Engländerinnen und Waliserinnen. Etwa jedes vierte Kind, das auf der Insel das Licht der Welt erblickt, hat eine Mutter, die nicht im Vereinigten Königreich geboren wurde. Interessant ist auch ein weiterer Trend: Die Mütter werden immer älter. Von den 813.200 Babys, die zwischen 2011 und 2012 geboren worden sind, haben 30.000 eine Mutter, die älter als 40 Jahre ist. Der Fortschritt in der Medizin und die neue, von mehr Selbstbewusstsein geprägte Rolle der Frau in der Gesellschaft machen es möglich.

Erstmals seit Jahren liegt damit die Zahl der älteren Mütter über der Zahl der Teenager-Mütter. Das dürfte nun auch das eine oder andere Klischee über Schottland und Großbritannien revidieren.

49. GRUND

Weil rote Haare keine Geschmackssache sind

Ich weiß nicht, wie es bei Ihnen ist, aber ich persönlich kenne nicht viele Menschen, die – nach ihrem Typ gefragt – angeben würden, dass sie vor allem rote Haare attraktiv finden. Und diejenigen sind dann echte Kenner. Blond, ja. Dunkle Haare, ja. Aber rote Haare sind bislang noch immer so etwas wie ein Geheimtipp. Vielleicht liegt es daran, dass wir mit Pippi Langstrumpf aufgewachsen sind und deshalb glauben, dass wir von Rothaarigen hauptsächlich freche Streiche zu erwarten haben. Der Glaube, rote Haare seien ein Ausdruck innerer Abgründe, ist jedoch noch wesentlich älter als die Geschichten von Pippilotta Viktualia Efraimstochter Langstrumpf. Zu Zeiten der Hexenverfolgung galten sie als eindeutiges Indiz für ein Bündnis mit den dunklen Mächten.

Womöglich hat sich all das ganz fies einen Weg in unser kollektives Gedächtnis gegraben und treibt dort noch immer seltsame Blüten. Die Zeitung *Die Welt* hat sich einmal die Mühe gemacht und die noch heute gängigsten Vorurteile über Rothaarige zusammengetragen: »Stur sollen sie sein, frech, impulsiv und ungemütlich. Sie haben Tausende von Sommersprossen, bleiche Haut und Hexengene und – noch kurioser – sie werden zu Vampiren, wenn sie sterben. Außerdem empfinden sie keine Schmerzen und können Chili in rauen Mengen verschlingen.«[11] Es ist so schön einfach, solche Märchen zu glauben, wenn es nur so wenige rothaarige Menschen auf der Welt gibt – und wenn das Haar allein doch schon ein feuriges, gefährliches Temperament zu verraten scheint. Ich will hier deshalb ausdrücklich eine Lanze brechen für all die hübschen rothaarigen Menschen, von denen es in Schottland tatsächlich mehr gibt als anderswo auf der Welt.

Das verdanken die Schotten den besonderen klimatischen Bedingungen in der Region, vor allem der Tatsache, dass es in Schottland viel häufiger bewölkt ist als beispielsweise in unseren Graden oder gar im Süden Europas. Rote Haare sind eine genetische Mutation, die sich deshalb durchsetzte, weil der Körper von Menschen mit roten Haaren auch dann noch genügend Vitamin D3 produziert, wenn er nicht so viel Sonne abbekommt. Blonde und vor allem dunkelhaarige Menschen brauchen wesentlich mehr

Sonnenlicht, um genügend körpereigenes Vitamin D3 produzieren zu können. Ganz nach dem darwinschen Gesetz, *survival of the fittest*, gedieh hier also der Typ Mensch, der am besten an die natürlichen Bedingungen in Schottland angepasst war: der Rotschopf, auf Englisch charmant *strawberry blond* genannt. Nur vier Prozent der Erdbevölkerung sind rothaarig – und die meisten von ihnen leben in Schottland. Die Zahlen schwanken je nach Quelle, aber etwa zehn bis 14 Prozent aller Schotten haben demnach rote Haare.

Das sogenannte *Ginger*-Gen, das 1995 von Jonathan Rees von der Universität in Edinburgh entdeckt wurde, soll übrigens, so Rosalind Harding vom John Radcliffe-Institut für Molekularmedizin in Oxford gegenüber der *Times*, bis zu 100.000 Jahre alt, auf jeden Fall aber »älter als 50.000 Jahre« sein. Weil der Homo sapiens aber erst vor etwa 40.000 Jahren aus Afrika nach Europa einwanderte, wäre es möglich, dass das *Ginger*-Gen ein genetisches Erbe der Neandertaler ist, die vor etwa 28.000 Jahren ausstarben. Die Forscher vermuten nun, dass es zu einer Vermischung der Arten kam und das Rothaar-Gen so seinen Weg in die Neuzeit gefunden hat. Die Prognosen für die Rotschopfe sind hingegen nicht ganz so rosig: Nicht nur wird der Klimawandel dazu führen, dass auch Schottland in Zukunft häufiger von der Sonne geküsst wird, es finden auch immer weniger rothaarige Paare zusammen. Weil das Rothaar-Gen aber rezessiv vererbt wird, müssen sowohl Vater als auch Mutter des Kindes eine Veranlagung zu roten Haaren haben, eine Wahrscheinlichkeit, die natürlich immer geringer wird, je weniger rothaarige Menschen es gibt.

Umgekehrt ist für einen rothaarigen Menschen die Wahrscheinlichkeit, die große Liebe mit einem anderen Rotschopf zu finden, in Schottland so groß wie nirgendwo sonst auf der Welt. Auch das ist bestimmt ein guter Grund, Schottland zu lieben.

50. GRUND

Weil sich über Stil nicht streiten lässt

Was ich mich während all der Jahre, die ich Schottland jetzt schon bereise, immer wieder gefragt habe, ist: Wie kann eine Nation, die über Jahrhunderte mit dem gebundenen Plaid immer richtig lag, heute modisch zu großen Teilen so dermaßen falsch liegen? Doch inzwischen habe ich die Antwort auf diese Frage gefunden: Nicht die Schotten sind es, die hier falsch liegen, sondern ich bin es. Es dauerte einfach, bis ich erkannte, dass es nur eine weitere liebenswürdige Eigenschaft der Schotten ist, dass hier wirklich jeder tragen darf, was er *will*. Es geht hier nicht darum, ob die Kleidungsstücke gut zusammenpassen, ob der- oder diejenige *so etwas* tragen sollte, ob man die Figur dafür hat oder ob einem das enge Kleid, das kaum das Höschen bedeckt, wirklich steht. Es geht auch nicht darum, ob man auf den gewagten Pumps laufen kann oder ob sich das Diadem auf dem Kopf mit dem Rest des Outfits verträgt. Nein, ihr lieben Deutschen, darum geht es in Schottland nicht!

Wichtig ist hier lediglich, ob jemand all diese Dinge tragen *möchte*. Ob er *Spaß* dabei hat. Ich denke, da können wir uns von den Schotten noch eine Scheibe abschneiden. Nur hier sieht man vollkommen losgelöste, glückliche und gut gelaunte Menschen in flauschigen Hundekostümen, die den Träger von Kopf bis Fuß in den besten Freund des Menschen verwandeln, durch die Fußgängerzonen laufen, die Passanten freundlich grüßen und mit ihnen für Fotos posieren. Und das nicht (nur) zu Werbezwecken! Nur hier sieht man Menschen, die mutig genug sind, alles, was Primark auf die Stange bringt, wenigstens einmal auf den Asphalt zu bringen. Nur hier gibt es Menschen, die verstanden haben, dass man dem zuweilen tristen Wetter dieser nördlichen Breiten am besten etwas entgegensetzt, wenn man den Kleiderschrank von Grau, Blau und Schwarz auf Kunterbunt umstellt. Das schöne britische Motto *5 a day* muss man ja nicht bei Obst und Gemüse belassen. Auch fünf Farben am Tag halten den Doktor fern – denn sie machen glücklich!

Interessant an dieser Entdeckung ist, dass mit ihr zwar sofort ein neues Verständnis für die liebenswerte schottische Seele einhergeht, dass das Toleranz-Level aber ungleich langsamer steigt. An einem Samstagabend in den Pubs und Clubs von Aberdeen, Inverness oder Glasgow wird man immer wieder neu auf die Probe gestellt, und muss sich selbst und den anderen beweisen, dass dieser modische Freigeist etwas ganz Selbstverständliches ist, mit dem man sehr gut umgehen kann. Sollte sich diese Probe als zu hart erweisen, kann man aber immer noch mit einem oder zwei Pints Ale (oder wahlweise einem Glas Whisky) nachhelfen und schauen, ob sich so nicht ein neues Level von Offenheit und Akzeptanz erreichen lässt. Sollte das nicht der Fall sein, wird man aber sicher trotzdem mehr Spaß haben. Wer sich gar zu schwertut, der macht es vielleicht einfach wie die Schotten und wagt klamottentechnisch einmal etwas ganz Verrücktes. Es ist absolut unmöglich, dabei – im Sinne der Völkerverständigung natürlich – keinen Spaß zu haben. Am Ende wissen Sie dann, dass die Schotten recht haben: Über Stil lässt sich nicht streiten.

51. GRUND

Weil Schottland ein Paradies für Zahnärzte ist

Sie sind Zahnarzt und lieben die Herausforderung? Dann herzlich willkommen in Schottland, dem Land mit den schlechtesten Zähnen Europas. Um das zu erkennen, muss man hier leider kein Profi sein. Ein strahlendes Lächeln wird in Schottland nicht selten von Vorderzähnen, die krumm und schief aus dem Mund ragen, von Zahnlücken oder heftigen Verfärbungen begleitet. Wer noch nie in Schottland war, wird behaupten, das sei ein böses Klischee, und sich empören, dass man das doch so verallgemeinernd gar nicht sagen könne. Doch ganz so einfach ist es nicht. Wie *Die Zeit* berichtete, leidet bereits die Hälfte aller Schulanfänger in Schottland unter Zahnverfall – nein, gemeint ist nicht der Ausfall der Milchzähne –, und jedem erwachsenen Schotten fehlen durchschnittlich sieben (!) Zähne. Was die Schotten dann noch an Beißerchen im Mund haben, ist mit etwa elf Plomben versehen und hat große Ähnlichkeit mit einem Flickenteppich. Zahngesundheit sieht wirklich anders aus.

Die gängigste Erklärung für die schlechte Zahngesundheit vieler Briten – denn das betrifft nicht nur die Schotten, sondern einen Großteil der Bewohner dieser wunderschönen Insel – ist die schlechte Ernährung. Dass man sich gesund ernähren und nicht so viele Süßigkeiten essen sollte, weil man davon schlechte Zähne bekommt, ist den meisten Menschen sicherlich bekannt. Doch die Verlockungen auf der Insel sind einfach zu groß. Gegen Cola, *Fish and Chips*, Burger und Pommes, Marshmallows, Gummitierchen, Schokolade und zuckersüße Bonbons kann auch die ehrgeizig vorangetriebene *5 a day*-Kampagne der NHS nichts ausrichten. Sie erinnert die Schotten bei jeder Gelegenheit daran, täglich mindestens fünf Einheiten Früchte und Gemüse zu sich zu nehmen, um den Grundbedarf an Vitaminen zu decken. Doch was sind schon Vitamine gegen die Zauberkräfte des Irn-Bru, das sich in Schottland schon bei den Kindern größter Beliebtheit erfreut, obwohl es geschmacklich eher an den Mageninhalt von Gummibärchen erinnert?

Das »andere« Nationalgetränk der Schotten, wie der Hersteller das zuckersüße, giftfarbene Zeug in seiner Werbung nennt, das in Flaschen abgefüllt der absolute Verkaufsschlager in schottischen Supermärkten ist, trägt – bösen Zungen zufolge – die Hauptschuld am schlechten Gesundheitszustand der Zähne. Doch dazu später mehr. Dieser Ansatz lenkt nur dreist und frech von dem ab, was als Ursache wohl noch schwerer wiegt als der übermäßige Genuss von Irn-Bru – von einer Schwachstelle im britischen Gesundheitssystem, dem NHS. Die Zahnmedizin ist nämlich einer der wenigen Services, für den die Briten selbst aufkommen müssen. Eine einfache Vorsorgeuntersuchung, wie sie auch bei uns mindestens einmal im Jahr anfällt, kostet knapp 20 Pfund. Kein Vermögen, aber für eine Familie, die auf jedes Pfund achten muss, schon ein Grund, sich den Zahnarztbesuch noch einmal zu überlegen. Vor allem dann, wenn es mehr als nur ein Kind im Haus gibt, was in Schottland, wie wir wissen, nicht selten der Fall ist. Kommt der Zahnarzt dann zu dem Schluss, dass eine Behandlung erforderlich ist, zahlt der Patient für Füllungen und Wurzelbehandlungen schnell mal 50 Pfund. Ganze 200 Pfund sind zum Beispiel für Brücken und andere aufwendige Maßnahmen fällig. Finanziell kann es sich also durchaus lohnen, eine Zahnarztpraxis in Schottland zu eröffnen.

IV

WENN SIE DEN GESCHMACK VON SCHOTTLAND ERKUNDEN

52. GRUND

Weil die schottische Küche besser ist als ihr Ruf

Glaubt man den gängigen Vorurteilen über die schottische Küche, dann ist sie vor allem eins: fettig! Dann frittieren die Schotten alles, was nicht niet- und nagelfest ist, und dann braucht jeder Schotte mindestens einmal pro Woche mit Innereien gefüllten Schafsmagen, um seine geradezu barbarische Lust auf Fleisch zu stillen. Doch ich kann Sie beruhigen: Die schottische Küche ist viel, viel besser als ihr Ruf. Tatsächlich gibt es in Schottland Küchenmeister, die mit heimischem Lachs und dem Fleisch glücklicher Angus-Rinder von den saftigen Weiden Schottlands wahre kulinarische Meisterwerke erschaffen. Lammfleisch aus den Highlands wird unter den Händen eines schottischen Küchenkünstlers zur Delikatesse, und die Schätze aus Nordsee und Atlantik beglücken jeden Feinschmecker. Und das auch an Orten, an denen man damit gar nicht rechnen würde. In den entlegensten Orten an der Westküste kann man so schon mal sein kulinarisches Wunder erleben.

Haggis, *Neeps and Tatties* mit einer feinen Whisky-Note, Carpaccio aus dem zarten Fleisch heimischer Rinder, Lammsteaks mit Kräuterbutter, dampfender *Cullen Skink*, *Steak & Ale Pie* … All das sind Gerichte, die mir schon bei der bloßen Erinnerung das Wasser im Mund zusammenlaufen lassen. Und wer das Glück hat, *Fish and Chips* von Meisterhand zu kosten, die nicht vor Fett triefen, sondern einfach dem frisch gefangenen Fisch eine Bühne bieten, auf der er glänzen kann, der wird das lange Zeit nicht vergessen können. Und da habe ich noch nicht einmal über Dessert-Kreationen wie *Chocolate Fudge Cake* mit Vanille-Eis oder über Teegebäck – *scones* mit *clotted cream* und schottischer Marmelade etwa – nachgedacht. Oder über das schottische Frühstück, das – wenn es von einem Profi zur Perfektion gebracht wird – jedes Gedicht rechtfertigt. Ihm möchte ich mich gleich noch einmal in aller Ausführlichkeit widmen. Auch, um Sie hier vor einem großen Fehler zu bewahren. An dieser Stelle möchte ich es einfach dabei belassen, dass Sie sich in Schottland wirklich auf ein paar tellergroße Überraschungen freuen dürfen. Probieren Sie es, dann wissen Sie, was ich meine.

Ich möchte Ihnen aber dennoch nicht verheimlichen, dass es auch die andere Seite der schottischen Küche gibt: die fettig-frittierte. Und das ist die schottische Küche, mit der Sie wohl wesentlich häufiger in Kontakt kommen werden, wenn Sie unterwegs aufs Geld achten müssen und nicht jede Mahlzeit als Fest der Gaumenfreude zelebrieren können. Auch aus Zeitmangel natürlich. Ich gehöre zu der Art Mensch, die äußerst ungemütlich werden kann, wenn sie hungrig ist. Wer schon einmal mit mir auf Reisen war, weiß das leider nur zu gut. Nicht selten führt das dazu, dass ich – einer Ohnmacht nahe – geradezu wahllos nach günstigen abgepackten Sandwiches greife, fettige *Fish and Chips* im Essigbad in Zeitungspapier eingewickelt entgegennehme oder andere nährstoffarme Kalorienbomben verschlinge, die in Schottland zu allem Überfluss gern auch noch mit Kartoffelchips serviert werden. *Chinese* und *Indian take away* sorgen zwischendurch für Abwechslung, aber auch hier muss man sich auf frittiertes Fleisch, frittierten Fisch und in Fett schwimmende Nudeln einstellen.

Pizza und Pasta markieren das andere Ende der kulinarischen Experimentierfreude vieler Schotten und runden das Spektrum ab, das jedem Schottland-Urlauber schnell und günstig zur Verfügung steht. Wer sich selbst versorgt, wird auch im Supermarkt eher zwischen tiefgekühltem *stir fry*, Mikrowellengerichten und Tandoori-Fertigsaucen wählen als zwischen frischem Nordseelachs und hauchfein geschnittenem Hochlandrind. Das ist aber keine Schande. Auch ein Zwischenstopp bei McDonald's oder ein kulinarisches Experiment in den für ihre *deep-fried Mars bars* bekannten Frittierstuben sind vollkommen akzeptabel, wenn Sie dennoch an wenigstens einem Abend ein schottisches Restaurant verlassen und dort eines Besseren belehrt wurden. Wenn dann unauslöschlich ein einziger Satz auf Ihre Geschmacksknospen geschrieben steht: *Die schottische Küche ist besser als ihr Ruf.* Dann habe ich mein Ziel erreicht.

53. GRUND

Weil die Gäste beim Essen nur das Beste bekommen

Wie weit die Schotten in ihrer Gastfreundschaft zu gehen bereit sind, lässt sich am besten am Essen erkennen: Obwohl sie dort wohnen, wo sich die Lämmer an den saftig-grünen Wiesen laben, obwohl Rinder vor ihrer Haustür grasen, deren Fleisch so zart ist, dass Menschen aus aller Welt ein kleines Vermögen dafür ausgeben, und obwohl vor den Küsten und in den Flüssen ein wilder Lachs zu Hause ist, für den Gourmets lange Reisen auf sich nehmen und tief in die Tasche greifen, begnügen sich die Schotten selbst doch meistens mit Fertigprodukten aus der Kühltruhe, mit billigen *Fish and Chips* und Fast Food. Wollte man zynisch sein, könnte man gar behaupten, sie ließen ihren Besuchern den Vortritt bei den Köstlichkeiten, die ihr Land zu bieten hat.

Dann könnte man es einfach der unendlichen Gastfreundschaft der Schotten zuschreiben und ignorieren, dass es aber natürlich vor allem etwas mit deren Einkommenssituation zu tun hat – und da sollte man wohl besser nicht zynisch sein. Die Gehälter in Großbritannien liegen im Durchschnitt etwa zehn Prozent unter dem deutschen Niveau. Dass der Großraum London eine Ausnahme bildet, muss wohl nicht extra erwähnt werden. Dennoch sind die Lebenshaltungskosten im Vergleich zu Deutschland hier recht hoch. Das führt zu der etwas gewöhnungsbedürftigen Situation, dass es in Schottland Dinge gibt, die sich Schotten nicht leisten können und die daher nur von Touristen in Anspruch genommen werden.

Die schottische *haute cuisine* ist hier nur ein Beispiel. Während es sich die Schottland-Urlauber gern mal erlauben, in eines der besten Restaurants des Landes einzukehren, um dort Jakobsmuscheln, Angus-Steak, Krabbencocktail, Lobster und frische Austern zu genießen, beschränken sich viele Schotten auf den Einkauf bei Iceland, Asda und Aldi und bereiten sich ihr Essen zu Hause in der Mikrowelle zu. Es ist also vor allem eine Geldfrage, wenn die Schotten ihren Gästen bei ihren kulinarischen Spezialitäten den Vortritt lassen. Auf der anderen Seite darf man aber natürlich nicht vergessen, dass gerade diese Touristen für die schottische Wirtschaft nicht unwichtig sind. 15 Millionen Besucher aus dem In- und Ausland lassen jährlich etwa 4 Milliarden Pfund in Schottland. Ein Wirtschaftszweig, der immerhin einen von zwölf arbeitsfähigen Schotten beschäftigt. Genießen Sie also Ihren Lobster ruhig und geben Sie etwas von der Gastfreundschaft an die Schotten zurück.

54. GRUND

Weil es immer ein bisschen mehr sein darf

Wir Deutschen neigen ja bekanntlich dazu, bescheiden zu sein. Das gilt vielleicht nicht für alle von uns, aber für viele sicher schon. Immerhin bescheiden genug, dass sich dieses Klischee in der ganzen Welt verbreiten konnte. Wir sind dafür berühmt, dass wir uns immer nur so viel auf unseren Teller nehmen, wie wir tatsächlich essen wollen, und in der Regel nur das einkaufen, was wir auch wirklich brauchen. Nicht umsonst hat ein deutscher Discounter seinen abgepackten Aufschnitt auf die Größe reduziert, die ein durchschnittlicher Esser in einem Single-Haushalt bewältigen kann, bevor Wurst und Fleisch verderben.

So etwas würde es in Schottland einfach niemals geben! Hier darf es ruhig immer ein bisschen mehr sein. Selbst wer beim *buy one, get one free* nicht zuschlägt, findet sich am Ende allein mit einem Viererpack Pizzen und einer gigantischen Tüte Chips auf der Couch wieder, balanciert eine 2-Liter-Flasche Cola gefährlich schwankend über dem Mund und kocht sich morgens aus seinem Jahresvorrat englischer Teebeutel, die er für den zweiwöchigen Urlaub gekauft hat, einen Frühstückstee. In der Jumbo-Tasse natürlich, die zum Glück groß genug ist, auch noch die Milch aufzufangen, die in einem unkontrollierbaren Schwall aus dem riesigen Kanister schießt, sobald man ihn nur leicht absenkt. Das ist *Super Size Me* in Reinkultur!

Think big bekommt beim Einkaufen, Essen und Trinken in Schottland ganz neue Dimensionen. Kein schottisches Burger-Restaurant würde sich lumpen lassen und einen Burger servieren, der nicht wenigstens annähernd die Größe des Tellers hat. Dass Pommes und Salat deshalb auf einem extra(-großen) Beistellteller dargereicht werden, ist dann wohl mehr als verständlich. Und auch ein schottischer Pizza-Bäcker würde sich schämen, eine Pizza mit weniger als 26 Zentimetern Durchmesser anzubieten. Wozu unterhalb dieser Größe überhaupt erst anfangen? Und wenn Sie immer noch nicht überzeugt sind, kommt Ihnen spätestens im Pub die Erleuchtung, wo das Bier statt in 500-Milliliter- in 568-Milliliter-Gläsern ausgeschenkt wird. Das sind Zahlen – damit lässt sich nicht diskutieren!

55. GRUND

Weil schon ein Teller Haggis jedes Vorurteil negiert

Als der schottische Nationaldichter Robert Burns dem Haggis ein ganzes Gedicht widmete – *The Address to a Haggis* – und darin in ganzen acht Strophen den »great chieftain o' the puddin race«[12] würdigte, da wusste er genau, was er tat. Wer heute das Haggis einfach so und ungetestet verschmäht, es eklig und barbarisch nennt – Tierschützer, Vegetarier, Veganer und Frutarier ausgenommen –, der weiß es *nicht*. Der plappert nämlich einfach nur das nach, was seit Jahrzehnten schon Mode ist, über das Haggis zu sagen. Die *ZEIT* schrieb 2002 selbstsicher: »Schwerlich wird der Schotte freiwillig, also zwanglos nüchtern, Auskunft über Herkunft, Konsistenz, geschweige denn Zubereitung des Haggis geben«[13] und freut sich dann über eine journalistische Erkenntnis, die man in Schottland an jeder Straßenecke bekommen kann: »Was entdecken wir im Inneren eines Haggis, selbstredend pikant gewürzt? Innereien des Lamms, zusammen mit Hafermehl und Zwiebeln in einem Schafsmagen gekocht.« Wer sich darüber so empört und die Schotten Barbaren nennt, hat wohl noch nie deutsche Blutwurst oder Pfälzer Saumagen gegessen.

Dass ein Schotte mit den Zutaten oder der Zubereitung hinter dem Berg hält? Schwerlich! Schon in der vierten Zeile seines Gedichtes kommt Robert Burns zur Sache und nennt die Dinge beim Namen. Und warum auch nicht? In Schottland weiß man doch längst, dass alles, was der Besucher jemals über Haggis gehört hat und was er meint über das Leibgericht der Schotten zu wissen, in Vergessenheit gerät, wenn er das erste Mal ein nach traditionellem Rezept hergestelltes Haggis probiert. In Schottland ist man stolz auf sein Haggis, auf zartes Lammfleisch von Tieren, die auf den grünen Weiden und an den saftigen Hängen der schottischen Berge gegrast haben, auf die Symphonie von Gewürzen, das Aroma der Zwiebeln, auf den Hauch von Whisky und die kunstvolle Abrundung, die das Gericht durch die Beigabe von *Neeps and Tatties* erfährt. Ein gutes, hausgemachtes Haggis, zum Beispiel aus der Fleischerei Duncan Fraser & Son in Inverness, die zu den besten Fleischereien Großbritanniens gehört, oder jenes, das die Gäste im Aroma Cafe in Mellon Charles an der Westküste serviert bekommen, rechtfertigt wirklich jedes Gedicht.

Ob in reinster Form neben *Neeps and Tatties* angerichtet, ob in Blätterteig gebacken oder modisch als Wrap oder Pizza aufbereitet –

wer dem Fleisch nicht gänzlich entsagt hat, sollte dem schottischen Nationalgericht auf jeden Fall eine Chance geben. Hinterher ist es Ihr gutes Recht, zu sagen, es hätte Ihnen nicht geschmeckt. Aber die Wahrscheinlichkeit, dass das passiert, ist doch eher gering.

56. GRUND

Weil ein »Full Scottish Breakfast« alles hält, was es verspricht

Die Schotten sind ein Menschenschlag, den man durchaus beim Wort nehmen kann. Es gibt Dinge, über die scherzen sie nicht. Das Frühstück zum Beispiel. Wenn ein Schotte ein komplettes schottisches Frühstück anbietet, das berüchtigte *Full Scottish Breakfast*, dann meint er auch ein *komplettes* schottisches Frühstück. Nicht ein bisschen von jedem, nicht kleine Häppchen, die sich harmonisch zu einem großen Ganzen fügen. Er meint die geballte Ladung! Was in Schottland zum kompletten Frühstück auf einen einzelnen Teller kommt, bezeichnet man in Deutschland als ausgewachsenes Festmahl mit allem Drum und Dran. Wenn auch hier die Faustregel »morgens ein Kaiser, mittags ein König und abends ein Bettelmann« gilt, dann geht der schottische Bettelmann abends noch immer mit einem prall gefüllten Bauch ins Bett.

Dabei ist nicht alles, was dann serviert wird, auch dazu geeignet, einen kontinentalen Magen am frühen Morgen zu erfreuen: Eier, Speck, gebackene Bohnen und Tomaten, Champignons, fetttriefende Würstchen, gebratener Blutpudding und im Zweifelsfall auch noch eine würzige Portion Haggis sind eine Herausforderung für jeden Magen. Hinzu kommen die unvermeidlichen Frühstückszerealien und Toast mit verschiedenen Marmeladensorten. Auf Wunsch kann man die letzten Lücken dann mit Porridge stopfen, jenem warmen Haferbrei, der mit Sirup gesüßt wird und den Highlandern schon vor 300 Jahren half, sich auf die Schlachten vorzubereiten, die der Tag so bereithalten würde. Tee und Orangensaft runden das Geschmackserlebnis ab.

Wie oft mussten schottische *Bed and Breakfast*-Betreiber wohl schon mit ansehen, wie die gut gelaunten deutschen Gäste, die euphorisch das *Full English Breakfast* bestellt hatten, schwitzend und keuchend über ihren Tellern hingen und verzweifelt versuchten, auch noch Platz für das letzte Würstchen zu schaffen? Und dennoch musste jeden Morgen aufs Neue das volle Menü aufgetischt werden. Das alles änderte sich, als die findigen Schotten eine Lösung für das Problem fanden, die so einfach wie genial ist. Denn wenn es etwas gibt, was den Schotten traditionell zuwider ist, dann ist es Verschwendung. Mit ein bisschen gutem Willen kann man die Erfindung des Frühstückszettels aber auch dem Mitleid der schottischen Gastgeber ihren Gästen gegenüber zuschreiben.

Wie dem auch sei: Allabendlich füllen nun die Gäste in *Bed and Breakfasts* überall in Schottland kleine Bestellzettel aus, auf denen sie aus einer scheinbar endlosen Liste die Bestandteile des *Full Scottish Breakfast* auswählen, die sie am nächsten Tag zu essen wünschen. Mit Sicherheit ließe sich eine spannende Studie darüber verfassen, wie sich diese Bestellzettel im Verlauf eines Urlaubs verändern. Am ersten Abend noch kreuzt der Gast mit an Überheblichkeit grenzender Selbstsicherheit die erste Box an: *Full Scottish Breakfast.* Bring it on! Am nächsten Abend ist er vorsichtiger. Er weiß, dass er nicht Würstchen, Blutwurst *und* Haggis braucht, um glücklich in den Tag zu starten. Am kommenden Abend streicht er dann auch die Baked Beans und entscheidet sich gegen den Speck. Am Morgen seiner Abreise stehen auf seinem Tisch nur noch ganz einsam Tee und Toast und schielen traurig auf den Nachbartisch rüber, wo die frisch angereisten, gut gelaunten Gäste gerade nach allen Regeln der Kunst auftischen lassen. Den überheblichen Blick der Nachbarn erwidert der Gast mit einem Ausdruck in den Augen, aus dem eine neue Reife spricht. Er denkt: »Ihr werdet schon sehen.«

57. GRUND

Weil ein labbriges Frühstück nichts über den Mann aussagt, der es isst

Nach allem, was wir jetzt über das schottische Frühstück wissen, könnte man denken, ein echter Highlander würde sich morgens auf offener Weide ein Schaf fangen und es gleich an Ort und Stelle reißen. Oder er würde bis aufs Blut mit einem Hochlandrind ringen und sich im Anschluss ein saftiges Steak gönnen. Doch nichts dergleichen! Glücklicherweise. Und genauso froh muss man sein, dass auch das klassisch schottische Frühstück, das ich eben besungen habe, nicht täglich auf dem Speiseplan der Schotten steht. Nicht auszudenken, in welchen Dimensionen sich ihr Cholesterinspiegel bewegen, in welchen Übergrößen sie herumlaufen würden. Nein, das alltägliche Frühstück der Schotten ist wesentlich bescheidener – und für den deutschen Besucher beinah genauso gewöhnungsbedürftig wie das *Full Scottish Breakfast*. Was dem Schweizer sein Müsli ist, ist dem Schotten nämlich sein Porridge: ein einfacher Haferbrei aus Haferflocken und Hafermehl, der in Milch gekocht wird, bis er eine schlabbrig-cremige Konsistenz aufweist. Je nach Geschmack wird der Brei dann mit Salz, Zucker oder Sirup veredelt. Wer es ganz ausgefallen mag, fügt dem Porridge auch noch frisches Obst oder Nüsse hinzu.

Gesüßt wird und wurde das Porridge in Schottland aber eigentlich nur für Kinder. Für das schnelle Highlander-Frühstück genügt in der Regel Plain Porridge, eine für uns Kontinentaleuropäer, die ein gutes Continental Breakfast mit Brot/Brötchen und Aufstrichen zu schätzen wissen, recht fade Angelegenheit. Im ersten Moment sorgt die Aussicht auf ein solches Frühstück bei uns deshalb wohl eher für lange Gesichter. Umgekehrt aber traute ein solcher Porridge-Fan seinen Augen kaum, als er mich in Berlin besuchte und hier etwas serviert bekam, was in der Speisekarte mit »Original Berliner Frühstück« betitelt war – und im Wesentlichen aus Schmalzstulle und Mettbrötchen bestand. Nun ist dieser Freund von mir zwar kein raubeiniger Highlander, der im Kilt durch die Hügel wandert und wie nebenbei ein halbwildes Pferd bändigt, aber er ist ein Pilot, der Fracht und Touristen auf die Inseln rings um Schottland fliegt. Ein richtiger Mann also. Was mich zu der Vermutung veranlasst, dass ein Frühstück – wie labbrig oder roh es auch sein mag – gar nichts über den Menschen aussagt, der es isst.

Und zugegeben: Wenn ich befürchtet hatte, dass das Porridge (im Gegensatz zum *Full Scottish Breakfast*) nicht ausreichen würde, um mich über die langen Stunden bis zum Mittagessen zu bringen (ich erwähnte bereits, dass das für meine Reisebegleitung recht anstrengend werden kann), dann hatte ich mich getäuscht. Kein Wunder, denn das Porridge war seit jeher das Bauern- und Arbeiterfrühstück schlechthin. Egal, wie arm die Familie war, für das warme Frühstück, das zur Not auch mit kochendem Wasser zubereitet werden konnte, reichte es in den meisten Fällen. Haferflocken und/oder Hafermehl waren fast immer verfügbar und haben die wunderbare Eigenschaft, Energie für den ganzen Tag zu spenden und lange satt zu machen – übrigens der Grund, warum man heute so sehr auf das Birchermüesli schwört, das ebenfalls auf der Basis von Haferflocken hergestellt wird.

Darüber hinaus ist Hafer das, was man ein »ernährungsphysiologisch wertvolles Getreide« nennt: Mit einer Schale Porridge nehmen die Schotten Ballaststoffe, Eiweiße, ungesättigte Fettsäuren, Vitamine, Mineralstoffe und Spurenelemente zu sich, sorgen für eine gute Verdauung, senken ihren Cholesterinspiegel und verringern so das Risiko für Herz-Kreislauf-Erkrankungen. Ein wahres Wunder zum Frühstück also. Und weil es satt machte und ein wohlig warmes Gefühl im Bauch hinterließ, aß man das *brochan* in den Highlands auch noch zum Mittagessen und zum Abendbrot – und bekam so eine ganze Familie über den Tag. Spätestens hier würde ich dann zwar anderen Spezialitäten der schottischen Küche den Vorzug geben, aber zu einer gut gefüllten Schale Porridge zum Frühstück sage ich inzwischen schon längst nicht mehr Nein.

58. GRUND

Weil das Pub-Essen eine solide Grundlage schafft

Dass die Briten gerne feiern, ist kein Geheimnis. Was für so manchen Schotten ein gemütlicher Abend im Pub ist, ist bei uns schon eine ausgewachsene Partynacht mit Tendenzen zum Exzess. Da braucht es natürlich eine solide Grundlage. Eine Schüssel Porridge zum Frühstück allein wird dem nicht gewachsen sein. Da trifft es sich ganz gut, dass es in den Pubs alles gibt, was den Magen auf den folgenden Alkoholansturm vorbereitet. Gleich nach *Soup* oder *Sandwich of the Day* findet sich in der Karte von Burger bis *Steak & Ale Pie* alles, wovor Mutti uns immer gewarnt hat und wovon man – vor allem nach ein paar Gläsern Bier – einfach nicht genug bekommen kann. Es ist, als schrie der Körper förmlich nach Fett und Salz, und wer kann da schon Nein sagen?

Ein guter Abend muss also in Schottland nicht in einem Restaurant beginnen, wo die Speisekarte kulinarische Höhepunkte der schottischen Küche präsentiert. Vielleicht sucht man sich stattdessen lieber im Pub seiner Wahl einen Platz und genießt das herrliche Angebot von *Fish and Chips* über riesige Burger mit Pommes bis hin zu Steak-Kreationen oder Haggis. Kartoffelchips und ein niedlicher Salat, der mehr Alibi als alles andere ist, ergänzen das Abendbrot, das wiederum die perfekte Grundlage für den späteren Abend schafft. Im Idealfall hat man so auch schon einen Sitzplatz ergattert, wenn der Sturm auf die Pubs beginnt und die Live-Band zu spielen anfängt – und kann gleich gut gesättigt zum Abendprogramm übergehen.

Ein kleiner Tipp noch für hungrige Reisende: So wie man in schottischen Pubs Getränke am Tresen bestellt, so muss man auch das Essen in den meisten Fällen an der Bar ordern. Wer mit seinem Magen in der Kniekehle an seinem Tisch darauf wartet, dass eine Bedienung mit der Speisekarte kommt und sich höflich nach den Wünschen erkundigt, der wird mit recht großer Wahrscheinlichkeit verhungern, während er dabei zusieht, wie die freundliche Kellnerin mit riesigen Tellern durch den Pub balanciert. Gebracht wird das Essen nämlich in der Regel. Aber wenn man dann zum Bestellen eh schon mal am Tresen steht, kann man auch gleich noch die Gelegenheit nutzen, das eine oder andere Bier zu bestellen und nette Leute kennenzulernen. So schlägt man gleich drei Fliegen mit einer Klappe.

59. GRUND

Weil Chips einfach immer und überall schmecken

Vielleicht liegt es an meiner Erziehung, aber Kartoffelchips sind für mich erst mal kein Grundnahrungsmittel. Sie sind ein Feiertags-Add-on, ein Partysnack für außergewöhnliche Anlässe und eine seltene Sünde an Fernsehabenden. Sie werden in Kinositzen, in Couchecken und auf Stehpartys geknabbert und mit vollen Händen aus riesigen Schüsseln direkt in den Mund geschaufelt. Auf dem Essenstisch haben sie für mich eigentlich nichts zu suchen. Anders in Schottland: Da tummeln sie sich als Beilage neben Sandwiches, Pies und Co., als wären sie noch immer die selbstgenügsamen, bescheidenen Kartoffeln, die sie einmal waren – und keine kleinen, fettigen Monster. Anscheinend reicht die Tatsache, dass etwas aus Kartoffeln hergestellt wird, hier aus, um das entsprechende Produkt immer und zu jeder Gelegenheit als Beilage servieren zu dürfen.

Sollte jetzt einer von Ihnen anmerken wollen, ich würde das sicher verwechseln – schließlich hießen unsere Chips im britischen

Englisch *crisps* und stattdessen unsere Pommes frites hier *chips* (eine Tatsache, die man sich merken sollte) –, dann hätte er damit zwar von der Sache her recht, aber das ist es nicht. Pommes gibt es hier zwar auch immer und zu jeder Gelegenheit, aber die schottische Begeisterung für frittierte Stäbchenkartoffeln wird sogar noch übertroffen von der Liebe zu knusprig gebackenen Scheibenkartoffeln. Denn wenn es gerade kein Hauptgericht gibt, das sich durch das Hinzufügen von Kartoffelchips veredeln lässt, snacken die Schotten ihre *Walkers Crisps* auch gern einfach nur so nebenbei. *Salt and Vinegar*, *Ready Salted*, *Cheese and Onion*, *Prawn Cocktail*, *Sour Cream and Onion*, *Barbecue* und *Cheddar Cheese and Bacon* – keine Geschmacksrichtung, die es nicht gibt und die einem nicht in jedem Supermarkt, an jeder Tankstelle und in jedem Imbiss in kunterbunten 25-Gramm-Tüten aus dem Regal entgegenlacht.

Und das Schlimme daran: Hat man erst einmal seine Lieblingssorte entdeckt, wird es immer schwieriger zu widerstehen. In meinem Fall ist das seit der 10. Klasse *Salt and Vinegar*. Damals verbrachten wir einen Schüleraustausch im südenglischen Christchurch, und nach dem Verständnis unserer Gastfamilien gehörte in jedes gute Lunch-Paket auch mindestens eine Tüte *crisps*. Da meine Klassenkameraden die Vorliebe der Briten für *Salt and Vinegar* jedoch nicht teilten, landeten viele ungeliebte Chips-Tüten dieser Sorte schließlich bei mir. Das war der Anfang einer großen Liebe zu *Salt and Vinegar*, die bis heute anhält und in Schottland jedes Mal zu einem Test meiner Standhaftigkeit wird. Denn eigentlich bin ich mir *ganz sicher*, dass sie auf dem Tisch und auf dem Teller nichts zu suchen haben. Aber sie sind so lecker! Einfach immer und zu jeder Gelegenheit. Verdammt, wer soll denn da widerstehen?

Weil die Schotten beim Frittieren keine Skrupel kennen

Fleisch und Fisch, Kartoffeln, Obst und Gemüse: ja. Pizza und *Mars*-Riegel: nein. Wir Deutschen machen ja viel mit, aber beim Frittieren wissen wir, wo die Grenzen sind. Wenigstens so lange, bis uns mal jemand zeigt, dass es für die Fantasie in der Fritteuse eigentlich gar keine Grenzen gibt. Nicht, wenn es nach den Schotten geht. Die kennen beim Frittieren einfach keinerlei Skrupel. Getreu dem Motto »Du kannst es essen, also kannst du es auch frittieren«, landet hier einfach alles im kochenden Fett, was bei drei noch im Kühlschrank ist. Das Attribut *deep-fried* ist damit in Schottland zum Synonym für »besonders lecker« geworden.

Die moderne urbane Legende von den *deep-fried Mars bars* spukt schon seit vielen Jahren durch die Gastroszene und lässt Fast-Food-Junkies aus aller Welt das Wasser im Munde zusammenlaufen. Doch als der US-amerikanische Fernsehmoderator Jay Leno das Phänomen in seiner NBC *Tonight Show* ansprach und damit einmal mehr für Lacher über das mangelnde Gesundheitsbewusstsein der Schotten sorgte, reichte es David Morrison und Mark Petticrew, beide Ärzte in Glasgow, endgültig. Sie wollten dem Mythos ein Ende bereiten und beweisen, dass Schottland gesünder is(s)t, als man denkt. Doch sie haben ihre Rechnung leider ohne die Schotten gemacht. Von den 300 Fast-Food-Restaurants und *Fish and Chips Shops*, die Morrison und Petticrew 2004 unter die Lupe nahmen, hatten immerhin mehr als 60 die Spezialität *deep-fried Mars bars* auf der Karte stehen. Und damit noch lange nicht genug: Weder vor Speiseeis, Pizza, Ananasringen und Bananenscheiben noch vor Soleiern machten die Schotten in ihrem Frittier-Wahnsinn halt. Ein schwerer Schlag für die beiden Ärzte aus Glasgow, die einsehen mussten, dass sie Schottland längst an das kochende Fett verloren hatten.

Seinen Ursprung soll der frittierte Schokoriegel im Bierteig übrigens im nordostschottischen Stonehaven haben. Unweit des berühmten Dunnottar Castles im County Aberdeenshire soll ein *Fish and Chips Shop*-Besitzer mit einem Kunden gewettet und dabei den *deep-fried Mars bar* erfunden haben. Zunächst nur eine lokale Spezialität, die viele neugierige Feinschmecker anlockte, entwickelte sich das frittierte Wunder bald zu einem Lauffeuer, das sich mit der Geschwindigkeit spritzenden Fetts über das ganze Land verteilte. Ungeachtet der 420 (!!) Kalorien, die ein einziger Riegel enthält, ist der *deep-fried Mars bar* heute (im wahrsten Sinne des Wortes) ein Dauerbrenner: Die 60 genannten Shops, die ihn im Angebot führten, verkauften durchschnittlich 23 Riegel pro Woche, so Morrison und Petticrew 2004, manche jedoch bis zu 200 Stück. Die meisten davon an Kinder. Kein Wunder also, dass der damalige schottische Regierungschef, Jack McConnell, Schottland als eines der ungesündesten Länder Europas bezeichnete.

Das Haggis dürfte damit offiziell als bekannteste und meistdiskutierte Spezialität des Landes abgelöst worden sein. Denn nicht einmal im eigenen Magen gekochte Schafsinnereien können eine ähnliche Faszination zwischen Abscheu, Neugier und Begeisterung erzeugen wie der frittierte Schokoriegel, die kleine große Sünde der Schotten.

61. GRUND

Weil nichts so sehr belebt wie eine Tasse Tee

Als leidenschaftliche Teetrinkerin genieße ich meinen Tee immer mit dem größtmöglichen Werbe-Effekt: Die dampfende XXL-Tasse gierig zwischen beide Hände geklemmt, als stünde ich kurz davor, wahlweise zu erfrieren oder zu verdursten, den Tassenrand an die Unterlippe gelegt, sodass sich der warme Dampf über mein Gesicht ausbreiten kann, und die Augen genießerisch verschlossen. Den Rücken zum Buckel gerollt und über der Tasse zusammengekauert, lasse ich den Tee seine Wirkung tun und erfreue mich daran, wie er die Lebensgeister neu erweckt. Schuld an dieser inzwischen fast lebenserhaltenden Beziehung zwischen mir und allen erdenklichen Sorten Tee sind ebenjene Wasserkocher neben den Betten schottischer *Bed and Breakfasts,* die ich zuvor bereits erwähnt habe. Ich war nicht immer so eine begeisterte Teetrinkerin, doch spätestens in Schottland verlernte ich es, Nein zu einer angebotenen Tasse Tee zu sagen.

Drei große Kannen Früchte- oder Kräutertee pro Tag sind bei mir inzwischen keine Seltenheit mehr. Schwarzen Tee jedoch trinke ich ausschließlich in Schottland. Es auf das schottische Wetter zu schieben und zu sagen, dass es nach einem Tag in Wind und Regen nichts Schöneres gibt, als sich eine Kanne heißen Tees vorsetzen zu lassen, wäre zu einfach – und auch nicht ganz richtig, denn ich kann mich in Schottland an mehr Tage erinnern, die sonnig, trocken und sogar warm waren, als an verregnete, stürmische Tage wie aus der Messmer-Werbung. Hier kann ich allerdings nur für mich sprechen, denn ich kann mir vorstellen, dass Schottland-Urlauber, die zu Fuß tagelang den Wanderwegen durch die Highlands gefolgt sind, ganz andere Erinnerungen haben. Nein, eine Tasse Tee, die man sich am Nachmittag irgendwo in einem kleinen Örtchen gönnt, gemütlich in eine Tee-Stube gekuschelt, während man die Locals beobachtet, ist für mich eher so etwas wie eine Belohnung und ein Energiekick für die noch bevorstehenden Abenteuer.

Ich gehöre zu der Art Urlauber – der wohl verbreitetsten Art unter Schottland-Urlaubern –, die stets rastlos ist und das Gefühl hat, dass die verbleibende Zeit nie ausreicht, um noch alles sehen und erleben zu können, was man sich vorgenommen hat. Da kann so ein Urlaubstag schon mal anstrengend werden. Grund genug, ihn mit einer Tasse belebendem *Breakfast Tea* zu beginnen, der Leben und Unternehmungslust in die noch müden Glieder pumpt.

Unterwegs freue ich mich dann schon lange vor der Mittagszeit auf den Moment, in dem ich eine kleine Pause einlegen und bei einer Tasse heißen Tee auf das zurückblicken kann, was ich allein an diesem Tag schon erlebt habe. Die vorfreudige Erwartung, wenn das Kännchen an den Tisch gebracht wird, wenn man die Milch in die Tasse gießt, sie dann mit Tee auffüllt (in dieser Reihenfolge – und nicht andersherum!) und weiße Schlieren wie Rauchwolken die goldene Flüssigkeit durchziehen. Wenn der belebende Dampf in die Nase steigt, man die Tasse zum ersten Schluck ansetzt und die Wärme nach und nach den ganzen Körper erreicht. Das sind Lieblingsmomente in Schottland!

Ist dann am späten Nachmittag die Unterkunft erreicht, und alles schreit danach, es sich mit einem Buch in einem Sessel gemütlich zu machen und nicht mehr aufzustehen, dann muss unweigerlich der Wasserkocher herhalten. Diese letzte Tasse Tee des Tages läutet den Abend ein, macht noch einmal fit für einen kleinen Spaziergang, eine Erkundungstour durch die nähere Umgebung des *B&Bs* oder für den Marsch in den Pub, wo man sich zum Abendessen und für das eine oder andere Pint niederlässt. Sie stillt für den Augenblick den großen Hunger, den man von der Tagestour mitgebracht hat, und sorgt dafür, dass sich der Bauch noch einen Moment gedulden kann, bevor er endgültig gefüllt werden muss. Diese Tasse Tee ist wirklich unverzichtbar! Kein Wunder also, dass ich von meinem letzten langen Aufenthalt in Schottland einen großen Vorrat der schwarzen Teebeutelchen mit nach Hause gebracht habe. Ich hatte schließlich das Gefühl, ohne sie nicht mehr leben zu können. Doch kaum hatte ich die Insel verlassen, ließ auch die Lust auf den schwarzen Tee nach, als gäbe es eine geheime Absprache zwischen ihm und dem Land, in dem er genossen werden will. Schon jetzt weiß ich aber, dass meine nächste Tasse schwarzer Tee in Schottland auf mich wartet – und ich auf sie.

62. GRUND

Weil es für den Whisky-Genuss ganz klare Regeln gibt

Alkohol einfach so trinken? Ohne Sinn und Verstand sich einen hinter die Binde kippen? Wo gibt's denn so was? In Schottland auf jeden Fall nicht. Jedenfalls nicht, wenn es um Whisky geht. Da sind die Schotten streng; da gibt es klare Regeln. Das edle Gesöff, das im Gälischen *uisge beatha*, also »Wasser des Lebens«, heißt, ist hier heilig und darf deshalb nicht einfach so hinuntergestürzt werden. Die vier wichtigsten Regeln fürs Whisky-Trinken nenne ich deshalb gleich vorneweg: 1. Trinken Sie schottischen Whisky nicht *on the rocks*. (Die einzige Ausnahme für diese Regel ist: Sie sind ein Hollywood-Schauspieler in einem Action-Streifen und stehen kurz davor, die Welt zu retten. Dann – und nur dann – darf Whisky *on the rocks*, also auf Eis, getrunken werden). 2. Mischen Sie Ihren Whisky *auf keinen Fall* mit Cola. Denken Sie nicht einmal daran. Stellen Sie nicht mal ein Glas Cola in die Nähe Ihres Whiskys. 3. Wagen Sie es nicht, »Whiskey« zu schreiben. Das ist Irisch und hat in Schottland nichts zu suchen. 4. Trinken Sie Ihren Whisky nie so, als hätten Sie keine Ahnung davon.

Lassen Sie mich das kurz erklären. Es gibt einen ganz einfachen Grund dafür, dass schottischer Whisky nicht auf Eis getrunken wird: Das Eis verhindert, dass der Whisky sein volles Aroma entfalten kann. Ein Aroma, an dem ein Brennmeister wochen-, monate- und jahrelang herumgebastelt hat, das also das Ergebnis harter Arbeit und echter Leidenschaft ist. Ein guter schottischer Single Malt ist ein sehr komplexes Getränk mit vielen Ebenen und Schichten, die man nur durch ein aufmerksames *nosing* und *tasting* erfassen kann. Vom ersten Atemzug, den Sie genussvoll über dem Glas nehmen, bis zum letzten Hauch des Abgangs wandelt der Whisky seinen Geschmack, wird komplexer, würziger, aromatischer. All diese Aromen aber sterben schlagartig, wenn man sie mit Eis in Berührung bringt. Auf Zimmertemperatur erwärmt, ist guter Whisky eine wahre Schatztruhe. Auf Eis getrunken, ist er einfach nur eine leere Kiste. Dann können Sie auch gleich Regel Nr. 2 brechen und ihn mit Cola mischen. Dann ist es ohnehin egal.

Das Mischverbot ist jedoch kein generelles. Für ein Glas Whisky-Cola wird in Schottland (meines Wissens) niemand gesteinigt. Sie sollten dafür nur keinen edlen Single Malt verwenden. Bei 70 Pfund pro Flasche versteht sich das wohl von selbst. Wählen Sie dann lieber einen billigen Blended Whisky oder einen amerikanischen Bourbon. Im Gegensatz zum Single Malt enthält der Blend nicht nur Whisky aus einer Destillerie, aus einem Jahrgang, aus einem Fass, sondern im Prinzip alles, was dem Blendmeister gerade so zwischen die Finger kam. Ein bisschen hiervon, ein bisschen davon und dann einmal kräftig umgerührt. Natürlich gibt es auch sehr edle Blended Whiskys. Johnnie Walker, der meistverkaufte Scotch der Welt, ist zum Beispiel ein sehr hochwertiger Blend, aber als frischgebackener Whisky-Kenner geben Sie *natürlich* trotzdem dem Single Malt den Vorzug. Was übrigens erlaubt ist: dem Whisky ein paar winzige Tropfen Wasser hinzuzufügen. Am besten mit einer Pipette. Ist die gerade nicht zur Hand, tut es auch ein Kännchen, das in vielen Pubs auf Wunsch dazu gereicht wird. Schon ein einziger Tropfen Wasser kann im Whisky-Glas eine wahre Aromen-Explosion auslösen. Probieren Sie es mal.

Während sich Regel Nr. 3 von selbst erklärt, möchte ich noch kurz ein paar Worte zur 4. Regel sagen. Whisky-Trinken ist eine Wissenschaft. Sie machen das nicht zum Spaß und nicht, um betrunken zu werden. Beim Whisky-Trinken geht es darum, zu schnüffeln, zu schmatzen, zu seufzen, zu schwenken, gegens Licht zu halten und zu staunen. Und darum, Sätze wie diese zu sagen: »Ein Duft wie Torffeuer, in das jemand eine Brise Vanille geworfen hat, und der nun von einem starken Meereswind ins Landesinnere getragen wird. Salz, Rauch und Vanille vermengen sich zu einem vollen Aromakörper, der im Mund dann seine volle Komplexität erreicht. Hier erahne ich Früchte – eine Erinnerung an die alten Cherry-Fässer, in denen der Whisky 15 Jahre gelagert hat. Im Abgang dann mischen sich Honig und der Geschmack alten Holzes mit einer feinen Schokonote, die noch lange nachwirkt.«

Schreiben Sie sich solche Sätze zur Not auf Ihre Handinnenseite oder auf eine Serviette, um Sie im Zweifel parat zu haben. Gucken Sie dabei wichtig, stecken Sie Ihre Nase immer wieder ins Glas (das sogenannte *nosing*), nehmen Sie winzige Schlucke – und Sie sind schon ganz vorn mit dabei. Als junge Frau mit großem Interesse an und einer Schwäche für besonders rauchige Whiskys von der Westküste konnte ich so in Pubs überall in Schottland die interessantesten Gespräche beginnen. Den einen oder anderen Gratis-Whisky inklusive.

63. GRUND

Weil die Schotten ihr Bestes mit den Engeln teilen

Nachdem wir jetzt die Grundlagen dieser schottischen Wissenschaft namens Whisky beleuchtet haben, möchte ich auf ein Detail noch besonders eingehen. Und zwar auf den Grund dafür, dass es Orte in Schottland gibt, an denen man sich einfach irgendwie beflügelt fühlt. Dieser Grund heißt wunderbar poetisch *Angels' share*, also Engelsanteil. Ja, es gibt auch einen schottischen Film dieses Namens – übrigens ein wirklich guter Film des schottischen Regisseurs Ken Loach aus dem Jahr 2012! Aber ursprünglich bezieht sich dieser Begriff auf jenen Anteil des Whiskys, der im Laufe des Lagerungsprozesses einfach verdunstet und Engel, Menschen und Schafe gleichermaßen in einen permanenten sanften Rausch befördert.

Während der Whisky Jahr um Jahr in Holzfässern lagert und gemächlich vor sich hin reift, entschwindet stetig ein kleiner Anteil und gelangt in einer beschwipst-betörenden Wolke an die frische Luft über den Brennereien. Das britische Amt für Zölle und Verbrauchssteuern schreibt zwar gesetzlich maximal 2,5 Prozent Verlust pro Jahr vor, aber wer würde sich schon mit den Engeln um ihren Anteil am Whisky streiten wollen? Ob dabei hauptsächlich Wasser oder Alkohol verdunstet, hängt übrigens von der Umgebungstemperatur und der Luftfeuchtigkeit ab. Sehr zum Verdruss der Schotten sind die klimatischen Bedingungen im hohen Norden der Insel leider der große Feind des Whiskys: Das feuchte Klima lockt vor allem die Prozente aus den Fässern. Der Whisky verliert also an Alkoholgehalt. Anders in den USA, wo der Bourbon im Laufe der Zeit wegen des warmen, trockenen Klimas immer mehr Wasser verliert und damit an Alkoholgehalt gewinnt. Aber gut, man kann eben nicht alles haben.

Und es ist ja nicht so, als wüssten sich die Schotten nicht zu helfen. Um dem Alkoholverlust entgegenzuwirken und trotzdem Whisky mit anständigen Volumenprozent-Zahlen abfüllen zu können, weist der Whisky zu Beginn der Lagerung einen sehr hohen Alkoholgehalt auf. Der sogenannte Rohwhisky, der die Brennerei verlässt, ist jung, feurig und ungezähmt und haut mit 72 bis 75 Volumenprozenten wohl fast jeden standfesten Trinker von den Socken. Bevor man ihn zur Lagerung in die Fässer abfüllt, muss er deshalb mit Wasser aus der jeweiligen Brennerei-Quelle verdünnt werden. Eine Quelle ist daher unbedingte Voraussetzung für die Errichtung einer Destillerie, und nicht selten liest man auf den Flaschen wahre Lobeshymnen auf das jeweilige klare Felswasser der Highlands, der Speyside oder der Inseln, das in den Whisky Einlass findet. So verdünnt (oder rektifiziert, wie der Fachmann sagt), hat der Whisky in der Regel einen Alkoholgehalt von durchaus akzeptablen 63,5 Volumenprozent.

Genau dieser Anteil hat sich als ideal erwiesen. Whisky, der mit weniger Volumenprozenten ins Fass kam, war nach einer Lagerzeit von zehn bis 15 Jahren bereits zu schwach, um noch als anständiger Whisky durchzugehen. Die Engel hat's gefreut. Soll ein Whisky besonders alt werden, also 20, 30 oder sogar 50 Jahre in den Fässern lagern und zu einem ganz, ganz edlen Getränk heranreifen, ist deshalb ein wesentlich höherer Alkoholanteil nötig. Dann ist es nicht unüblich, den Whisky in Fassstärke abzufüllen, also ihn nicht zu verdünnen. Das ist auch dringend notwendig, um am Ende wenigstens noch 40 Volumenprozent anpreisen zu können. Je mehr ich nun darüber nachdenke, bin ich mir immer sicherer, dass es sich beim britischen Amt für Zölle und Verbrauchssteuern – ohnehin eine sehr deutsch klingende Institution – um eine bloße Erfindung handelt. In Wahrheit sind die Engel die Zollbeamten der Zeit und nehmen sich ihren Anteil als Gegenleistung dafür, dass sie den Rest passieren lassen. In einem Land, in dem es Kobolde, Seemonster und Elfen gibt, würde mich das wirklich nicht wundern.

64. GRUND

Weil Whisky nicht alles und alles Ale ist

Auch wenn es jetzt ein bisschen so den Anschein hat, ich kann Sie beruhigen: Whisky trinken ist in Schottland nicht alles. Wenn Sie partout keinen Gefallen an dem scharfen, zuweilen rauchigen Geschmack des Whiskys finden und wirklich keine Lust haben, die ganze Zeit über komplexe Aromen zu plaudern, die Sie nicht herausschmecken können, gibt es an einem Abend im Pub noch immer genug andere Möglichkeiten, mit den trinkfreudigen Schotten mitzuhalten. Während die Damen an ihrem Cider nippen und sich über die fruchtige Apfelnote, gepaart mit dem leichten Prickeln einer alkoholhaltigen Schorle, freuen, ist für Bierliebhaber das Ale das Mittel der Wahl. Kennt man Ale hierzulande nur von Mittelaltermärkten, ist der Begriff in Schottland synonym zum Wort »Bier«.

Zwar bezeichnet Ale eigentlich ein ungehopftes Getränk, das in Schottland noch bis ins 19. Jahrhundert hinein nach der überlieferten Art der Kelten durch die Beimischung bestimmter Kräuter – Heidekraut, Myrrhe und Ginster – hergestellt wurde, doch auch nachdem sich in Schottland der Einsatz von Hopfen weitgehend durchgesetzt hatte, bezeichnete man das Bier landläufig weiterhin als Ale. Hier stehen Sie dann wiederum vor der Qual der Wahl. Mild Ale, Pale Ale, India Pale Ale, Light Ale, Brown Ale, Heather Ale und Stock Ale – wer soll denn da durchblicken? Mag man vielleicht lieber ein volles, süßes Bier mit wenig Alkohol oder ein starkes, herbes? Oder doch lieber eine biergewordene Hommage an das Heidekraut der Highlands? Probieren geht hier über Studieren – aber Vorsicht: Die Wahrscheinlichkeit, dass man sich am Ende nicht mehr an die Lektion erinnern kann und am nächsten Abend schweren Herzens wieder von vorne anfangen muss, ist groß.

Einzige Ausnahmen dieser schottischen Namensregelung, nach der alles, was nicht Whisky ist, Ale ist, sind Porter und Stout. Das tiefschwarze Porter bezeichnet malzige, obergärige Biersorten mit einem Alkoholgehalt von 5 Volumenprozent. Sie sind das Mittel der Wahl, wenn es mal schnell gehen muss. Auch das Stout, zu dem das berühmte irische Guinness zählt, das man auch in schottischen Pubs bestellen kann, ist ein extrem dunkles, obergäriges Bier mit einem Alkoholgehalt von 3 bis 4,5 Volumenprozent. Sein Markenzeichen ist die ausgeprägte Schaumkrone, die nur von erfahrenen Barmännern so kunstvoll aufgesetzt werden kann. Als positiver Nebeneffekt ersetzen beide Biersorten gefühlt mindestens eine Scheibe Brot zum Abendessen. An Alternativen mangelt es Ihnen für Ihren Pub-Abend also nicht.

Und keine Sorge: In Schottland kauft man nicht die Katze im Sack. Sie müssen nicht gleich ein ganzes Pint (568 ml) vom Ale Ihrer Wahl bestellen. Ein *half pint* oder sogar ein winziges Glas zum Probieren – nur auf Anfrage – reichen erst mal aus, um sich den schottischen Ales zu nähern. Und wenn am Ende gar nichts Ihren Geschmack trifft, können Sie in fast jedem schottischen Pub immer noch Beck's trinken.

65. GRUND

Weil Irn-David gegen Coca-Goliath gewinnt

Wo andere Länder Coca-Cola haben, da hat Schottland Irn-Bru. Giftig orange und unfassbar süß wartet das heimliche Nationalgetränk der Schotten mit einem Geschmack nach jenen Eisenträgern auf, aus denen es – dem Mythos zufolge – auch hergestellt wird. *Made in Scotland from girders*, verkündet der Slogan und meint das auch so. Irn-Bru ist ein Getränk für richtige Männer, für steinharte Kilt-Träger, für raubeinige Kerle, für echte Helden. Ein Getränk für Schotten eben. Und so wundert es auch nicht weiter, dass Schottland zu den gerade einmal sechs Ländern der Erde zählt, in denen Coca-Cola nicht der meistverkaufte Softdrink ist und in dem sich eine Marke, die im Rest der Welt vollkommen unbekannt ist, seit Jahren gegen den Riesen aus den USA behaupten kann. Irn-Bru hat immer einen leichten Vorsprung oder ist wenigstens gleichauf mit dem beliebtesten Softdrink der Erde. Vor die Wahl gestellt, trinken die meisten Schotten lieber Irn-Bru als Cola.

Dass die meisten Besucher dem Nationalgetränk eher wenig bis gar nichts abgewinnen können, stört die Schotten dabei nicht. Im Gegenteil, denn es zeigt einfach nur, dass nur richtige Schotten hart genug für jenes Getränk sind, das, der Werbung nach, ungewöhnlich stark, ausdauernd und magnetisch macht. Eigenschaften, die man gut gebrauchen kann, wenn Irn-David Coca-Goliath den Kampf ansagt. Und tatsächlich: Um herauszufinden, warum Coca-Cola in Schottland einfach keinen Fuß in die Tür bekommt, schickte die Firmenzentrale in Atlanta eigens ein Expeditionsteam in die schottischen Highlands.

Das klingt verdächtig danach, als würde diese Geschichte so enden: »Sie wurden in ihrer Heimat nie wieder lebend gesichtet und verstarben Jahre später an einer Irn-Bru-Vergiftung in einem entlegenen Fischerdorf an der schottischen Westküste. Das Hexenwasser aus Glasgow hatte den amerikanischen Giganten besiegt.« Dem ist natürlich nicht so, doch das Ergebnis war nichtsdestotrotz niederschmetternd: Unverrichteter Dinge mussten die Experten heimkehren. Ob sie brauchbare Resultate mitbrachten und ein großes Geheimnis der schottischen Seele entschlüsseln konnten, ist nicht bekannt, doch an der beherrschenden Marktposition von Irn-Bru hat sich bis heute nichts geändert.

Wenn Sie sich jetzt fragen, was denn nun drin ist in diesem giftfarbenen, koffeinhaltigen Zuckerwasser, das junge Schotten in Pubs vorzugsweise mit Jägermeister mischen und so die sogenannte *Haggis bomb* herstellen, muss ich Sie leider enttäuschen. Wie bei jedem Bestseller ist auch hier die genaue Zusammensetzung unbekannt und in den letzten 108 Jahren behutsam von Generation zu Generation weitergegeben worden. Nur zwei Vorstandsmitglieder von A.G. Barr plc kennen das geheime Rezept, das dem Unternehmen jährlich etwa 200 Millionen Euro Umsatz beschert. Doch das, was man weiß – Ammoniumeisen-Zitrat, Zucker, Geschmacks- und Farbstoffe –, klingt schon mal nicht besonders verlockend.

Dafür wird dem Gebräu aber eine geradezu medizinische Wirkung nachgesagt: In Schottland glaubt man, dass nichts so gut gegen den Kater am Morgen hilft wie ein kräftiger Schluck Irn-Bru. Whisky, Ale und Irn-Bru gehen hier also Hand in Hand. Dass der gigantische Zuckeranteil mit Sicherheit eine Mitschuld am schlechten Gesundheitszustand schottischer Zähne trägt, kann man deshalb getrost ignorieren. Besser die Kinder fangen schon früh genug an, sich an das Katergetränk zu gewöhnen, das ihnen später viel Leid ersparen wird, als dass sie mit heilen Zähnen durch die Weltgeschichte rennen. So ist dann auch die frühere Werbekampagne von Irn-Bru zu verstehen, in der für ein angebliches Reinigungsmittel namens »Jef« geworben wird. Jef ist ein kleiner Junge, der in einer Box sitzt und Irn-Bru-Flecken aus Kleidungsstücken saugt. Ach ja, schottischer Humor ist etwas Großartiges …

V

WENN SIE ORDENTLICH WAS SEHEN WOLLEN

66. GRUND

Weil es »nur Landschaft« in Schottland nicht gibt

Als ich das erste Mal nach Schottland kam, damals noch mit meinen Eltern und meinem Bruder, stellte ich bald fest, dass ich nicht in der Lage war, im Auto zu schlafen. Denn Schlafen hätte bedeutet, die Augen zu schließen und zu verpassen, was draußen vor dem Fenster geschah. Bis dahin war Schlafen im Auto einer meiner liebsten Zeitvertreibe gewesen, doch in Schottland wollte ich keinen Moment verpassen. Damals war ich zehn Jahre alt. Seitdem hat sich daran nichts geändert. Wann immer ich in Schottland bin, möchte ich mir Streichhölzer zwischen die Augenlider schieben, um nur keinen Anblick zu versäumen, keine Aussicht zu verpassen, keinen Moment unbestaunt vergehen zu lassen. Ist doch *nur Landschaft*, mögen Sie jetzt einwenden, doch da muss ich Sie korrigieren: *Nur Landschaft?* – Was soll das denn sein? Es gibt kein *nur Landschaft* in Schottland!

Was es hier stattdessen gibt, ist eine schroffe Wildnis, die an Dramatik gewinnt, je dunkler und bedrohlicher sich die Wolken über ihr auftürmen, die sich aber bei strahlendem Sonnenschein in ein Paradies aus Farben und Licht verwandelt; eine Wildnis, deren Luft satt nach Regen, sonnengetrocknetem Kraut und Torffeuern duftet und damit uralte Erinnerungen wachruft. Was es hier gibt, sind bizarre Felsformationen und Berge, die versteinerten Figuren ähneln und so ganze Zyklen von Sagen und Legenden zu erzählen scheinen. Was es hier gibt, sind Hügel, die aussehen, als seien sie vom Wind selbst in die Erde gekämmt worden, gesprenkelt von weißen Schafen, lila Heidekraut und gelbem Ginster. Was es hier gibt, sind schattige Täler, die sich mit Macht durch unnahbar wirkende Berge gegraben haben und durch deren Mitte sich das funkelnde Band eines Flusses windet.

Was es hier gibt, sind verwitterte Ruinen, die mit den Felsen darunter so sehr verwachsen sind, dass sich unmöglich sagen lässt, wo die Natur aufhört und das Werk des Menschen beginnt. Was es hier gibt, sind Moorlandschaften, in denen man glauben könnte, der erste und einzige Mensch zu sein, der jemals diesen Boden beschritten hat. Was es hier gibt, sind weiße Sandstrände, die an jedem anderen Ort der Welt überfüllt wären, hier jedoch so einsam sind, dass man an ihnen die Zeit vergessen kann. Was es hier gibt, sind ruppig abfallende Steilküsten, gegen die das Meer seit Jahrhunderten erbarmungslos tost und von denen aus man an guten Tagen einen Blick auf die vorgelagerten Inseln im Westen werfen kann – jede für sich ein eigenes Paradies aus weißen Sandstränden und grünen Hügeln. Was es hier gibt, sind dunkle, stille Seen, deren spiegelglatte Oberflächen Geheimnisse hüten und die scheinbar ahnungslos an bewaldete Ufer plätschern. Aber *nur Landschaft* – das gibt es in Schottland nicht.

Alles Klischee, sagen Sie jetzt vielleicht und ärgern sich womöglich, dass Sie schon wieder einen Text über Schottland gelesen haben, der schier unter der Last der sich gegenseitig übertrumpfenden Adjektive ächzt. Doch es ist schwer, über Schottland zu schreiben, ohne dabei ganz tief in die Kiste der Wörter zu greifen, denen wir in Reiseführern zu misstrauen gelernt haben. Malerisch, idyllisch, atemberaubend, dramatisch, mystisch – all diese Begriffe sind schon tausendmal benutzt worden. Auch und insbesondere im Zusammenhang mit Schottland. Und doch ist jedes einzelne von ihnen wahr, wenn jemand, der der Magie Schottlands – noch so ein Term! – verfallen ist, zu erklären versucht, warum er einfach nicht aufhören kann, an diese Berge und Täler zu denken, warum er unweigerlich ins Schwärmen gerät und sich danach mal eben entschuldigt, um seine Koffer zu packen. Weil es *nur Landschaft* in Schottland eben nicht gibt. Darum.

67. GRUND

Weil Autofahren in den Highlands unvergesslich ist

Den besten Eindruck von der landschaftlichen Schönheit Schottlands bekommt man zweifellos, wenn man mit dem Auto durch die Highlands fährt. Vor allem dann, wenn man nicht viel Zeit, aber ein volles Programm hat. Wer sonst nur von A nach B fährt, der lernt, dass der Ausspruch »Der Weg ist das Ziel« mehr als nur eine Plattitüde ist. Denn so schön und umweltverträglich es sein mag, durch die Highlands zu wandern – und dazu rate ich jedem auch, der die entsprechende Zeit und Konstitution mitbringt –, so unvergesslich ist es, durch die Highlands zu *fahren*. Denn während beim Wandern die Veränderungen in der Umgebung nur sehr langsam vonstattengehen, zieht die ganze Vielseitigkeit der Bergwelt Schottlands beim Autofahren gebündelt an einem vorbei. Innerhalb von Minuten erscheinen Berge, schälen sich einzelne Gipfel aus dem Gebirgsmassiv, verändern ihre Gestalt, tauchen wieder unter und gehen in neue Täler und Gipfel über, offenbaren sich Seen und Flüsse. Licht und Schatten jagen über die Hänge und Ebenen, alles ist im Fluss und in Bewegung. Ein 3D-Kinofilm direkt vor Ihrem Seitenfenster!

Als Autofahrer entwickelt man in Schottland deshalb automatisch ein drittes Auge: Zwei sind höchst konzentriert auf die Straße gerichtet, die mit ihren engen Haarnadelkurven und einspurigen Engpässen wirklich volle Konzentration vom Fahrer fordert, und eins büxt zwischendurch immer wieder aus, um die Landschaft zu bestaunen und nach Einbuchtungen und Randstreifen Ausschau zu halten, die ein kurzes Anhalten ermöglichen. Ein aufmerksamer Kopilot erleichtert zumindest diese zweite Aufgabe. Er kann außerdem die Aussicht vorselektieren und gezielt besonders lohnenswerte Blicke empfehlen – eine Praxis, die sich in diversen Schottland-Urlauben bei uns als sehr effektiv erwiesen hat. Wenn jemand im Auto das Bedürfnis verspürte, auf einen außerordentlich schönen Ausblick hinzuweisen, dann tat er das – im besten Fall mit Richtungsangabe und nicht nur mit ausgestrecktem Zeigefinger und einem »Guck mal, da!« – und überließ dem Fahrer die Entscheidung, ob er den Blick vom Gegenverkehr lösen wollte oder nicht. Dass man sich dabei wenigstens *in etwa* darüber einig ist, was einen Blick lohnt und was nicht, ist natürlich Voraussetzung. Doch darüber wird man sich in Schottland recht schnell einig. Bei der nächsten Gelegenheit wurde dann angehalten, gestaunt, genossen, geknipst – und immer wieder auch mal gewandert.

68. GRUND

Weil in Schottland immer Tag der offenen Tür ist

Wer Schottland liebt und sich für die Geschichte des Landes interessiert, wird nicht drum herumkommen, während seines Aufenthalts wenigstens einem Museum einen Besuch abzustatten. Das ist man dem Land irgendwie schuldig, das neben den eben besprochenen landschaftlichen Vorzügen auch noch ein reiches kulturelles Erbe und eine bewegte Vergangenheit vorzuweisen hat. Dabei machen es die Schotten ihren Besuchern besonders einfach – und nehmen für ihre staatlichen Museen in der Regel keine Eintrittsgelder. Wie viel leichter fällt es doch da plötzlich, sich zu einem Besuch durchzuringen und der eigenen angeborenen Neugier ohne jegliche Vorsicht nachzugeben? Und wie viel schwerer wird es, Argumente zu finden, die gegen einen Museumsbesuch sprechen? Wer keinen Eintritt zahlt, hat nämlich stets das herrlich befreiende Gefühl, das Museum jederzeit verlassen zu können, wenn er sich langweilt.

Dem wissen die meisten Museen in Schottland jedoch ohnehin entgegenzuwirken. Während deutsche Museen in der Regel von ihren Besuchern erwarten, dass sie sich im Schneckentempo von

Ausstellungsstück zu Ausstellungsstück bewegen und aufmerksam jede einzelne Tafel studieren, geht es in britischen Museen in der Regel viel turbulenter zu. Die Museen hier sind zum überwiegenden Teil interaktive Mitmach-Arenen für die ganze Familie, in denen spielerisch der Entdeckungsdrang der kleinen (und großen) Forscher geweckt wird. Große bunte Tafeln mit Fotos, Zeichnungen und kleinen Comics erläutern die Zusammenhänge zwischen den Exponaten, erschließen Hintergründe und stellen gewitzte Fragen, die zum Mitdenken anregen. Wann immer es geht, lassen sich die Kuratoren auf der Insel darüber hinaus spannende Spiele einfallen, integrieren Quizfragen in die Ausstellung, laden zur Schatzsuche ein, lassen ihre Besucher selbst experimentieren und kämpfen auch sonst mit allen möglichen Mitteln gegen die Langeweile, die man mit dem Wort »Museum« sonst nur allzu häufig verbindet.

Eines meiner Lieblingsmuseen in Schottland ist das *National Museum of Scotland* in Edinburgh. Das Museum für schottische Geschichte und Kultur, das von außen schon verlockend einer trutzigen Burg ähnelt, ist eine Schatzkammer auf fünf Etagen, in der man von Meteoriten aus dem All bis zu den Monstern aus der Tiefe alles findet, was das Pionierherz höher schlagen lässt. Das Herz des Museums sind die *Scottish History and Archaeology Galleries*, die Sie über fünf Stockwerke von den Anfängen der Evolution bis in das 21. Jahrhundert führen und dabei der Frage nach der schottischen Identität auf den Grund gehen. Von piktischen Kunstwerken über die berühmten Schachfiguren von Lewis, die Replik des Sarges von Maria Stuart und das silberne Picknick-Geschirr, das eigens für Bonnie Prince Charlie angefertigt wurde, bis hin zu den modernsten Errungenschaften Schottlands gibt es hier viel zu entdecken. Spannend ist auch ein Besuch bei Dolly, dem Schaf. Dolly wurde 1996 als erstes geklontes Säugetier der Welt geboren und brachte sechs Lämmer zur Welt, bevor sie 2003 starb. Ihre Geschichte kann man in der *Natural Science Collection* nachvollziehen. Die *Grand Gallery* mit dem *Window on the World* setzt dem Ganzen dann die Krone auf.

Wer so auf den Geschmack gekommen ist, besucht vielleicht auch noch das *National Museum of Flight*, das *National Museum of Rural Life* und das *National War Museum*. Alle kostenlos. Oder die *National Galleries of Scotland* in Edinburgh mit meinem zweiten Favoriten, der Ausstellung *Scottish Art*, und Gemälden aus allen europäischen Ländern und Epochen. Oder die dazugehörige *Portrait Gallery* in der Queen Street. Hier begegnen Ihnen die Größen der schottischen Geschichte und Clan-Fürsten in Kilts mit Jagdhunden an der Seite. Ebenfalls kostenlos. Oder Sie gehen in Glasgow in das *Kelvingrove Art Gallery and Museum*, den *People's Palace* oder das *Riverside Museum*. Kostenlos natürlich. Oder in das *Aberdeen Maritime Museum*. Selbstverständlich ebenfalls kostenlos.

In Schottland ist eben immer Tag der offenen Tür – und Museumsmuffel haben gleich eine Ausrede weniger parat. Gewitzt, diese Schotten! Und wirklich alles andere als geizig.

69. GRUND

Weil jede Burg auch immer ein Kinderspielplatz ist

Es war etwas, woran ich mich erst gewöhnen musste und was mir lange Zeit nicht so recht einleuchten wollte: In Schottland ist jede Burg, jedes Castle, jedes Schloss und – ja – sogar jedes Schlachtfeld auch immer so etwas wie ein großer Themenspielplatz. Natürlich gibt es da die alten Mauern, die Hinweisschilder und die Museumsstücke in Glasvitrinen, doch das Konzept, das die Schotten in ihren Museen verfolgen, gilt auch für die historischen Sehenswürdigkeiten. Kunterbunte Erklär-Tafeln mit tierischen Maskottchen und Quizfragen für clevere Kids laden die Kleinen zum Erkunden und Mitmachen ein. Hier dürfen sie Ritter und Prinzessinnen spielen und dort ihre Fähigkeiten in alten Handwerkskünsten testen. Und immer gibt es einen Spielplatz. Gleich neben dem unvermeidlichen Picknick-Platz.

Irgendwann machte ich meinen guten Freund Ian auf diesen Umstand, dieses schottische Dreigestirn, aufmerksam und muss dabei mein Unverständnis für diese britische Eigenart sehr deutlich gemacht haben. Wozu dieser Picknick-Platz?!? Rutschen und Schaukeln wollen mir ja gerade noch so einleuchten, schließlich kann man Kinder vermutlich nicht ewig für tote Steine begeistern. Selbst wenn sie einmal Rittern und Prinzessinnen als Zuhause dienten. Aber ein Picknick? Das ist doch nun wirklich überflüssig! Ian erkannte gleich, was mir vollkommen entging – nämlich dass man manchmal mehr Klischee ist, als man es selbst für möglich gehalten hätte – und lachte über meine allzu deutsche Wahrnehmung. »No fun! Stop having fun! This is *ed-uca-tion*!«, maßregelte er mit einem strengen deutschen Akzent, den er für Momente reserviert hatte, in denen ich mich besonders deutsch benahm.

Inzwischen bin ich von dem Konzept begeistert, denn es hat etwas mit dem Verhältnis zur eigenen Geschichte zu tun, wenn man Familien dazu einlädt, sonnige Samstage oder ausgedehnte Ferientage an historisch bedeutsamen Orten zu verbringen, ohne dabei ständig mit ernster Trauermiene herumlaufen zu müssen. Mit den Abos vom *National Trust for Scotland* und *Scottish Heritage* – mehr dazu im nächsten Kapitel – wird der Familienausflug außerdem zum Schnäppchen, das all die Dinge vereint, die sich Eltern für ihre Kinder wünschen können: Spiel, Spaß und Spannung treffen auf Bildung und viel frische Luft. Ein Überraschungs-Ei aus alten Steinen, Mörtel und Sandwiches, wenn man so will. Unterhaltung für die ganze Familie und tausendmal besser als ein Tag, den man zu Hause verbringt, während die Kinder vor dem Fernseher oder der Spiele-Konsole sitzen.

Insofern lieben Dank an Ian dafür, dass er mir gezeigt hat, was jede Mutter sofort auf den ersten Blick gesehen hätte. Sogar eine *deutsche* Mutter.

Weil es schottische Geschichte im Abo gibt

Den Schotten eilt nicht umsonst der Ruf voraus, in Geldfragen besonders findig zu sein. Denn was macht ein Schotte, der die Verantwortung für viele tolle Sehenswürdigkeiten trägt und der sie a) restaurieren, instand halten und pflegen muss und b) möglichst vielen Menschen zugänglich machen möchte? Er gründet eine gemeinnützige Organisation, deren Jahresmitglieder sämtliche Sehenswürdigkeiten kostenlos besuchen können – und erfindet nebenbei noch den Besucherpass für eine vorübergehende Mitgliedschaft. Ein Abo für historische Sehenswürdigkeiten in Schottland also, das Ihnen für die Dauer Ihres Urlaubs freien Zugang zu allen treuhänderisch verwalteten Attraktionen des Landes gewährt. Mehr Geschichte geht wirklich in kein Ticket.

Der einzige Haken an der Sache: Man muss sich entscheiden. Zwischen dem *Scottish Heritage Pass*, der Ihnen Zugang zu 120 schottischen Sehenswürdigkeiten – darunter Edinburgh Castle, Stirling Castle, Culzean Castle, Glasgow Cathedral und das Schlachtfeld von Culloden – verschafft, dem *Historic Scotland Explorer Pass* für die wichtigsten *sights* des Landes (Edinburgh Castle, Stirling Castle, Urquhart Castle, Glasgow Cathedral) und dem *National Trust for Scotland* mit 100 vielleicht weniger bekannten, aber deswegen nicht weniger spannenden Sehenswürdigkeiten – wie etwa Crathes Castle, Inverewe Garden und St. Kilda. Welches Abo Sie abschließen, hängt also davon ab, welche Highlights auf Ihrem Programm stehen. Das Schlachtfeld von Culloden wird sowohl vom *Scottish Heritage* als auch vom *National Trust* abgedeckt. Beide Pässe lohnen sich in der Regel ab der fünften Attraktion. Wenn Sie schon wissen, dass Sie hauptsächlich historische Stätten in den Borders, auf Orkney oder in der Grafschaft Dumfries & Galloway besuchen werden, erkundigen Sie sich am besten nach dem *Regional Explorer Pass*.

Ein Drei-Tages-Ticket von *Scottish Heritage*, das Sie über fünf Tage verteilt nutzen können, kostet – je nach Saison – zwischen 30 und 40 Euro. Wer schon allein Edinburgh, Stirling und Urquhart Castle besichtigt, zahlt mit einzelnen Tickets insgesamt knapp 50 Euro. Um zu erkennen, dass man hier sparen kann, muss man kein Mathe-Genie sein. Dieses einfache Rechenbeispiel kann man sogar im Urlaubsmodus durchführen. Das *Discovery Ticket* des *National Trust for Scotland* ist sieben oder 14 Tage gültig und kostet 34 bzw. 41 Euro. Wer in dieser Zeit das Schlachtfeld von Culloden, Culzean Castle, das *Glencoe Visitor Centre*, Craigievar Castle und die *Battle of Bannockburn experience* besucht, hat nicht nur viel von Schottlands faszinierender Geschichte gesehen, sondern auch noch richtig Geld gespart. Schottischer kann ein Urlaub kaum sein. Wer länger bleibt, schließt eine günstige Jahresmitgliedschaft ab und kann zwölf Monate lang von den Vorzügen profitieren.

Achtung: Sie können den *Heritage Pass* zwar das ganze Jahr über kaufen, aber nur zwischen dem 1. April und dem 31. Oktober nutzen. Die meisten Sehenswürdigkeiten sind die restliche Zeit des Jahres ohnehin geschlossen. Für ausgewählte Attraktionen (u.a. für Edinburgh, Stirling und Urquhart Castle) gibt es aber den speziellen *Winter Pass* für knapp 20 Euro. Fair sind sie also auch noch, diese Schotten.

71. GRUND

Weil Schlachtfelder besser sind als ihr Ruf

Ich vermute mal, dass der Besuch eines Schlachtfelds nicht ganz oben auf Ihrer Urlaubs-to-do-Liste steht. Da geht es Ihnen wie vielen Reisenden, die in ihrem Urlaub nicht unbedingt über blutgetränkte Erde laufen und sich länger als nötig an einem Ort aufhalten wollen, an dem viele Menschen ihr Leben verloren haben. Absolut verständlich. Es sei denn natürlich, Sie haben die *Outlander*-Romane von Diana Gabaldon gelesen, die dazugehörige TV-Serie gesehen oder sich in sonst irgendeiner Weise ausgiebig mit der schottischen Geschichte beschäftigt. Dann können Sie es vermutlich kaum erwarten, das Schlachtfeld von Culloden zu besuchen, um hier am Grabstein des Clans Fraser einen kleinen selbst gebundenen Strauß Wiesenblumen niederzulegen oder – wenn niemand hinschaut – sanft mit den Fingerspitzen über den kalten Fels zu streichen.

Das ist kein Witz. Als ich zum ersten Mal nach Culloden kam, hatte ich eben erst die Bücher *Feuer und Stein* und *Die geliehene Zeit* von Diana Gabaldon verschlungen. Ich war eigentlich noch viel zu jung dafür, hatte mich aber über das Verbot hinweggesetzt und so Jamie Fraser kennengelernt, den großen rothaarigen Schotten, mit dem Gabaldon ihre Leserinnen verführt. Mein Weg führte mich also quer über das Schlachtfeld von 1746 und direkt auf den Stein zu, der nur den Namenszug »Fraser« trägt. Ich erwähnte schon, dass ich einen leichten Hang zur Dramatik habe, aber endlich war ich mal nicht die Einzige: Während nämlich alle anderen Steine halb vergessen in Gras und Heidekraut versinken, sind die Halme rings um den Stein des Fraser-Clans platt getreten, ist der Stein selbst mit Blumen geschmückt und von selbst gebundenen Sträußen umgeben. Vermutlich ist es nun, da die Serie die Bücher noch bekannter gemacht hat, sogar noch extremer geworden.

Abgesehen vom Clan Fraser gibt es aber noch andere Gründe, das Schlachtfeld von Culloden zu besuchen. Nämlich die Tatsache, dass hier das Schicksal der Nation entschieden wurde. Hier wagten die Stuart-treuen Clans ein letztes Mal den Versuch, einem Nachfahren von Jakob II. von England (und VII. von Schottland) wieder auf den Thron zu helfen. Namentlich Charles Edward Stuart, genannt Bonnie Prince Charlie. In Culloden endete der bis dato vielversprechende Siegeszug der Jakobiten quer über die Insel in einem blutigen Desaster. Bis vor die Tore Londons hatte es Charles bereits geschafft.

Er hätte die völlig überraschte Stadt einnehmen können, doch seine Offiziere zwangen ihn zum Rückzug in die Highlands. Dort, kurz vor Inverness, wurden die vollkommen erschöpften, hungernden, frierenden und schlecht ausgestatteten 5.000 Mann unter Bonnie Prince Charlie auf dem Schlachtfeld von Culloden von einer gut ausgerüsteten, disziplinierten und trainierten 9.000 Mann starken Armee unter dem Herzog von Cumberland geschlagen. Besonders tragisch: Hier kämpften nicht nur Schotten gegen Engländer, sondern auch Schotten gegen Schotten, Cousins gegen Cousins, Freunde gegen Freunde. Die Überlebenden wurden gejagt und getötet, das Hochland mit schrecklichen Strafen und Verboten belegt, die schottische Clan-Tradition beinah vollends ausgelöscht.

Für all das steht das Schlachtfeld von Culloden heute. Sowohl der Besucher-Pass vom *National Trust for Scotland* als auch das Ticket von *Scottish Heritage* verschaffen Ihnen Zutritt zum Schlachtfeld, dessen Besucherzentrum erst vor einigen Jahren erweitert und ausgebaut wurde und heute in einer ausführlichen, hyper-modernen und multimedialen Ausstellung die Ereignisse aus dem April 1746 rekonstruiert. Das Schlachtfeld selbst ist – wenn es einem an der nötigen Fantasie fehlt – recht unspektakulär. Gräser und Heidekraut, so weit das Auge reicht, Halme und Bäume, die sich im Wind biegen. Flatternde Fahnen markieren die ehemaligen Frontlinien, in der Ferne zeichnen sich über dem Waldrand dunkel die Berge ab. Nur ein Gedenkturm und die Clan-Steine erinnern an die Gefallenen. Sie sind das Pilgerziel der Gabaldon-Fans – und der amerikanischen Nachkommen jener Männer, die hier ihr Leben ließen.

Sind Sie dann erst einmal auf den Geschmack gekommen und wollen den blutigen Spuren der schottischen Geschichte weiter folgen, dürften auch das Schlachtfeld von *Stirling Bridge*, wo William »Braveheart« Wallace an der Seite von Andrew Murray 1297 seinen ersten Sieg gegen Edward I. erstritt, das *battlefield* von Falkirk, wo William Wallace und Robert the Bruce ein Jahr später der englischen Armee unterlagen, das Schlachtfeld von Bannockburn, wo

Robert the Bruce 1314 einen entscheidenden Sieg für die schottische Unabhängigkeit errang, und das Schlachtfeld von Killiecrankie interessant für Sie sein. In Killiecrankie fand der erste schottische Aufstand von 1689 seinen blutigen Höhepunkt. In der nur zehnminütigen Schlacht verloren mehr als 600 Jakobiten und 2.400 Soldaten der Regierungstruppen ihr Leben. Obwohl die Jakobiten, deutlich in der Unterzahl, die Schlacht gewannen und damit für Jakob II. das Tor zum Norden aufstießen, scheiterte der schottische Aufstand, als eine verirrte Kugel ihren Anführer, John Graham of Claverhouse, genannt »Bonnie Dundee«, tötete. In der darauffolgenden Schlacht von Dunkeld wurden die Jakobiten vernichtend geschlagen.

Ja, wer Gefallen an dramatischen Geschichten wie dieser findet, ist auf den Schlachtfeldern von Schottland genau richtig.

72. GRUND

Weil Tragödien das Gesicht der Landschaft prägen

Wer glaubt, dass das Blutvergießen in Schottland auf den Schlachtfeldern endete, der irrt sich. Auch abseits davon ließen sich die Schotten in der Vergangenheit nur selten eine Gelegenheit entgehen, wenn es darum ging, einander das Leben schwer zu machen. Das beste Beispiel dafür ist in jenem Tal zu finden, das ich persönlich für das schönste in ganz Schottland halte: Glen Coe. Die stolzen Gipfel des Massivs Buachaille Etive Mòr (1.022 Meter über dem Meeresspiegel), die – wie ihr Name, »Großer Hüter von Etive«, schon vermuten lässt – den östlichen Eingang des Tals bewachen; gefolgt von den etwa 1.000 Meter hohen Gipfeln des *wee* Buachaille, des kleineren Buachaille Etive Beag; die A82, die sich in Haarnadelkurven ihren Weg durch die dramatische Felslandschaft bahnt; und schließlich die *Three Sisters*, an denen das Tal seine ganze wilde Schönheit offenbart – all das übt einen ganz besonderen Zauber auf mich aus.

Ich kann aber nicht leugnen, dass auch die Tragik dieses Ortes dazu beiträgt, dass Glen Coe eine ganz besondere Anziehungskraft für mich hat. Denn Glen Coe war im späten 17. Jahrhundert Schauplatz eines besonders traumatischen Ereignisses in der schottischen Geschichte. Das Massaker von Glencoe – Schreibweise beachten: Glen Coe bezeichnet das Tal, während Glencoe den Hauptort des Tales meint – kostete in einer eiskalten Februarnacht des Jahres 1692 38 Mitglieder des Clan MacDonalds das Leben. Weitere 40 Frauen und Kinder starben, nachdem ihre Häuser niedergebrannt und sie den eisigen Temperaturen ausgesetzt worden waren. Ich habe es schon einmal kurz angerissen: Der Clan hatte Robert Campbell of Glenlyon und seinen 120 Männern des *Earl of Argyll's Regiment* nach alter schottischer Tradition die Gastfreundschaft erwiesen und sie unter seinem Dach beherbergt – um dann hinterrücks im Schlaf von ihnen ermordet zu werden.

Was zunächst wie ein Rachefeldzug wirkt – die MacDonalds von Glencoe waren drei Jahre zuvor über die Ländereien von Glenlyon hergefallen, hatten sein Vieh gestohlen und seine ohnehin schon schwierige finanzielle Situation deutlich verschlimmert –, war in Wahrheit eiskaltes politisches Kalkül. Ein Exempel, das als Warnung an jene Hochland-Clans statuiert werden sollte, die sich weigerten, William, Prince of Orange, den Treueeid zu schwören, nachdem der Erste Jakobitenaufstand durch die Schlacht von Dunkeld endgültig niedergeschlagen worden war. Alastair Maclain, der zwölfte Clanchief der MacDonalds von Glencoe, war einer von ihnen. Bis zum 1. Januar 1692 hatten die Chiefs Zeit, vor dem Magistrat den Treueeid zu schwören. Doch viele von ihnen zögerten und warteten die Erlaubnis ihres im Exil lebenden Thronprätendenten James ab, bevor sie sich unter härtesten Bedingungen im tiefsten Winter auf den Weg machten, um den Eid zu leisten.

Maclain wartete zu lange. Am 31. Dezember 1691 trat er die Reise nach Fort William an. Kein allzu langer Weg, doch unter diesen Wetterbedingungen schwierig genug. Dort sagte ihm Colonel Hill jedoch, er müsse nach Inveraray weiterziehen, wo er vor Sir Colin Campbell, dem Sheriff von Argyll, den Eid leisten könne. Hill gab ihm einen Geleitbrief mit auf den Weg, in dem er festhielt, dass Maclain innerhalb der Frist zu ihm gekommen und dass sein Eid deshalb zu akzeptieren sei. Er versprach Maclain sogar, er müsse keinerlei Strafmaßnahmen befürchten. Doch das lag nicht mehr in Hills Hand. Drei Tage brauchte der MacDonald-Chief nach Inveraray, weitere drei Tage wartete er dort auf Colin Campbell, bevor er seinen Eid leisten konnte. Die sechstägige Verspätung reichte aus, um die MacDonalds in den Tod zu schicken.

»You are hereby ordered to fall upon the rebells, the McDonalds of Glenco, and put all to the sword under seventy. You are to have a special care that the old Fox and his sones doe upon no account escape your hands, you are to secure all the avenues that no man escape«, hieß es im Befehl, den Robert Campbell of Glenlyon im tragisch-schönen Glen Coe zu vollstrecken hatte. Der Rest ist Geschichte und kann im *Glencoe and North Lorn Folk Museum* im Dorfzentrum von Glencoe nachvollzogen werden. Anschließend sieht man die ewig wachenden Berge draußen mit ganz neuen Augen.

Übrigens versteht man jetzt auch, warum in jenem Pub im Glen Coe das bereits erwähnte Schild *No Hawkers or Campbells* hängt.

Weil schottische Steine Geschichten erzählen können

In den bereits vielfach erwähnten Romanen von Diana Gabaldon reist die Heldin Claire Randall beim Durchschreiten eines Steinkreises versehentlich 200 Jahre in die Vergangenheit. Es ist der Tag des keltischen Frühjahrsfests *Beltane,* und die Riesen des fiktiven Steinkreises *Craigh na Dun* in der Nähe von Inverness summen und veranstalten einen ohrenbetäubenden Lärm, als die junge Frau in ihre Nähe kommt – und ehe sich Claire versieht, findet sie sich im 18. Jahrhundert (und in akuter Lebensgefahr) wieder. So ganz ist das zwar nicht das, was ich meine, wenn ich sage, dass die Steine in Schottland sprechen können, aber ich denke, Sie bekommen schon ein Gefühl davon, in welche Richtung es gehen soll. Die schottischen Steinkreise sind, wenn schon keine Tore *in,* so doch wenigstens Zeugen *der* Vergangenheit, die gegenüber allem, was um sie herum geschieht, resistent zu sein scheinen. Natürlich nagt die Zeit an ihnen und natürlich hinterlassen Wind und Wetter Spuren an den Steinen. Natürlich fällt hin und wieder auch einfach mal einer um. Aber dennoch harren die Menhire seit Jahrtausenden an ebenjener Stelle aus, an der sie – wie im Falle des bekanntesten schottischen Steinkreises, der *Callanish Stones* auf der Isle of Lewis – vor 5.000 Jahren errichtet worden sind. Ganz so, als hätten sie noch eine Aufgabe zu erfüllen, deren Zeit noch nicht gekommen ist.

In ihren rätselhaften Konstellationen stehen sie wie eine vergessene Armee aus Urzeiten auf Hügeln und Ebenen und geben uns Hinweise zu ihrem Verständnis – in einer Sprache, die wir leider nicht verstehen. Es ist, als hätte jemand eine Rätselfrage gestellt und wäre dann weggegangen, ohne die Grübelnden – in diesem Falle uns – aus ihrer Ratlosigkeit zu befreien. Im Zentrum der Callanish Stones, dem schottischen Stonehenge, beispielsweise steht ein großer Monolith von 4,5 Metern Höhe. Ein Gigant. Nicht einmal im Traum würde mir einfallen, den bewegen zu wollen. Rings um ihn herum drapiert sich ein Kreis niedrigerer Menhire. Sie scheinen dem Riesen in ihrer Mitte zu huldigen. Doch warum? Und damit noch nicht genug! Aus drei Richtungen laufen lange Linien auf diese geheimnisvolle Mitte zu. Eine von ihnen, aus Norden kommend, ist eine regelrechte Steinallee. Eine Prozessionsstrecke vielleicht? Ein Pfad für die Gestirne? Ein Laufsteg für neolithische Modenschauen? Oder ganz anders: Formen die Steine aus der Luft gesehen nicht ein riesiges Keltenkreuz?

Eine Frage, die wiederum neue Fragen nach sich zieht. Wie konnten die Menschen vor 5.000 Jahren eine so akkurate Formation errichten, die sie aus der Luft nicht sehen konnten? Wie bewältigten sie die logistischen Herausforderungen einer solchen Unternehmung? Ganz zu schweigen von der Frage, wie sie diese Steine bewegen konnten oder warum sie das überhaupt *wollten*. Und warum hätten sie ein Keltenkreuz errichten sollen, wenn an die Kelten vor 5.000 Jahren in Europa noch nicht einmal zu denken war? Denn das rätselhafte Volk hat mit den Steinkreisen in Schottland – entgegen der landläufigen Meinung – nichts zu tun. Sie mögen vielleicht die Kultstätten genutzt haben, die ihnen geheimnisvolle Vorgänger in der schottischen Wildnis hinterlassen haben, doch errichtet haben sie sie nicht. Womöglich waren auch sie so ratlos über den Sinn und Zweck dieser Anlagen, wie wir es heute sind. Und so wie wir heute versuchen, ein Verständnis für diese stummen sprechenden Zeugen zu entwickeln, so könnten auch die Kelten eine Interpretation entwickelt haben, mit der sie leben konnten.

Doch das ist alles Spekulation. Die macht zwar viel Spaß – ja, es juckt mir regelrecht in den Fingern, Erich von Däniken zu Rate zu ziehen und mich auf wüste Verschwörungstheorien einzulassen –, würde aber leider den Rahmen dieses Buches sprengen. Stattdessen beschränke ich mich darauf, Ihnen noch ein paar weitere Orte zu empfehlen, an denen Sie den Steinen lauschen können. Der *Ring of Brodgar* auf Orkney zum Beispiel ist ein gigantischer Steinkreis, der Teil einer größeren neolithischen Anlage ist. Ganz in der Nähe liegt *Skara Brae*, der Überrest einer Siedlung, die gerne als Europas ältestes Dorf bezeichnet wird und vor etwa 5.100 Jahren errichtet wurde. Beide Stätten zusammen, die mit den *Stones of Stenness* und dem Kammergrab *Maes Howe* eine *World Heritage Site* formen, sind schon Grund genug, zur Hauptinsel Orkneys (Mainland) zu reisen.

Auch auf den Shetland-Inseln kann man ein uraltes Dorf besuchen: den Jarlshof. Die Siedlung wurde vor 4.500 Jahren errichtet und von Steinzeitmenschen und Wikingern gleichermaßen benutzt. Das älteste Haus Europas aber findet man auf der Insel Papa Westray, die zum Orkney-Archipel gehört: das Farmhaus *Knap of Howar* ist 5.500 Jahre alt. Sehenswert sind auch die steinzeitlichen Gräber *Grey Gairns of Camster* in der Nähe von Lybster in den Highlands, der *Mousa Broch* auf der Shetland-Insel Mousa und das *Crannog Centre* am Loch Tay. Die *Crannogs* sind zwar nicht aus Stein, aber die Hütten, die in der Eisenzeit auf Holzpfählen auf dem See errichtet wurden, sind dennoch sehr sehenswert.

74. GRUND

Weil schottische Bäume einfach älter werden

Nicht nur Steine können in Schottland Geschichten erzählen. Es gibt hier auch ein Lebewesen, das sich wenigstens als Zeitgenosse der meisten Steinkreise, Grabkammern und neolithischen Dörfer bezeichnen darf – und den Aufstieg und Fall ganzer Zivilisationen miterlebt hat: den *Yew Tree*, die Eibe, von Fortingall. Mit einem geschätzten Alter von 3.000 bis 5.000 Jahren könnte der *Fortingall Yew* das älteste Lebewesen Europas sein, ist mit Sicherheit aber der älteste europäische Baum. Vorausgesetzt natürlich, man ignoriert, dass es in Norwegen eine Fichte gibt, deren Wurzelsystem beinah

10.000 Jahre alt ist. Aber wer interessiert sich schon für Wurzeln? Die norwegische Fichte selbst ist gerade mal ein paar Hundert Jahre alt – geradezu lächerlich im Vergleich zum *Fortingall Yew*.

Die Eibe ist ein Überlebenskünstler: Nicht umsonst nannte man die Baumart in vorchristlicher Zeit *tree of eternity*, »Baum der Ewigkeit«, oder auch *tree of resurrection*, »Baum der Auferstehung«. Nach etwa 500 Jahren beginnt sie nämlich, von Neuem zu wachsen. Die geheimnisvollen Völker, die Schottland bewohnten, als der *Fortingall Yew Tree* das zarte Alter von 500 Jahren erreichte, hegten deshalb eine besondere Verehrung für die Bäume, denen man wohl gut und gerne göttliche Kräfte zusprechen kann. Nicht selten bildeten Eiben den Mittelpunkt sakraler Kultstätten der frühesten Bewohner Schottlands. Auch in Fortingall wurde man fündig, als man nach anderen Hinweisen für eine vorchristliche rituelle Nutzung jenes Ortes suchte, an dem nun die Kirche von Fortingall steht. Man geht also davon aus, dass das heutige Fortingall in der Bronzezeit ein religiöses Zentrum war, in dessen Mitte der *Yew Tree* – damals bereits zwischen 1.000 und 2.000 Jahren alt – eine bedeutende Rolle spielte.

Wer Schwierigkeiten hat, sich diese außergewöhnlich lange Lebenszeit vorzustellen, in der das eigene Leben nicht mal der Ansatz eines Blinzelns ist, der bekommt in Fortingall Unterstützung. Dort hat man sich nämlich etwas Originelles einfallen lassen, um Besuchern auch nur eine *ungefähre* Ahnung vom Alter des Baumes zu geben. Die Steinplatten, die an der Kirche vorbei zur Eibe führen, tragen Inschriften für all die Völker, die der Baum hat aufsteigen und untergehen, vorbeiziehen oder einander bekriegen und auslöschen sehen. Da sind die Siedler der Bronzezeit, die Pikten, die Skoten, die Römer, die Wikinger, die Christen und schließlich – die letzte Steinplatte, bevor der Besucher aufblickt und endlich den Baum sieht – *You*. Und dann steht man vor diesem überraschend mickrigen, knorrigen Wirrwarr aus Ästen und Zweigen, von dem man befürchtet, es würde den nächsten Sturm nicht überleben, das aber schon Millionen Stürme überstanden hat und noch vielen weiteren trotzen wird.

Aber nur wenn, ja *wenn* die Besucher Vorsicht walten lassen. Maß man im späten 18. Jahrhundert noch einen Umfang von 16 Metern, ist der Stamm heute gespalten und mutet eher an wie eine kleine Ansammlung von Bäumen. Das liegt zum einen daran, dass der Zahn der Zeit auch am Baum der Ewigkeit nicht vorbeigeht – und zum anderen an den Touristen des 19. und 20. Jahrhunderts, die sich Souvenirs vom Baum schnitten. Eine kleine Mauer soll das heute verhindern. Der Baum ist aber dennoch gut sichtbar und der Eintritt jederzeit frei.

75. GRUND

Weil Baumstämmewerfen auch Sport ist

Wenn Sie sich in Ihrem Urlaub nicht nur damit begnügen wollen, Bäume anzusehen, ist der schottische Volkssport *tossing the caber* vielleicht genau das Richtige für Sie. Sie kennen das möglicherweise von Bildern oder aus dem Fernsehen: Raubeinige, bärtige, wild aussehende Hochland-Schotten im Kilt balancieren einen gewaltigen Baumstamm auf ihren ineinander verschränkten Händen, nehmen Anlauf, gehen in die Knie und schnellen anschließend mit ungeahnter Kraft nach oben, sodass der Baumstamm seinerseits in die Luft geworfen wird und dort im besten Fall eine volle Drehung absolviert, bevor er unter lautem Jubel der Zuschauer und barbarischen Rufen des Athleten wieder auf dem Boden aufkommt. Auf die Weite kommt es dabei nicht an, wohl aber auf die Position, in der der Baumstamm landet. Je näher er der 12:00-Uhr-Position kommt, desto lauter ist der Jubel. Fällt der Stamm, nachdem er mit dem beim Abwurf nach oben gerichteten Ende zuerst auf dem Boden aufgekommen ist, im rechten Winkel nach vorn – man stelle sich hier eine Uhr vor –, wird das als *perfect toss* bezeichnet. Jede Abweichung davon bedeutet Punktabzüge.

Der *caber toss* oder *tossing of ye barr,* wie die Disziplin des Baumstammwerfens in Schottland auch genannt wird, ist die ultimative Herausforderung bei den *Highland Games* und der absolute Besuchermagnet. Bei einem Pint in der Sonne sitzen und dabei zusehen, wie muskelbepackte Männer in luftigen Röcken 7 Meter lange Baumstämme (die bis zu 90 Kilogramm wiegen können) in einem gewaltigen Kraftakt in die Luft werfen – ich kann mir für einen Nachmittag wirklich Schlimmeres vorstellen. Doch natürlich ist der *caber toss* nicht ursprünglich für das Amüsement der anwesenden Damen eingeführt worden. Tatsächlich dienten Disziplinen wie das Baumstammwerfen vor allem der Demonstration von Kampfkraft, Stärke und militärischer Macht. Erstmals erwähnt wird der *caber toss* bei den sogenannten *wappinschawes* (weapon-shows) im späten 17. Jahrhundert. Sie sind – darauf kommen wir gleich noch zu sprechen – die Vorläufer der heutigen *Highland Games.* Das Wort *caber* ist dabei an das gälische Wort *cabar* angelehnt, was so viel wie »Sparren« oder »Balken« bedeutet.

Man geht davon aus, dass der militärische Zweck der Übung darin bestand, ohne großen Aufwand und schweres Gerät Brücken über eiskalte, reißende Hochlandflüsse zu schlagen. Kam die Armee an einen solchen Strom, so stelle ich es mir vor, wurde der Stärkste aus ihrer Reihe nach vorn gerufen, krempelte die Ärmel hoch, richtete das Plaid über den Knien, hob einen eilig gefällten Baumstamm in die Höhe, nahm Anlauf und warf ihn so, dass er im rechten Winkel über den Fluss fiel und mit dem anderen Ende auf das jenseitige Ufer schlug. Eine ausgefeilte Technik war hier Voraussetzung, wollte man verhindern, dass das Regiment sein Nachtlager aufschlagen musste, während der jeweilige Athlet noch übte. Außerdem wäre jeder Baumstamm, der, falsch geworfen, in den Fluss fiele und hinfortgespült werden würde, eine ärgerliche Verschwendung knapper Ressourcen.

Nein, auf diese Art konnten – mit der richtigen Technik – zwei, drei Baumstämme effizient nebeneinander platziert und zu einer Brücke verbunden werden. Und genau deshalb geht es beim *caber toss* nicht um Weite, sondern um Präzision. Und um Kilts und starke Männer natürlich.

76. GRUND

Weil »Highland Games« nicht nur Spielerei sind

Stellen wir doch mal unser imaginäres Pint Bier beiseite, erheben uns aus dem Gras und schauen mal, was es bei *Highland Games* – außer dem Baumstammwerfen – sonst noch so zu entdecken gibt. Da sehen wir starke Männer, wiederum im Kilt und mit nackten Oberarmen, die sich beim *tug of war*, dem Tauziehen, beim berühmten *stone put*, dem Steinstoßen, oder beim *Scottish hammer throw*, dem Hammerwerfen, verausgaben und dabei einmal mehr zeigen, was Highlander doch für richtige Kerle sind. Mit etwas Glück gehen die Männer sogar noch ein Stückchen weiter und ziehen tonnenschwere Traktoren oder Autos durch den Matsch und legen sich unter größtem Jubel der Zuschauer mit aller Kraft in die Seile.

Weitere Disziplinen, in denen die Männer gegeneinander antreten, sind zum Beispiel Gewichthoch- und Gewichtweitwerfen oder klassische Wettrennen. Alles eben, womit sich körperliche Kraft und Überlegenheit demonstrieren lassen. Bei all dem Testosteron hier muss man als Frau froh sein, wenn einem im Laufe des Tages kein Schnurrbart wächst. An anderer Stelle tanzen – quasi als Gegengewicht dazu – leichtfüßige junge Mädchen in bunten Röcken die traditionellen *Highland dances*, die aus komplizierten Schrittfolgen bestehen, bei denen der Bodenkontakt so gering wie möglich zu halten ist. Begleitet werden sie von den Klängen eines oder mehrerer Dudelsäcke. Die Meister dieses Faches sieht man jedoch an anderer Stelle, wo sie sich beim *solo piping* oder beim *pipe band contest* messen.

Nicht selten gibt es abseits der eigentlichen Spiele auch noch Präsentationen regionaler Produkte und Tierschauen, bei denen sich die Landwirte der Umgebung einen erbitterten Kampf darum liefern, wer das süßeste Kalb, das rassigste Pferd, den sahnigsten Käse, das aromatischste Haggis, den komplexesten Whisky oder die fruchtigste Marmelade mitgebracht hat. Wettbewerb ist das, worum es bei den *Highland Games* wirklich geht. Am deutlichsten wird das bei den eingangs beschriebenen *Heavy weights*-Disziplinen, deren militärischer Nutzen für jedermann offensichtlich ist. Auch wenn man sich über die Einzelheiten der Geschichte der Spiele stundenlang streiten kann, ist wenigstens so viel sicher: Sie dienten dem einfachen Zweck, die schnellsten und stärksten Männer für die jeweiligen Truppen zusammenzustellen.

Egal, ob das nun die einzelnen Clans waren, die bei den *Highland gatherings* die besten Männer aus ihren Reihen ermitteln wollten, oder ob es auf königlichen Befehl geschah, wie es aus dem 11. Jahrhundert überliefert ist, als Malcolm III. die ersten offiziellen *Highland Games* als eine Art königlichen Wettbewerb einberief. Um die Tauglichkeit der Männer zu überprüfen, ließ man sie in verschiedenen Disziplinen gegeneinander antreten. Schwertkämpfe aber wird man darunter vergeblich suchen. Zu oft hatten sich die Schotten gegen die englischen Besatzer erhoben – und waren dafür mit einem Waffenverbot belegt worden. Es war den Highlandern bei harten Strafen verboten, Waffen bei sich zu tragen oder sich im Umgang mit denselben zu üben. Stattdessen griffen die findigen Schotten auf Gebrauchsgegenstände aus dem Alltag zurück, nutzten Baumstämme, Steine und Heuballen, um trainieren und sich aneinander messen zu können. So will es zumindest die Legende.

Wenn Sie nun selbst einmal die ursprünglichen *Highland Games* erleben wollen – und nicht ihre Ableger, die es inzwischen überall auf der Welt, von den Staaten über das Schwabenland bis nach Sachsen, gibt –, haben Sie den ganzen Sommer über Gelegenheit dazu. Neben den großen traditionellen *Highland Games* gibt es auch eine Vielzahl kleinerer Spiele, die von Gemeinden und Städten durchgeführt werden und den Urlauber vor die Qual der Wahl stellen. Wer es groß und pompös mag, hat eigentlich nur zwei Optionen: die *Ceres Highland Games* in Fife, die als die ältesten freien Spiele der Welt gelten, und das legendäre *Braemar Gathering* in Aberdeenshire, das unter der Schirmherrschaft von Königin Elizabeth II. steht und angeblich auf jene ersten Spiele unter Malcolm III. zurückgeht. Hier ist die Chance besonders groß, einen Blick auf Mitglieder der königlichen Familie werfen zu können. Zwar wird die Queen selbst eher nicht am Steinstoßen teilnehmen, aber beim Klatschen und Jubeln ist sie Gerüchten zufolge immer ganz vorn mit dabei.

77. GRUND

Weil kein schottischer Berg dem anderen gleicht

Man muss kein ausgewiesener Experte sein, um in Schottland schnell eine Entdeckung zu machen: Kein Berg gleicht dem anderen, jeder für sich ist einzigartig. Eine einfache Autofahrt durch das Hochland reicht für diese Erkenntnis vollkommen aus. Deshalb wäre es den Naturverbundenen, Outdoorbegeisterten unter den Schotten natürlich viel zu trivial, sie alle mit dem simplen Wort *hill* abzuspeisen. Das ist ein bisschen so wie in dem modernen Mythos, der sich um Inuit-Worte für »Schnee« dreht. Doch während es inzwischen wirklich hinreichend widerlegt ist, dass es in den Eskimosprachen mehr Wörter für »Schnee« gibt als in anderen Sprachen, ist es tatsächlich wahr, dass das einfache deutsche Wort »Berg« in Schottland zahlreiche Entsprechungen findet. So kann ein schottischer Berg etwa ein *Ben* sein oder aber ein *Mount*, ein *Law*, ein *Pen*, ein *Brae*, ein *Gairn* oder im Zweifel sogar ein *Pap*. Welches Wort für »Berg« jeweils zur Anwendung kommt, hängt ein bisschen davon ab, wo in Schottland man sich gerade befindet, wie der jeweilige Berg geformt ist, wie hoch er ist und so weiter und so weiter.

Aber nicht nur, dass jeder Berg, unabhängig davon, wie man ihn bezeichnet, natürlich auch noch einen eigenen Namen - Ben Nevis, Ben Lomond, Cairn Gorm - hat, man hat sich hier auch noch die Mühe gemacht, die Berge zu klassifizieren. So werden zum Beispiel alle Berge in Großbritannien, die mindestens 150 Meter hoch sind, als *Marilyns* bezeichnet. Insgesamt 1.216 solcher *Marilyns* gibt es auf der gesamten Insel. In den schottischen Lowlands nennt man dann alle Berge, die eine Mindesthöhe von 610 Metern überschreiten, *Donalds*. In den Highlands hingegen heißen Berge, die zwischen 610 und 762 Metern hoch sind, *Grahams*, und alle Berge zwischen 762 und 914,4 (ja, *Komma vier*! Das sind 3.000 *feet*) *Corbetts*. Die höchsten Berge schließlich, also alle Gipfel über 914,4 Metern, heißen *Munros*. Die *Munros* sind die älteste und bekannteste Bergkategorie Schottlands, was vor allem daran liegt, dass eine der liebsten Sportarten der Schotten mit ihnen verknüpft ist: das *Munro-bagging*. Beim *Munro-bagging* - wir kommen später noch einmal dazu - geht es darum, so viele Berge dieser Kategorie »einzusacken« wie möglich.

Erstmals zusammengestellt wurde die derzeit 282 Gipfel umfassende Liste 1891 von Sir Hugh Munro, von dem sie auch ihren Namen hat. Seitdem gehören die *Munro-bagger* in den Highlands zum Landschaftsbild dazu. Der Suchtfaktor dieses Sports ist recht hoch, wenn man den eingefleischten Sammlern glauben darf - und das Gefühl der Befriedigung nur von kurzer Dauer. Hat man nämlich tatsächlich alle 282 *Munros* in der Tasche, warten ja immer noch die *Corbetts*, *Grahams* und *Donalds*, die die Sammlerleidenschaft wieder neu entfachen. Eine endlose Parade von Gipfeln unterschiedlichster Formen, Größen und Namen, die erst an dem Tag abreißen wird, an dem man vor Erschöpfung keinen Fuß mehr vor den anderen setzen kann. Ich habe mich deshalb schon früh darauf verlegt, die Berge aus der Ferne zu bestaunen und mir müßig zu überlegen, ob dieser oder jener Gipfel nun eher ein *Munro* oder doch eher ein *Corbett* wäre, während die nackten Füße entspannt in einem sonnenerwärmten Hochlandbach baumeln. Auch das sollte ein Sport sein. *Munro-spotting* vielleicht: Wer zuerst alle gesehen hat, darf sich zum *afternoon tea* eine Extraportion *clotted cream* nehmen.

78. GRUND

Weil 31.000 Seen wirklich nicht zu viel sind

Das Thema schottische Seen (und vor allem die Verwendung des Plurals) sorgt unter Schottland-Neulingen oft für Verwirrung, denn viele Menschen scheinen zu glauben, es gäbe nur einen *einzigen* See in Schottland und dieser – welch Zufall – sei von einem Monster bewohnt. Der berühmte Loch Ness ist aber eben nur *einer* von mehr als 31.000 Seen in Schottland – und noch dazu einer der unspektakulärsten. Während es in den Highlands Seen gibt, die dem Besucher, zwischen kantige, dramatische Berge gegossen, den Atem verschlagen, ist der Loch Ness mit seinen sanften, waldigen Hängen, den kieselsteinsäuselnden Ufern und den dunklen Wellen eher so etwas wie ein Durchschnittssee. Hält man das erste Mal an einem Aussichtspunkt und blickt über die Wassermassen – wenigstens in dieser Hinsicht ist er spektakulär; mit 7,4 Kubikkilometern hat der Loch Ness das größte Wasservolumen aller schottischen Seen –, ist man fast enttäuscht.

Irgendwie hat man sich mehr erwartet von diesem weltberühmten Ort. Und wenn schon nichts anderes, dann wenigstens einen Blick auf Nessie, wie sie am Ufer von Urquhart Castle sitzt und mit den Touristen eine Tasse Tee trinkt. Dieser Art ernüchtert, fragt man sich dann, was denn die anderen Seen Schottlands zu bieten haben könnten. Und jetzt wird es interessant. Vorweg nur eine kleine Information: So verwirrend es für deutsche Ohren auch klingen mag und so viele seltsame Assoziationen es auch weckt, *loch* ist das schottisch-gälische Wort für »See«. Im Zweifel kann es aber auch einen Fjord, eine Meeresbucht und im Prinzip auch jede andere Wasserfläche bezeichnen. Während die Schotten zahllose Wörter für die unterschiedlichen Berge in den verschiedensten Regionen kennen, sind sie also bei ihren Seen erstaunlich einfallslos. Das höchste der Gefühle ist die Verniedlichung eines kleinen Sees zu *lochan* oder *lochie*, doch wann aus einem *loch* ein *lochan* wird oder umgekehrt aus einem *lochan* ein *loch*, ist nicht genau definiert.

Der Loch Lomond, der mit 71 Quadratkilometern flächenmäßig größte See Schottlands, ist ganz eindeutig ein *loch*. Und ein besonders schöner noch dazu! Die *bonnie banks* of Loch Lomond fanden sogar Eingang in ein traditionelles schottisches Volkslied gleichen Namens. Zu Recht, muss ich sagen, denn der Loch Lomond zählt zu den malerischsten Seen in Schottland. Vor allem in den ganz frühen Morgenstunden, wenn der See spiegelglatt daliegt und die viel besungenen steilen Hänge von Ben Lomond spiegelt. Ähnlich oft besungen ist der Loch Katrine, gar nicht weit entfernt vom Loch Lomond. Ihm widmete der schottische Nationaldichter Sir Walter Scott das Gedicht *The Lady of the Lake*. Zum Dank dafür kreuzt heute das Dampfschiff SS *Sir Walter Scott* über die Wasser dieses schmalen, gewundenen Sees, der seine Form den gewaltigen Kräften der Eiszeit verdankt. Gleiches gilt auch für den Loch Tay, etwa 50 Kilometer westlich von Perth, einen weiteren See, der die abgenutzte Bezeichnung »malerisch« verdient. Wer der A827 am Nordufer des Sees folgt, kann sich ein Bild davon machen und sollte unbedingt einen Zwischenstopp an den *Falls of Dochart* in Killin einlegen.

Sollten Ihnen die beschriebenen Seen alle eine Spur zu idyllisch sein, sind die entlegenen Gewässer an der Westküste genau das

Richtige für Sie. Loch Morar etwa, der tiefste See der britischen Inseln: 310 Meter geht es hier in unergründliche Tiefen hinab. Die sich so ergebenden 2,3 Kubikkilometer sollen der Lebensraum eines weiteren schottischen Seeungeheuers sein. Mhorag, dessen Name zwar nicht ganz so klangvoll ist, soll Nessie nicht unähnlich sein und immer dann auftauchen, wenn ein Mitglied des ortsansässigen Zweigs des Clans MacDonald stirbt. Keine besonders schöne Aufgabe, möchte man meinen, doch ein Monster muss tun, was ein Monster tun muss. Wegen der Lage des Sees in einem extrem dünn besiedelten Gebiet der Highlands wäre es jedoch nicht verwunderlich, wenn sich Mhorag ab und zu den Luxus gönnen würde, einfach nur mal so aufzutauchen. Die Wahrscheinlichkeit, dabei gesichtet zu werden, ist so viel geringer als für Nessie, die ständig unter Beobachtung steht.

Wenn Ihnen die Einsamkeit hier gefällt, empfehle ich außerdem einen Abstecher zu einem der schönsten Seen der Highlands: Der Loch Maree im wilden Nordwesten wird wie ein Schatz von den umliegenden Bergen gehütet, eine kleine Perle in den Highlands, versteckt und geheim gehalten, bewahrt für die wenigen Touristen, die ihren Weg dorthin finden. Überragt wird Loch Maree vom Felsmassiv des Slioch, einem Gipfel mit seltsam berührender Wirkung. Und – langsam wird es verdächtig – auch hier soll es ein Ungeheuer geben: Ein monströses Wesen namens *Muc-sheilch* soll den See sein Zuhause nennen. Je abgeschiedener die Lochs sind, desto unaussprechlicher werden die Namen ihrer Monster, so scheint es.

Weitere Geheimtipps dieser Art (allerdings ohne Monster) sind der Loch Arkaig und der Loch Coruisk, der völlig abgelegen am Fuß der Black Cullins auf der Isle of Skye liegt. Keine Menschenseele, so weit das Auge reicht. Nur gelegentlich mal ein Wanderer. Kein Wunder, dass es in der Romantik zahlreiche Dichter und Maler hierher zog, die die besondere Stimmung dieses Ortes einzufangen versuchten – darunter auch William Turner und Sir Walter Scott. Na ja, und dann gibt es da noch 30.000 weitere Seen, die von Ihnen entdeckt werden wollen. Eine wahre Lebensaufgabe. *Munro-bagging* ist nichts dagegen!

79. GRUND

Weil Gruseln in Edinburgh am schönsten ist

Es war ein warmer Sommerabend in Edinburgh. Ein friedlicher Abend, den man bei einem Spaziergang durch die Innenstadt und ein paar Pints im Pub verbringen sollte. Das war auch unser Plan – bis eine Freundin und ich (die Ängstlichkeit in Person) plötzlich eine Idee hatten, von der wir heute wissen, dass sie weitaus mutiger war, als wir dachten. Wir entschlossen uns zu einer Gruseltour durch die Altstadt von Edinburgh. So schön diese Stadt auch ist: Ein Blick in die winzigen, dunklen Gassen, die zu beiden Seiten der Royal Mile abgehen, teilweise versperrt von monströsen gusseisernen Toren, reicht aus, um das Gruselpotenzial dieses historischen Ortes zu erkennen. Nicht weil man befürchten würde, dort ausgeraubt zu werden. Edinburgh ist – vor allem im touristischen Zentrum – eine friedliche Stadt. Heute. Doch früher einmal war es ein dunkles, feuchtes Fleckchen Erde, Nährboden für alle Formen menschlicher Abgründe und Wiege grauenerregender Schauergeschichten, die bis heute fortwirken. Das sollten wir auf der Gruseltour *Edinburgh Vaults* hautnah erfahren.

Es begann alles ganz harmlos: Die Gruppe traf sich an einem ausgeschilderten Treffpunkt auf der Royal Mile und stattete zunächst einigen historischen Sehenswürdigkeiten der Gegend rund um das Cowgate einen Besuch ab. Was der Guide uns erzählte, sorgte zwar für wohlige Gänsehautschauer, doch es brauchte – selbst für mich – schon recht viel Fantasie, um sich hier zu gruseln, während das elektrisierende Gewusel dieses Sommerabends stets dafür sorgte, dass das Hier und Jetzt allgegenwärtig war. Auch als der Besuch des

Foltermuseums angekündigt wurde, waren wir lediglich ein bisschen pikiert. Mit der zufriedenen Abscheu jener, die nicht betroffen sind und eine Glasscheibe zwischen sich und den Objekten wissen, blickten wir in die Schaukästen, wollten uns bei einigen Dingen gar nicht vorstellen müssen, wozu sie gebraucht wurden – keine Sorge, der Guide hilft den Fantasielahmen hier gut geschult auf die Sprünge –, und spekulierten schon auf das erste Bier im Pub. Und auf die *wee dram* Whisky und den Keks, die uns zum Abschluss der Tour versprochen worden waren. Irgendwie muss man die Menschen ja ködern, dachten wir uns gut gelaunt. Doch dann stieß unser Guide die Tür zu den *Edinburgh Vaults* auf.

Zu jenen Katakomben in der South Bridge, die im späten 18. Jahrhundert als Lagerräume für die umliegenden Händler errichtet worden waren. Doch unglücklicherweise hatte man beim übereilten Bau der Brücke vergessen, den Belag zu versiegeln. Wasser drang in die Lagerräume ein – und sorgte dafür, dass sich die Händler ganz schnell neue Lagerflächen für ihre kostbaren Waren suchten. Dieser Art geräumt, wurden die Vaults zum düstersten Ort in Edinburgh. Zwielichtige Gestalten gab es hier sowieso genug, denn die Gegend rund um das Cowgate galt ohnehin als Slum mit schwindelerregender Kriminalitätsrate. Zahlreiche Bordelle und Pubs, aber vor allem die Obdachlosen der Stadt, denen es nach der Sperrstunde verboten war, sich auf der Straße aufzuhalten, fanden in den nasskalten Kammern unter der South Bridge ein neues Zuhause. Die Lebensbedingungen waren katastrophal: Bis zu zehn Personen hausten in den winzigen Räumen – ohne Tageslicht oder frische Luft –, Krankheiten breiteten sich aus, und Verbrechen waren an der Tagesordnung. Zahllose Menschen verloren hier unter teils ungeklärten Umständen ihr Leben.

Und aus diesem reichen Topf unheimlicher Geschichten schöpfen die Guides der *Edinburgh Vaults*-Tour heute nach allen Regeln der Kunst. Machen Sie sich also auf etwas gefasst, wenn Sie die *Vaults* betreten! Ohne zu viel verraten zu wollen: Wir verließen sie, aneinander und an wildfremde Leute geklammert, hysterisch lachend mit rasendem Herzen und stürzten den Whisky und den Keks, die nicht ohne Grund gereicht werden, hinunter, als könnten sie uns das Leben retten. Und vielleicht haben sie das sogar … So schön wie hier habe ich mich wirklich noch nie gegruselt!

80. GRUND

Weil Kirchen alles werden können, wenn sie groß sind

Mit mehr als 1.500 Gemeinden und nur etwa 300.000 Mitgliedern hat die *Church of Scotland* ein ernsthaftes Problem: Zwar gibt es im ganzen Land viele wunderschöne, geschichtsträchtige Kirchen – doch nur noch wenige, die dort einen Gottesdienst besuchen möchten. Waren die Gotteshäuser früher an Sonntagen bis auf den letzten Platz besetzt, sprechen die Pfarrer heute nicht selten vor zwölf bis 20 Personen, die vereinzelt in den Sitzbänken kauern. Ein Ende des Trends ist eher nicht abzusehen, und die Auswirkungen sind überall auf den Inseln kaum zu übersehen. Zwar bemühen sich viele Gemeinden und auch *English* und *Scottish Heritage* noch heldenhaft darum, die Kirchen zu erhalten, doch es ist inzwischen überall zur gängigen Praxis geworden, ungenutzte Kirchen einfach zu schließen, wie David Robertson von der *Church of Scotland* 2013 dem *Economist* erklärte.[14]

Zu schade eigentlich, denn viele Kirchen sind architektonische Schätze und bewahren ein Stück der schottischen Seele. Man ist deshalb seit einigen Jahren dazu übergegangen, ungenutzte Kirchen einfach einem neuen Zweck zuzuführen. Das wohl prominenteste Beispiel dafür ist *The Hub* in Edinburgh. Einst war die neugotische Highland Tolbooth Church am oberen Ende der Royal Mile der Stolz unter den Kirchen Edinburghs. Doch die Zeiten der sakralen Nutzung sind längst vorbei. 1979 wurde die Kirche geschlossen, stand einige Jahre leer und diente dann lange Zeit als Sitzungssaal für das schottische Parlament. Inzwischen ist *The Hub* ein gewaltiges Veranstaltungszentrum, das sich alljährlich zum *Edinburgh Festival* in die Veranstaltungszentrale – und damit in das Herz des Festivals – verwandelt. Sie beherbergt neben den Büros des Veranstaltungskomitees auch einen großen Saal, der für Festival-Events mit bis zu 420 Personen genutzt wird und sonst für standesgemäße Hochzeiten, Bankette und Empfänge gemietet werden kann.

Andernorts geht man mit dem Thema noch weniger zimperlich um und verwandelt leer stehende Kirchen kurzerhand in Bars, Restaurants, Clubs und Hotels. Was das über den Zustand des schottischen Seelenheils und über die Austauschbarkeit von Abendmahl und Abendessen, von Messwein und Weißwein oder von Absolution und Wodka Absolut aussagt, sei nun einmal dahingestellt. Im angesagten Glasgower West End zum Beispiel trifft man sich auf ein Pint, eine Pie und ein lustiges Quiz in einem Pub mit dem witzigen Namen *Oranmor A Celebration of Scotland*. Die ehemalige Kelvinside Parish Church ist heute berühmt für ihre exquisite Auswahl schottischer Malt Whiskys – einmal im Jahr finden hier die *Òran Mór Whisky Awards of Scotland* statt – und das jährliche Folk, Roots und World Music Festival *Celtic Connection*, das die alten Mauern zum Beben bringt.

Auch in Edinburgh hat man sich für eine alte Kirche am Cowgate etwas einfallen lassen. Wo einst Marienstatuen ein Zuhause hatten, haben sich heute Monster breitgemacht: Der *Frankenstein Pub* auf der George IV Bridge gehört zu den beliebtesten Themen-Pubs in Edinburgh und lockt mit schaurigem Gruselambiente und großem Ideenreichtum. Wer sehen will, wie es schottische *lassies* und *lads* auf Junggesellenabschieden und Mädelsabenden so richtig krachen lassen, ist hier genau richtig. Spirituelle Einkehr sucht man vergebens, dafür wartet die Bar mit Spirits aus aller Welt auf.

Ganz anders: die ehemalige St. Benedict's Abbey am Ufer des Loch Lomond. Das frühere Kloster ist heute ein Rückzugsort für alle, die sich nach der Ruhe und Abgeschiedenheit klösterlichen Lebens sehnen – ohne dabei jedoch auf die Annehmlichkeiten der Moderne verzichten zu wollen. Mit viel Liebe zum Detail wurde das alte Kloster in ein Hotel mit eigenem Spa und Restaurant verwandelt, das dem Charme der alten Gemäuer in jedem Winkel Rechnung trägt. Das hätten sich die Mönche sicher niemals träumen lassen.

Man kann von diesen Verwandlungen halten, was man will, doch man muss den Schotten zugutehalten, dass sie mit einem überaus erfrischenden Erfindungsgeist an das Projekt Kirchenerhaltung herangehen. Ein Paradebeispiel nicht nur für den wilden, unkonventionellen Geist der Schotten – sondern auch für ihre sprichwörtliche Sparsamkeit. So sündhaft es sein mag, in einer alten Kirche zu trinken und zu feiern; Verschwendung wäre für die Schotten die größere Sünde!

81. GRUND

Weil die Burgen Wiedererkennungswert haben

Als ich in Wales studiert habe, machte unter den internationalen Studenten ein Satz die Runde: »Bei Burgen ist eine wie die andere – kennst du eine, kennst du alle.« Für Wales ist das sogar richtig, denn alle Burgen, die wir besichtigt haben, waren von Edward I. errichtet worden und dienten dem Zweck, die wilden Waliser in die Enge zu treiben, sie einzukesseln und zu zähmen. Die Burgen Edwards I. sind einander deshalb sehr ähnlich, und nach der dritten Besichtigung fängt man tatsächlich an, sich zu langweilen. Nicht so in Schottland: Hier hat jede Burg Seltenheits- und Wiedererkennungswert. Allen voran natürlich Eilean Donan Castle – das Matterhorn unter den Burgen von Schottland. Genauso wie Menschen aus aller Welt nachweislich ein Foto des Matterhorns wiedererkennen können, so ist auch Eilean Donan zu *dem* Schottland-Motiv schlechthin geworden.

Wer ein Bild der Landzunge sieht, die in den Loch Duich ragt, darauf thronend Eilean Donan mit seinen Erkern, Winkeln, Kaminen und Vorsprüngen – trutzig, wehrhaft und seltsam gemütlich – und im Hintergrund die Berge ausmachen kann, der weiß sofort: *Das* ist Schottland! Begünstigt wird dieser Umstand dadurch, dass Eilean Donan Castle die meistfotografierte Burg Schottlands ist. Vielleicht sogar das meistfotografierte Motiv Schottlands überhaupt. Aus diesem Grund widerstrebte es mir eigentlich, selbst ein Foto zu machen, aber irgendetwas ist an diesem Motiv, das die Hand automatisch zur Kamera fahren und ein Bild machen lässt. Zwischen die vier Kanten dieses Fotos bekommt man nämlich alles, was Schottland ausmacht: Geschichte, Mystik, Geheimnisse, Berge und einsame Seen.

Obwohl die heutige Burg gar nicht auf eine so lange Geschichte zurückblicken kann. Zwar war der Standort schon im 13. Jahrhundert durch die Mackenzies of Kintail besiedelt, doch das alte *castle* wurde im Ersten Jakobitenaufstand, im frühen 18. Jahrhundert, zerstört. Erst 200 Jahre später, im Jahr 1912, nahm sich Lieutenant Colonel John MacRae-Gilstrap der Ruine an und ließ die Burg in aufwendigen, zwölf Jahre währenden Restaurierungsarbeiten wieder in ihren vermeintlichen Originalzustand zurückversetzen. Seit dem Tod von MacRae lebt niemand mehr auf der Burg. Sie ist heute ein Museum, das Sie mit dem *Scottish Heritage Pass* besuchen können, und eine beliebte Filmkulisse (u.a. für *Highlander, James Bond 007 – Die Welt ist nicht genug, Nessie – Das Geheimnis von Loch Ness* und *Verliebt in die Braut*).

Als Kontrastprogramm – und um zu beweisen, wie einzigartig jede einzelne schottische Burg ist – empfehle ich außerdem den Besuch von Urquhart Castle, Blair Castle, Cawdor Castle, Castle

Mey, Balmoral und Dunnottar Castle sowie vom Märchenschloss Dunrobin Castle mit seiner dunklen Geschichte. Und natürlich sollten auch Edinburgh und Stirling Castle auf Ihrer Liste nicht fehlen. Oder Sie begeben sich auf eine Reise auf dem *Castle Trail*, der 17 der schönsten Burgen in Aberdeenshire abdeckt. Schon jetzt kann ich Ihnen versprechen, dass Sie sich dabei nicht langweilen werden, denn in Schottland ist wirklich keine Burg wie die andere. Jede ist einzigartig, und einige von ihnen – George Orwell möge mir die Anspielung auf *Farm der Tiere* verzeihen – sind eben noch einzigartiger.

82. GRUND

Weil Skandinavien näher ist, als man denkt

Es ist eigentlich mehr ein glücklicher Zufall, wenn man so will, dass Orkney und Shetland zu Schottland gehören und nicht zu Skandinavien. Genauso gut hätte es auch anders kommen können. Glück für Schottland muss man sagen, denn mit dem Gewinn der beiden Inselgruppen hat das Land einen guten Deal gemacht. Einen *wirklich* guten Deal! Doch dazu kommen wir gleich noch. Zunächst einmal möchte ich Sie dazu einladen, das nordische Erbe im hohen Norden Schottlands zu erkunden. Skandinavische Einflüsse und Spuren der alten Wikinger, die im 8. Jahrhundert zum ersten Mal Fuß auf Orkney und Shetland setzten und die dort lebenden Pikten wahlweise töteten oder heirateten, lassen sich nämlich bis heute auf beiden Inselgruppen finden.

Für die starken Männer aus dem Norden waren sie ein wichtiger Umschlagplatz für den Handel und eine strategische Basis für ihre Kriegs- und Beutezüge. Die meisten Inselnamen – etwa Sanday (einst Sandey), Damsay (einst Daminzey) oder Faray (einst Færey) – gehen auf die Siedler aus dem Norden zurück und sind uns als Derivate oder Verfälschungen der altnordischen Namen bis heute erhalten geblieben. Der Name Orkney selbst soll auf das altnordische Wort *orkn* zurückgehen: Seehund. *Orkn-eyjar*, wie die Skandinavier Orkney nannten, heißt also »Seehundinseln«. Die possierlichen Tierchen und wendigen Jäger können rings um die Inseln im Wasser tobend beobachtet werden. Bis ins 18. Jahrhundert hinein sprach man darüber hinaus sowohl auf Orkney als auch auf den Shetland-Inseln einen speziellen nordischen Dialekt, genannt Norn, der heute jedoch ausgestorben ist.

Zahlreiche archäologische Sehenswürdigkeiten auf beiden Inselgruppen legen noch heute Zeugnis von der einstigen Blüte der skandinavischen Kultur ab. Der *Orkneyinga Saga Trail* verbindet die eindrucksvollsten von ihnen und erläutert die geschichtlichen Zusammenhänge. Besuchen Sie zum Beispiel die St Magnus Church in Birsay, Dingieshowe, wo einst das nordische Parlament tagte, oder die prachtvolle St Magnus Cathedral, das mittelalterliche Herz Orkneys. Auch viele stolze Hochland-Clans rühmen sich ihres Wikingerbluts. So will etwa der Clan MacLeod of Lewis von Leod, dem jüngeren Sohn des Wikingerkönigs Olaf the Black, abstammen, dem Herrscher der Isle of Man und einiger Hebrideninseln. Gefeiert wird das skandinavische Erbe zum Beispiel beim Lerwick Feuer-Festival *Up Helly Aa*, das zur Wintersonnenwende abgehalten wird, um das Ende der Yule-Zeit einzuläuten.

Doch dann machte Christian I. von Dänemark 1468 einen großen Fehler. Einen Fehler, den man einem liebenden Vater, der nur um das Wohl seiner Tochter – und seines Königreichs – besorgt ist, wohl verzeihen mag, der jedoch dazu führte, dass Orkney und Shetland für Skandinavien verloren gingen. Selbiger König nämlich hatte ständig mit wirtschaftlichen und politischen Schwierigkeiten zu kämpfen – und entwickelte deshalb einen Plan, mit dem er beide Probleme auf einen Schlag zu lösen gedachte. Durch die Hochzeit seiner Tochter Margrete mit King James III. von Schottland wollte er eine strategische Allianz schaffen, die ihm den Rücken freihalten würde.

Zugleich ließ sich James auf einen durchaus attraktiven Kuhhandel ein, wenn man diesen Begriff im Zusammenhang mit Brautwerbung verwenden darf. Zwar hatte ihm Christian ursprünglich 60.000 Florin als Mitgift für seine Tochter versprochen, man konnte sich jedoch auf eine Summe von 10.000 Florin und Orkney als Beigabe einigen. Doch Christian scheint ein Mann großer Worte und kleiner Taten gewesen zu sein: Nicht einmal die 10.000 Florin konnte er zusammenkratzen, sodass er sich gezwungen sah, auch noch Shetland auf den Gabentisch der Frischvermählten zu legen. So schnell kann es also gehen, dass ein ganzer Archipel von Inseln, der 700 Jahre lang zu Skandinavien gehörte, nun plötzlich den Besitzer wechselte – und zu einem Teil des Königreichs von Schottland wurde. Und so ist es bis heute geblieben. Skandinavien ist in Schottland also jederzeit näher, als man denkt.

83. GRUND

Weil mancher Tag in Schottland ohne Nacht vergeht

Die Nähe zu Skandinavien ist in Schottland nicht nur eine gefühlte bzw. kulturelle Nähe. Das merkt man spätestens dann, wenn man zur Zeit der Sommersonnenwende an der Nordküste, auf Orkney oder auf den Shetlands unterwegs ist. Zum ersten Mal habe ich hier oben Tage erlebt, die einfach nicht enden wollten, lange, träge Sommertage mit einem ganz eigenen Zauber, den man gedanklich eher für eine Kindheit à la Astrid Lindgren in Schweden reserviert hat. Doch auch in Schottland gibt es sie, diese eigentümlich strahlenden Sommertage, in denen die Sonne – wenn überhaupt – nur kurz im Meer verschwindet, um sofort wieder neu daraus aufzutauchen.

Als ich einmal Ende Juni eine Nacht in Thurso, an der Nordküste von Schottland, verbrachte – einem unscheinbaren Ort, der seine Bedeutung nur aus der Fährverbindung nach Orkney zieht –, konnten sich die Menschen am Polarkreis gerade des Phänomens der Mitternachtssonne erfreuen. Ganz so eindrucksvoll, dass man die ganze Nacht über die Sonne beobachten könnte, wie sie gemächlich über den Horizont wandert, ist es in Schottland zwar nicht, aber dunkel wurde es trotzdem nicht. Thurso liegt bei etwa 59 Grad nördlicher Breite, also ungefähr auf einer Höhe mit Stockholm. Sehen kann man die Mitternachtssonne zwischen dem 12. und dem 29. Juni schon ab 66 Grad nördlicher Breite, also etwa ab Mo i Rana in Norwegen. Der nördlichste Punkt Schottlands liegt übrigens auf der Shetland-Insel Unst bei 60,83 Grad nördlicher Breite.

Nachdem unbemerkt die Schlafenszeit hereingebrochen war und ich mich in meinem Hostelzimmer unter dem Dachfenster ins Bett gelegt hatte, wartete ich vergeblich darauf, dass es endlich dunkel wurde. Es sollte eine unruhige Nacht werden, denn ich kämpfte mich immer wieder wach, um zu sehen, ob es tatsächlich immer noch hell war. Wenn es zwischendurch dunkel gewesen sein sollte, habe ich diesen kurzen Moment wohl verpasst. Was mich anging, vergingen die beiden Tage an der Nordküste ohne Nacht und hinterließen mich zugleich seltsam erschöpft und vollkommen überdreht. Ich war überfordert von den Möglichkeiten, die solch endlose Sommertage plötzlich boten. Umso mehr, als mir ein Freund berichtete, er habe mit seiner Freundin etwa zur gleichen Zeit in den nördlichen Highlands gecampt und abends vor dem Zelt gesessen, Wein getrunken, Karten gespielt und auf das Meer geblickt. Als sie endlich müde geworden und ins Zelt gekrochen seien, habe die Uhr bereits vier Uhr morgens angezeigt, ohne dass sie auch nur den Hauch einer Ahnung gehabt hätten, dass es schon so spät war.

Selbiger Freund lud mich etwa einen Monat später ein, mit ihm und ein paar Freunden zu seinem Cottage in Easter Ross, etwa eine Stunde nördlich von Inverness, zu fahren. Zu diesem Zeitpunkt hatte sich die Mitternachtssonne zwar schon wieder hinter den Polarkreis zurückgezogen, und das Cottage befand sich viel weiter südlich als Thurso, doch der Abend, den wir am Strand verbrachten, schien dennoch kein Ende zu nehmen. Es muss gegen halb zwölf gewesen sein, als wir uns dazu entschlossen, im Meer baden zu gehen. Wobei die Formulierung »baden gehen« hier falsche Vorstellungen weckt: Wir rannten kreischend und schreiend ins eiskalte Wasser, tauchten unter, spritzten und planschten für ein paar Minuten, um dann bibbernd und frierend wieder an den Strand zu rennen. Eingewickelt in unsere Handtücher, standen wir dann dort und sahen auf das Meer, wo eine Delfinschule gerade mit der Jagd begonnen hatte.

Ja, solche kitschigen Momente kann es geben, wenn der Tag (fast) ohne Nacht vergeht und verrückte Ideen und tolle Chancen plötzlich mehr Zeit und Raum haben, Wirklichkeit zu werden.

VI

WENN SIE RICHTIG WAS ERLEBEN WOLLEN

84. GRUND

Weil Schotten wissen, wie man eine Party schmeißt

Die Schotten wissen, wie man eine Party schmeißt! Für den Beweis dieser These reicht es, an einem beliebigen Freitag- oder Samstagabend durch das Zentrum einer ebenso beliebigen schottischen Stadt zu laufen. Was an ruhigen Abenden einem ausgelassenen deutschen Junggesellinnenabschied gleicht und in den wildesten Nächten etwa mit dem Karneval in Köln zu vergleichen ist, ist jedoch nicht Spaß allein. Es ist das Ergebnis harten Trainings und strenger Auflagen, in deren Rahmen die ganze Feierfreude dieses geselligen Volkes nach der größtmöglichen Entfaltung strebt. Schuld daran, so seltsam es klingt, sind die sogenannte Curfew, eine Ausgangssperre, die der Partylaune ein jähes Ende setzt, und das Verbot, Alkohol an öffentlichen Plätzen zu konsumieren. Zwei Hindernisse, denen zum Trotz die findigen Schotten eine ganz eigene Strategie für einen ausgelassenen Abend entwickelt haben.

Schottische Pubs läuten bereits kurz vor elf Uhr abends zur letzten Runde. Wer also rechtzeitig ein gewisses Trunkenheitslevel erreicht haben will, um anschließend im Club den Mut aufzubringen, auf die Tanzfläche zu gehen, der muss früh (mitunter schon zu Hause) anfangen und schnell trinken – am Wochenende eine Art Volkssport mit großem Unterhaltungswert. Relativ kurze Zeit auf diese *last bell* folgt dann der Moment, in dem die Clubs niemanden mehr einlassen. Es gibt also in fast allen schottischen Innenstädten jenen denkwürdigen Augenblick, in dem die Pubs schließen und das feierlustige Volk lautstark in die Clubs weiterzieht. Und auch hier feiert man mit der Stoppuhr, denn länger als bis drei oder vielleicht noch vier Uhr hat außerhalb der Metropolen Edinburgh, Glasgow und Aberdeen kein Club geöffnet. Eine schottische Partynacht ist also ein stark komprimiertes Vergnügen: Alles, wofür wir hier die ganze Nacht Zeit haben, muss dort innerhalb weniger Stunden passieren. Und es funktioniert!

Doch das schottische Partyleben ist mehr als nur kurze Röcke, High Heels, absurde Kostüme, Krönchen und *Haggis bombs.* Es gibt auch noch eine andere Seite, die für Schottland-Besucher mindestens ebenso faszinierend sein dürfte. Was dem heutigen Partyvolk nämlich Pubs, Happy Hour und Nachtclub sind, war den Schotten früher das *cèilidh.* Zum *cèilidh* (oder *céilí*) kommen in einigen entlegenen Regionen auch heute noch Nachbarn, Freunde, Verwandte und Bekannte zusammen, um gemeinsam Musik zu machen, zu singen, zu tanzen, Geschichten zu lauschen, alte Gedichte und Legenden vorzutragen und gemeinsam Rätsel zu lösen. Ein fröhliches, lautstarkes, geselliges Beisammensein mit viel Tradition, das früher vor allem eine willkommene Abwechslung im mitunter sehr eintönigen, arbeitsamen Leben der Hochland-Crofter war, heute aber zu den Dingen gehört, die ein Besucher unbedingt erlebt haben sollte. *Cèilidhs* sind schottische Tradition und Kultur in Reinform, ganze Jahrhunderte eingefangen in Liedern, Gedichten und Geschichten.

Dass dabei auch Whisky und Ale in Strömen fließen dürfen, ausgelassen und mit rot glühenden Wangen getanzt und aus vollem Halse gesungen wird, versteht sich wohl von selbst. Denn die Schotten wissen einfach, wie man eine richtige Party schmeißt – und sie laden gern jeden dazu ein. Deshalb mein Tipp: Nehmen Sie diese Einladung an, wenn Sie sich Ihnen bietet.

85. GRUND

Weil man auch mal ganz mit sich allein sein kann

Jetzt habe ich schon so viel über die Liebenswürdigkeit und Gastfreundschaft der Schotten geschrieben und darüber, wie einfach es ist, hier tolle Menschen kennenzulernen, mit denen man ganz viel unternehmen kann – und dabei noch gar nicht erwähnt, was ich an Schottland etwa genauso sehr liebe: das Alleinsein. Nicht *alleine* sein im Sinne von *einsam* sein. Nicht traurig in einem dunklen Zimmer sitzen und das eigene Zuhause vermissen. Sondern bewusst allein sein – und es genießen. Das erfordert für manche Menschen ein bisschen Übung und manchmal sogar ein bisschen Mut, sorgt aber dafür, dass die eigene Wahrnehmung deutlich geschärft wird. So schön es auch ist, sich gegenseitig auf besondere Ausblicke und Eindrücke hinzuweisen und gemeinsame Erinnerungen zu sammeln, so schön ist es, auch einmal nichts sagen zu müssen und einfach nur zu genießen.

Womöglich hat es etwas mit meinem besonderen Hang zur Dramatik (und zur Filmmusik) zu tun, aber ich hatte immer das Gefühl, dass sich das *Schottland-Gefühl* – wer schon mal in Schottland war, weiß, was ich damit meine, alle anderen werden es schon bald wissen – am ehesten dann einstellt, wenn man ganz mit sich allein ist und dazu die richtige Musik hört. Das ist Schottland für Fortgeschrittene! Dieses Kopfkino ist einfach unbezahlbar und fügt der realen Landschaft eine Fantasie-Ebene hinzu, auf der Gegenwart und Vergangenheit verschwimmen. Dann ist auf einmal ganz klar, warum sich in Schottland bis in unsere Zeit hinein der Glaube an Feen, Kobolde und Naturgeister erhalten hat. Ganz so, als hätte die Landschaft nur darauf gewartet, dass Runrig, Clannad, Loreena McKenneth und Co. mit ihrer Musik einen Schlüssel schaffen und dem Besucher Zutritt in diese magische Parallelwelt gewähren. Wahlweise funktioniert das auch mit Hans Zimmers *King Arthur*-Soundtrack, Amy McDonald oder der schottischen Band Martin & James.

Solche esoterischen Gedanken (und jede Menge inspirierende Ideen) kommen einem übrigens auch nur, wenn man alleine unterwegs ist und endlich einmal die Ruhe und Muße hat, sich auf das einzulassen, was Schottland unweigerlich in seinen Urlaubern hervorruft. Das Schottland-Gefühl eben. Das kann man nicht beschreiben, das muss man erfahren. Am besten allein. Wenn auch nur für einen Nachmittag. Probieren Sie es mal aus.

86. GRUND

Weil die Highlands nicht die Alpen sind

Ja, die Tatsache, dass die Highlands nicht die Alpen sind, ist für mich tatsächlich ein Grund, Schottland zu lieben. Nicht, weil ich die Alpen nicht mögen würde. Im Gegenteil: Ich finde sie wunderschön. Aber die Berge Schottlands sind anders. Weniger gezähmt, weniger Idylle, weniger Heidi und Großvater und weniger Blumenwiese. Und – und das ist das, was ich daran wirklich liebe – sie sind touristisch bei Weitem nicht so gut erschlossen wie die Alpen. Es gibt ganze Abschnitte in den Highlands, da wird man vergeblich nach einer Möglichkeit zum Einkehren suchen, Gegenden, in denen einem keine Menschenseele begegnet, Regionen, die vollkommen unbewohnt sind, atemberaubende Bergseen, die so einsam daliegen, dass man sich glatt einreden könnte, man wäre der Erste, der sie entdeckt. Solche Gebiete gibt es in den Alpen auch, mögen Sie einwenden. Und da haben Sie sicher recht, aber dort muss man schon recht weit hinaufsteigen, um eine solche Ruhe und Einsamkeit zu finden – und selbst dann gibt es auf vielen Gipfeln noch Gedränge.

Die Schotten machen einfach kein großes Aufheben um die Wunder der Highlands. Deshalb kann es tatsächlich schon mal vorkommen, dass man zum Beispiel am spektakulären *Corrieshalloch Gorge* einfach vorbeifährt, weil man einen riesigen Parkplatz, Imbiss-Buden und Souvenir-Geschäfte erwartet hat, die ankündigen, dass es dort *wirklich* etwas zu sehen gibt. Stattdessen gibt es nur ein schlichtes Schild, einen schmalen Parkstreifen am Straßenrand und ein simples Drehkreuz, das nachts abgeschlossen werden kann, damit niemand versehentlich in die 60 Meter tiefe Schlucht tappt. Kein Tickethäuschen, keine Tourguides, niemand, der einem etwas verkaufen will – nur hin und wieder eine Gruppe Touristen, die zur bedrohlich wirkenden Hängebrücke hinabkraxelt und dann wieder verschwindet. Auch die Seen des Hochlands liegen in der Regel verlassen da. Einmal abgesehen von Loch Morlich in den Cairngorms, Loch Ness, Loch Lomond, Loch Tay und Loch Katrine kann ich mich an keinen See erinnern, der rege befahren worden wäre. Vor allem die stillen Lochs der westlichen Highlands, Loch Maree und Loch Shin zum Beispiel, wirken beinah unberührt, geradezu jungfräulich. Keine Bootstouren über die spiegelglatte Oberfläche, keine Motorboote, keine Segler. Hin und wieder vielleicht ein Stand-up-Paddler oder ein Kanu-Gespann, doch sie sind die Ausnahme.

Vielleicht haben die Schotten vergessen, dass es Möglichkeiten gebe, diese Landschaft exzessiv touristisch zu nutzen und noch mehr aus ihr herauszuholen. Vielleicht – und das ist wahrscheinlicher – haben sie aber auch einfach kein Interesse daran und wissen, dass die Menschen, die hierherkommen, eben *deshalb* kommen, weil Schottland so ursprünglich anmutet, weil man das Gefühl hat, noch in echter, unberührter Natur zu sein – und nicht in einer Art Themenfreizeitpark für landschaftliche Schönheit, in dem idyllische Holzhütten ständig zum gemütlichen Beisammensein einladen. Nicht auf Schritt und Tritt etwas kaufen oder Eintritt bezahlen zu müssen, angequatscht zu werden, von Menschenmassen umgeben zu sein, von Angeboten und Reizen überflutet zu werden – das ist das Angebot, das die Highlands ihren Besuchern machen – und dafür zahlt man letztendlich, wenn man hier seinen Urlaub verbringt.

Wer sich an der Vorstellung erfreuen kann, sein mitgebrachtes Lunch ganz allein auf einem Kiesstrand in der Nähe von Ullapool einzunehmen, mit dem Rücken gegen ein umgedrehtes Fischerboot gelehnt, weit und breit kein Imbiss oder Restaurant in Sicht, und die Nacht in einer einsamen und geradezu primitiven *bothy* ohne jede Bewirtschaftung zu verbringen, der ist in Schottland genau richtig. Wem das Gefühl von Weite, Abenteuer und Einsamkeit aber Bauchschmerzen bereitet, der ist vielleicht in einem Bergdorf in den Alpen oder wenigstens in den Lowlands und Städten von Schottland doch besser aufgehoben.

87. GRUND

Weil man die schottischen Berge sammeln kann

Beim Stichwort »Berge in Schottland sammeln« sollte es nun im besten Fall bei Ihnen klingeln. Vielleicht erinnern Sie sich noch daran, welche Mühe sich die Schotten bei der Benennung und Bestimmung ihrer Berge gegeben haben, und an den Hinweis auf das *Munro-bagging.* Dieses Thema verdient noch einmal gesonderte Aufmerksamkeit, denn neben dem Whisky hat *Munro-bagging* das höchste Suchtpotenzial in ganz Schottland. Wer einmal damit angefangen hat, wird nicht eher ruhen, als bis er alle 282 *Munros* auch tatsächlich eingetütet hat. *Eintüten* heißt in diesem Fall jedoch, 282 Gipfel mit mindestens 914,4 Metern Höhe zu besteigen. Ohne Hilfsmittel, ohne Aufzug und ohne Sauerstoffmaske. Und wo man schon einmal dabei ist, kann man dann eigentlich gleich noch alle *Corbetts*, *Grahams*, *Donalds* und *Marilyns* einsammeln, die so auf dem Weg liegen. Was man hat, das hat man.

Ich selbst verspürte, obwohl ich sehr gerne durch die Highlands wandere und auch vor dem einen oder anderen Berg nicht zurückschrecke, nur ein Mal das Bedürfnis, mich selbst an einem *Munro* zu versuchen. Eine wahre Schnapsidee, die abends im Pub entstand, als sich zwei Freunde von mir früh verabschiedeten, weil sie am nächsten Tag einen *Munro* bezwingen wollten. Warum nicht, dachte ich mir. Gemütlich aufstehen, in die Berge fahren, ein bisschen spazieren gehen und die Aussicht genießen, und pünktlich zum

Abendessen nach Inverness zurückkehren. Dieser Zahn wurde mir jedoch schnell gezogen: Der Plan war, in aller Herrgottsfrühe aufzubrechen und möglichst schon vor dem Mittag auf dem Gipfel zu sein. Eingedenk der gut anderthalb Stunden Fahrzeit zum Berg zog meine Spontanität ganz schnell den Schwanz ein und holte sich noch einen Whisky.

Auch wenn so mancher Urlauber mit Alpenerfahrung und gut gefülltem Gipfelbuch einen Schluckauf davon bekommt, wenn er das jetzt liest, sollte gesagt werden, dass die schottischen *Munros* nicht auf die leichte Schulter zu nehmen sind. Die Highlands können auf eine Weise tückisch sein, die umso gefährlicher ist, als sie im Gewand verhältnismäßig kleiner, unscheinbarer Berge daherkommt. Wenn das Wetter umschlägt – und das passiert in Schottland gefühlt alle 20 Minuten –, kann aus einem gemütlichen Spaziergang durch die Berge ein echtes Abenteuer werden. Wer schlau ist, beharrt deshalb nicht auf seinen Plänen, wenn der Wind auffrischt, Nebel aufsteigt, dicke Wolken heraufziehen und die Sicht schwindet. Falscher Ehrgeiz mag schon so manch enthusiastischen *Munro-bagger* in Lebensgefahr gebracht haben.

Erfahrene Sammler wissen das und studieren deshalb nicht nur die Wettervorhersage aufs Genauste, sondern hinterlassen auch in ihrer Unterkunft, bei Freunden oder Verwandten eine Information darüber, wohin sie unterwegs sind und wann sie wiederzukommen gedenken. So kann im Notfall gezielt ein Suchteam losgeschickt werden. Das *CLIVE*-Formular *(Climbers location & identity verification envelope)* und das *Going to the Hills*-Formular sorgen dafür, dass Sie keine wichtige Information vergessen. Beide Vordrucke können auf der Website von *Walkhighlands* heruntergeladen werden. Dort gibt es auch viele weitere nützliche Tipps zur Vorbereitung auf Ihre *Munro*-Wanderungen. Warme wind- und wasserdichte Kleidung (inklusive Handschuhe und Mütze zu jeder Jahreszeit) gehören demnach ebenso in den Rucksack wie kurze Hosen und Shirts, Sonnencreme und Basecap.

Neben *Avon Skin So Soft*, jener Bodylotion, die Ihnen die *midges* vom Hals hält, sollten Sie außerdem eine Taschenlampe, eine Trillerpfeife (Notsignal: sechs kurze Pfiffe oder sechsmal aufleuchten mit der Taschenlampe), eine gute Karte im Maßstab 1:50.000 (und die Fähigkeit, sie zu lesen) und ein Erste-Hilfe-Set dabeihaben. All das erhalten Sie für wenig Geld in jedem Outdoor-Shop in den Highlands. Feste Schuhe und ausreichend Proviant müssen wohl nicht extra erwähnt werden, aber sicher ist sicher. Dieser Art sensibilisiert für die Gefahren des *Munro-baggings* kann ich Ihnen jetzt auch das Schöne daran verraten: Sie werden es lieben! Draußen, in der Wildnis der Highlands, unterwegs sein, allein mit schottischer Natur und schottischer Geschichte, das Gefühl von Freiheit genießen und dabei noch die befriedigende Genugtuung erfahren, eine To-do-Liste abzuarbeiten – wie könnte man nicht süchtig danach werden? Es ist also lediglich im Rahmen eines Suchtpräventionsprogrammes zu sehen, wenn ich mich selbst noch nicht auf die *Munros* gestürzt habe. Aber wer weiß, wie lange ich noch standhalten kann?

88. GRUND

Weil man beim Wandern mit Schottland verschmilzt

Ich stelle mal eine mutige Behauptung auf: Wer in seinem Urlaub nicht wenigstens ein paar Kilometer gewandert ist, der hat das Schönste an Schottland verpasst. Es muss ja nicht gleich *Munro-bagging* sein, aber es geht einfach nichts über das Gefühl, eins mit der Landschaft zu werden und in dieser natürlichsten Form der Fortbewegung wirklich ein Teil von ihr zu werden. Sicher kann man das auch, wenn man sich bewegungslos an den Wegesrand hockt und wie ein Stein mit der Landschaft verschmilzt, aber der Spaß- und Erlebnisfaktor ist natürlich wesentlich höher, wenn man sich auf den eigenen zwei Beinen einen Weg durch die Wildnis bahnt. Ich stelle mir dabei gern vor – wie Claire in der *Outlander*-Saga von Diana Gabaldon –, 200 Jahre in die Vergangenheit gereist zu sein und durch nahezu unberührte Natur zu stapfen. Es gibt viele Orte in den Highlands, an denen man sich tatsächlich umsehen kann, ohne auch nur einen einzigen Hinweis auf die Zivilisation zu erblicken – mal von den grellen Neonfarben der eigenen raschelnden Funktionskleidung und der modernen Wanderausstattung abgesehen. Doch sonst ist da nichts: Nur Natur und ein kleiner Mensch, der seinen Platz in ihr zugewiesen bekommt.

Das Schöne am Wandern in Schottland ist, dass man wirklich überall hinkommt. Der *Outdoor Access Code* gewährt jedem ein allgemeines Zugangsrecht zu den Schönheiten der schottischen Natur, ausgewiesene, umzäunte Privatgrundstücke natürlich ausgenommen. Hier bewegt man sich so frei wie nirgendwo sonst – in Deutschland ein Ding der Unmöglichkeit. Wer über die Fähigkeit verfügt, sich sicher im offenen Gelände zu bewegen und anhand einer Karte zu navigieren, wer Warnsignale des Wetters richtig interpretieren, sumpfigen Moorlandschaften ausweichen kann und über genügend Proviant verfügt, der kann in Schottland tagelang querfeldein wandern, als gäbe es in der Welt nichts anderes als diese so unberührt wirkende Wildnis. Alle anderen folgen aber besser den ausgewiesenen Wanderwegen. Von denen gibt es in Schottland Gott sei Dank genügend, sodass sich die unbedarfteren Sonntagswanderer nicht permanent auf den Füßen herumtreten. Es müssen dabei nicht gleich die legendären Fernwanderwege Schottlands sein – der *West Highland Way*, der *Great Glen Way* oder der *Speyside Way* –, auch Tagestouren erfüllen durchaus ihren Zweck, den Besucher der schottischen Natur näherzubringen.

Ein Reiseführer, der sich auf Wanderwege in Schottland spezialisiert hat, ist durchaus zu empfehlen, doch die erste und wichtigste Anlaufstelle für die Routenplanung ist immer die Touristeninformation vor Ort. Hier liegen Broschüren aus, die die schönsten Wanderwege der Region vorstellen und genaue Informationen zur Route geben. Und wenn Ihnen das noch nicht reicht, sind die unendlich geduldigen Mitarbeiter der Touristeninformationen mitunter sogar bereit, das Ganze Schritt für Schritt mit Ihnen durchzusprechen und Ihnen noch den einen oder anderen Hinweis mit auf den Weg zu geben. Das habe ich tatsächlich schon erlebt und als sehr hilfreich empfunden. Eine gute Alternative zu dieser persönlichen Beratung ist die Recherche auf *walkhighlands.co.uk. Walkhighlands* ist eine großartige Fundgrube für Wanderungen jeglicher Länge. Von 20-minütigen Touren für die kleine Dosis Naturerlebnis zwischendurch – tief durchatmen, genießen und weiter geht's! – bis hin zu Ein- und Mehrtageswanderung kann man sich für die jeweilige Region alles anzeigen lassen, was sich zu Fuß erlaufen lässt. Weil ich häufig allein unterwegs bin, bevorzuge ich kurze bis mittellange Routen, wobei man allein in der Regel noch schneller ist, als es die Website angibt.

Am Ausgangspunkt der Wanderungen angekommen, muss man meistens nicht lange nach Wegmarkierungen suchen. Ob Cairngorms-Nationalpark oder die Hänge rings um Loch Maree: Fast überall gibt es gute Übersichtskarten für die Wanderwege der näheren Umgebung, die in unterschiedlichen Farben markiert sind. Diesen Markierungen durch die Bergwelt zu folgen ist in der Regel ein Kinderspiel, sodass man sich auch mitten in der Wildnis sicher aufgehoben fühlt. Vorausgesetzt natürlich, man ist entsprechend ausgestattet und gegen alle Eventualitäten gewappnet. Hier gilt das Gleiche wie überall sonst auf der Welt. Viele von uns haben da sicher gleich ihre eigene Mutter im Ohr, die auf einen Zwiebel-Look besteht, sodass man sich je nach Wetterlage aus- oder anziehen kann. Wasserfeste Kleidung ist – wenigstens im Rucksack – immer ein Muss, ganz egal, wie schön das Wetter am Morgen auch aussieht.

Das Gleiche gilt für eine Kopfbedeckung und gute wasserdichte Wanderschuhe, die bis über die Knöchel gehen. Packen Sie außerdem ausreichend zu trinken und zu essen ein. Wenn Sie sich dann noch an den *Outdoor Access Code*, der sich kurz mit *Take nothing but pictures, leave nothing but footprints* umreißen lässt, halten, ist Ihnen das Wandervergnügen sicher.

89. GRUND

Weil das Great Glen kein Ende nimmt

Wenn Wandern ohnehin auf der To-do-Liste für den Urlaub steht, warum sich dann nicht gleich höhere Ziele stecken und eine Fernwanderung planen? Denn wie bereits gesagt: Große Ziele werden hier besonders belohnt. Der *Great Glen Way*, der sich wie eine Lebensader quer durch Schottland zieht, ist so ein großes Ziel. Das Great Glen selbst, eine tektonische Verwerfung, die sich von Fort William bis Inverness quer durch das schottische Hochland zieht, ist schon eine Attraktion für sich: Nicht nur, dass sich Mutter Erde hier mitunter gern einmal austobt und die Schotten spüren lässt, dass die Highlands auch seismisch gesehen ein ziemlich raues Pflaster sind – mehrere Erdbeben der Stärke 4 auf der Richterskala erschüttern die Region jedes Jahrhundert –, spannend sind auch die Seen, die das Tal beinah zur Gänze ausfüllen.

Einst vom Great-Glen-Gletscher geschaffen, ist das Trogtal heute Auffangbecken dreier bedeutender Seen: Von West nach Ost reihen sich hier der Loch Lochy, der Loch Oich und der Loch Ness aneinander. Drei Seen, die eine herrliche Kulisse für einen der schönsten Wanderwege der britischen Insel bieten: den *Great Glen Way*. Der 127-Kilometer-Wanderweg, der sich durch verhältnismäßig flaches, einfaches Gelände zieht, präsentiert sich als ideale Herausforderung, wenn man sich in seinem Urlaub ambitionierte Ziele setzen will, ohne sich dabei vollkommen zu verausgaben. Wer auf dem *Great Glen Way* wandert, der stellt das Naturerlebnis in den Vordergrund und hat auch gegen ein bisschen Mainstream-Sightseeing nichts einzuwenden. Immerhin liegen einige der wichtigsten Sehenswürdigkeiten Schottlands direkt an der Strecke, darunter der Ben Nevis, der höchste Berg der Insel, Loch Ness und Urquhart Castle.

Überlassen Sie die wilden, einsamen Gipfel der Highlands denen, die nie genug Adrenalin in den Adern haben können. Sie sollen an schroffen Klippen klettern und ungezähmte Pässe überqueren. Für die meisten Schottland-Urlauber, die sich an der frischen Luft bewegen und Schottland hautnah erleben wollen, ist der *Great Glen Way* schon Herausforderung genug. Oder wann sind Sie zum letzten Mal sieben Tage am Stück gewandert? Bei einer Gesamtlänge von 127 Kilometern sind das mehr als 18 Kilometer am Tag – und das sollte man wirklich nicht unterschätzen, wenn man den Tag sonst gemütlich auf einem Bürostuhl verbringt und nur zweimal in der Woche ins Fitnessstudio geht. Plötzlich werden Muskelpartien aktiviert, von denen Sie bislang noch nicht einmal ahnten, dass Sie sie haben. Doch keine Sorge: Der *Great Glen Way* ist ein Fernwanderweg mit verhältnismäßig geringem Frustrationspotenzial und einer beglückend hohen Zufriedenheitsrate.

Sollten Sie aber überraschenderweise feststellen, dass Sie sich langweilen und nicht genug gefordert fühlen, bieten die umliegenden *Munros* und *Corbetts* ausreichend Gelegenheit, sich kurz auszutoben, bevor Sie zum Fußvolk auf dem *Great Glen Way* zurückkehren. Dafür können Sie die Tour nach Belieben ausweiten, ein oder zwei Tage an einer Station haltmachen oder unterwegs nach Umwegen und Herausforderungen suchen und so den Wanderweg ganz an Ihre individuellen Vorstellungen von einem Aktivurlaub anpassen. Alternativ absolvieren Sie die Strecke abschnittsweise oder zur Gänze mit dem Fahrrad oder mit dem Kanu auf dem Wasserweg und verschaffen sich auf diese Weise ein bisschen Abwechslung. Achten Sie dabei aber darauf, dass zwischendurch immer noch Zeit zum Atmen und Umschauen vorhanden ist, denn nur so kommen Sie in den Genuss einer ganzen Bandbreite von Attraktionen, die sich dem unaufmerksamen Autofahrer niemals offenbaren würden. Das *Highland Council Countryside Ranger Team* hat dafür eigens eine Karte erstellt, die Sie auf *outdoorhighlands.co.uk* herunterladen oder in den Touristeninformationen entlang des Weges erfragen können.

So ausgestattet, werden Sie sich wünschen, das Great Glen würde niemals ein Ende nehmen und Sie könnten ewig durch die gezähmte Wildnis zwischen den Grampian Mountains und den Northwest Highlands wandern.

90. GRUND

Weil das Glück auf dem Rücken eines schottischen Pferdes liegt

Es müssen aber nicht immer die eigenen Füße sein, die den Besucher durch die Natur tragen. Mitunter ist es vollkommen in Ordnung, sich dafür vierbeinige Unterstützung zu holen. Es war immer so etwas wie ein Jungmädchentraum von mir: ein Ritt durch die Highlands – am besten querfeldein, ohne Sattel und in Begleitung eines starken Highlanders. Ein Traum, der in der Realität einige Tücken birgt, denn querfeldein ist im schottischen Hochland einfach nie eine gute Idee. Ohne Sattel schon gar nicht – starker Highlander hin oder her!

Und wenn doch, sollte man sich richtig gut auskennen und nicht gleichzeitig noch alle Hände voll damit haben, sein Pferd am Fressen zu hindern. Beides kann ich von mir nicht behaupten. Irgendetwas an meiner Präsenz auf einem Pferderücken scheint jedem Tier der Welt zu sagen: »Hier gibt es nichts weiter zu tun. Ich kann grasen.« Dennoch war ich begeistert, als eine Freundin vorschlug, eine geführte Reittour durch den Cairngorms-Nationalpark zu unternehmen. Hier hat man nämlich längst entdeckt, dass sich mit dem Traum vom Reiten durch die Highlands Geld verdienen lässt.

Und dass man auf diese Weise eine Menge Frauen und Mädchen zum Strahlen bringen kann.

Dementsprechend groß ist das Angebot an Reitställen, die geführte *Horse* oder *Pony Trekking*-Touren durch die Berge anbieten. Am besten ist es wohl, man sucht nach einer Gegend, die man besonders reizvoll findet, und wählt danach den jeweiligen Anbieter aus. Im Stall angekommen, gibt es für den Besucher in der Regel nicht viel mehr zu tun, als auf Tuchfühlung mit seinem Pferd zu gehen, den Reithelm aufzusetzen und sich in den Sattel zu schwingen. Wer kein erfahrener Reiter ist, wird dankbar jeden Hinweis des Tour-Guides annehmen und froh sein, dass die meisten Tiere, die für diese Touren herausgegeben werden, nur sehr schwer auf Trab zu bringen sind – im wahrsten Sinne des Wortes. Sie sind vielmehr verlässliche Hochseeschiffe, die Sie in stetem Tempo gemächlich durch die Landschaft tragen und deren gleichmäßige Bewegungen im Laufe der Zeit in den eigenen Körper übergehen.

Solange man sein Pferd daran hindern kann, sich bei jeder sich bietenden Gelegenheit zum Fressen in die Büsche zu schlagen, ist alles gut. Ein Konflikt, bei dem ich – zugegebenermaßen – des Öfteren den Kürzeren gezogen habe. Nichts schmeckt eben so gut wie das frische Gras des Hochlands. Wer im Reiten geübt ist und sich in den Highlands bei einem schnellen Ritt ordentlich verausgaben will, kann das natürlich ebenfalls tun. Der bekommt ein gut ausgebildetes Pferd zugewiesen, das Temperament hat und seinem Reiter beinah jeden Wunsch erfüllt. Auf diese Weise kommen beim Reiten in den Highlands alle auf ihre Kosten und können auch ab und zu mal den Blick heben, um die Landschaft zu genießen, der man sich eigentümlicherweise auf dem Rücken eines Pferdes näher fühlt als auf den eigenen zwei Beinen. Nach wahlweise ein bis zwei Stunden ist für ungeübte Reiter dann der Punkt erreicht, an dem nichts mehr geht und alles wehtut. Nur wenige Touren dauern einen halben oder gar einen ganzen Tag, doch wer die notwendige Kondition und Leidensfähigkeit mitbringt, wird auch hier fündig.

Ja, sicher, wir ritten nicht im gestreckten Galopp durch die Täler, mein langes Haar wehte nicht filmreif im Wind, statt eines wallenden Rockes trug ich eine regennasse Hose, und auch die Filmmusik von Hans Zimmer fehlte, aber es war ein unvergesslicher Tag in den Highlands – und eine großartige Naturerfahrung, die ich wirklich nur empfehlen kann.

91. GRUND

Weil das Golfspiel in Schottland zu Hause ist

Es gibt Menschen, die kommen nicht deshalb nach Schottland, weil sie die Aussicht genießen, durch die Highlands spazieren, von Insel zu Insel hüpfen oder durch die Destillerien des Landes touren wollen. Sie sind auch nicht auf der Suche nach dem Monster von Loch Ness oder gehen der Frage nach, was der Schotte unter dem Kilt trägt. Sie wollen keine *Highland Games* besuchen, nicht das *Edinburgh Military Tattoo* erleben und, nein, auch keine Steinkreise erkunden. Für diese Menschen ist Schottland vor allem eins: die Heimat des Golfsports. Offiziell erfunden wurde der vermeintlich entspannte Sport der Reichen und Schönen, in der Form, wie er heute gespielt wird, nämlich in Schottland.

Zwar gibt es auch Theorien, denen zufolge das Golfen wahlweise in Holland, Frankreich, Brüssel oder Flandern erfunden wurde, und auch im alten Ägypten, im antiken Rom und im Fernen Osten soll man bereits eine Art Golf gespielt haben, doch von all den Vorläufern des heutigen Golfspiels hat sich nur jene Variante durchgesetzt, die erstmals im 15. Jahrhundert in Schottland Erwähnung fand. Damals nämlich verbot James II. seinen Untertanen 1457 *ye fut bawe and ye golf*, also das Fußball- und das Golfspielen. Diese Sportarten hinderten sie nämlich daran, sich durch Kampfübungen auf den Ernstfall vorzubereiten. Das galt aber nicht nur für seine

Soldaten – bei denen es durchaus verständlich gewesen wäre, dass sie sich stattdessen lieber im Baumstammwerfen üben sollten –, sondern für alle Schotten. In jenen Zeiten vielleicht gerade noch sinnvoll wurde das paramilitärische Training der Bevölkerung 1502 jedoch wieder abgeschafft – und das Golfen damit offiziell wieder erlaubt. Von James' Enkel, James IV., ist überliefert, dass er selbst ein begeisterter Golfer war. Darüber gibt eine Rechnung über eigens für ihn angefertigte Golfschläger Aufschluss, die damals im offiziellen Etat des Hofes auftauchte und seinerzeit genauso für einen Eklat sorgte, wie es Urlaubsreisen gewisser Politiker auf Staatskosten heute noch immer tun.

Heute gilt Schottland als das Land, in dem das Herz mit abschlägt, als die unangefochtene Heimat des Golfsports, das Mekka aller Golfer, die auf den ältesten Golfplätzen unserer Erde ihrer Leidenschaft frönen wollen. Am lebendigsten ist die 600 Jahre alte Golftradition in St. Andrews an der Ostküste Schottlands. Ihren Beinamen, *Home of Golf*, trägt die Universitätsstadt mit den eindrucksvollen Ruinen nicht umsonst. 1754 wurde hier mit dem *Royal and Ancient Golf Club of St. Andrews* einer der ersten Golfclubs der Welt gegründet. Der dazugehörige *Old Course* ist der berühmteste und älteste noch genutzte Golfplatz der Welt und alle fünf Jahre Austragungsort der *Open Championship*. Zu diesem namhaften Mega-Event strömen jedes Mal Golfer aus aller Welt in das kleine Städtchen, das demzufolge fast ausschließlich vom Golf-Tourismus lebt und sich vollkommen auf die Bedürfnisse der Golfer eingestellt hat. Wenn das Paradies einen gestutzten Golfrasen hat, dann liegt es in St. Andrews.

Sechs weitere Golfplätze für Spieler jeden Handicaps stehen den Fans des gepflegten Abschlags allein in St. Andrews zur Verfügung. Über ganz Schottland verteilt kommt so schließlich die stolze Summe von 560 Golfplätzen zusammen. Das macht – statistisch gesehen – etwa einen Golfplatz pro Städtchen. Da ist auch für Anfänger etwas dabei, die beim familienfreundlichen *Pitch & Putt* zum ersten Mal Luft auf dem Golfrasen schnuppern wollen. Wer schon einige Übung hat, wird es hingegen kaum erwarten können, auf dem *Turnberry Ailsa* in Ayrshire bei Glasgow zu stehen – wo sich Jack Nicklaus und Tom Watson in der *Open Championship* 1977 einen legendären Wettkampf lieferten –, sich auf dem Golfplatz von Kingsbarns zu versuchen, dem letzten wahren Linkscourse, der schon sehr nah an Perfektion heranreicht, oder sich auf dem *Nairn Golf Club* in Sichtweite des Meeres den besonderen Herausforderungen des wohl besten Golfplatzes in Schottland zu stellen.

Ein unbedingtes Muss für Vollblut-Golfer ist Carnoustie, zwischen Arbroath und Dundee gelegen, ein Golfplatz mit Geschichte. Schon im 16. Jahrhundert wurde der *Course*, der als der schwierigste von allen *Open Championship*-Plätzen gilt, bespielt. Für den legendären US-Profi Walter Hagen war Carnoustie »ein wildes Monster, aber gleichzeitig der großartigste Platz Großbritanniens«[15]. Na wenn das allein nicht schon ein guter Grund ist, nach Schottland zu fahren!

92. GRUND

Weil Adrenalin in Schottland zu Hause ist

Es gibt die Urlauber, die nach Schottland kommen, um in gemütlichen *Bed and Breakfasts* mit Spitzendeckchen und geblümten Tee-Services zu wohnen, mit dem Auto durch die Berge zu fahren, alte Burgen zu besichtigen und die eine oder andere Führung durch eine Destillerie zu machen, um sich für gemütliche Wanderungen durch die Berge zu belohnen. So ein Urlauber bin ich. Und es gibt Urlauber, die nach Schottland kommen, weil hier das Adrenalin zu Hause ist und das Land in dem Ruf steht, die ideale Teststrecke für *crazy stuff* zu sein. Solche Urlauber lassen die Golfplätze links liegen und würdigen auch die in sich ruhenden Sportangler keines Blickes, die sich mit ihren Klappstühlen entlang der wild schäumenden Flüsse niedergelassen haben. Wo andere einfach nur die Natur bewundern, begeben sich die Adrenalin-Junkies in ihren Neoprenanzügen und knallbunten Funktionsklamotten immer direkt in die Höhle des Löwen und lassen kein Abenteuer aus.

Sie stürzen sich beim *white water rafting* in das wild schäumende Wasser der Flüsse und versuchen, mit Paddeln und jeder Menge Geschick der Naturgewalten zwischen Felsen und Wasserfällen Herr zu werden. Sie springen von alten Steinbrücken, Klippen und Felsen in unergründlich tiefe, natürliche Pools, in denen das Wasser vorübergehend zur Ruhe kommt. Sie fahren mit Seakayaks hinaus auf das Meer, wo sie mitunter sogar Wale und Delfine hautnah erleben. Sie tauchen in den kristallklaren Wassern, die den Hebriden einen Hauch von Karibik verleihen, und begegnen dort mit etwas Glück nicht nur Korallen und beachtlichen Algenwäldern, sondern auch bis zu zehn Meter langen Riesenhaien, die diese Gewässer als sanfte Giganten durchziehen. Sie nutzen die spiegelglatten Hochlandseen für eine entspannte Tour auf dem *stand up paddle board* oder treten beim *SUP racing* gegeneinander an. Sie stürzen sich mit ihren Surfbrettern in die Wellen, die vor allem an der Nordküste, bei Thurso, zur Herausforderung werden können. Und sie toben sich an windigen Tagen beim Kite-Surfen an den Stränden so richtig aus. So sagte man es mir zumindest, und so konnte ich es – eingekuschelt in einen warmen Pullover und in meine Komfortzone – immer wieder beobachten.

Aber auch abseits der Seen, Flüsse und Küsten fällt es Abenteurern in Schottland nicht schwer, sich ihren Adrenalin-Kick zu verschaffen. Ob *ice* und *rock climbing* im spektakulären Tal Glen Coe, *paragliding* in Ayrshire, Klettern in den Black Cuillin Mountains, wo der *Inaccessible Pinnacle* eine nahezu unwiderstehliche Herausforderung darstellt, *abseiling* in dramatischen Fels- und Höhlenlandschaften, halsbrecherisches *downhill mountainbiking* am Ben Nevis oder Geschwindigkeitsrausch beim *off-roading* mit Landrover, Quad oder *off-road Segway* – wer nach Herausforderungen und Abenteuern sucht, wird in Schottland auf jeden Fall fündig. Und da habe ich noch nicht einmal vom Winter gesprochen, wenn die Highlands zu einem absolut erstklassigen Skigebiet werden. Hier lässt es sich – zum Beispiel im Cairngorms-Nationalpark oder im Glen Coe – wunderbar die Pisten hinunterwedeln. Wem das zu langweilig ist, der sucht sich abseits der Pisten, beim *off-piste skiing* in der Nevis Range, im Cairngorm Mountain ski resort oder in Glenshee den Kick. *Ski touring* und *gully skiing* im Tiefschnee runden diesen Adrenalin-Cocktail dann ab und geben den Outdoor-Helden etwas, was sie den Daheimgebliebenen, wie mir, mit leuchtenden Augen und roten Wangen erzählen können.

93. GRUND

Weil der Spaß im Wasser erst richtig losgeht

Wo sich die meisten Schottland-Urlauber in ihre warmen Pullover kuscheln, ihre multifunktionalen Windbreaker bis zum Anschlag zuziehen und sich nach einer Tasse heißen Tees sehnen, haben wasseraffine Outdoor-Enthusiasten längst ein Paradies entdeckt, das – obgleich quasi direkt vor der Haustür gelegen – auch für Europäer immer noch so etwas wie ein Geheimtipp ist. Da gibt es die weißschäumenden Wasser der Flüsse Tay, Orchy und Etive, die für Rafter und Kanufahrer ein verlockendes Adrenalin-Versprechen sind und die sich redlich bemühen, jedes Oben in ein Unten zu verkehren. Da sind die verheißungsvollen Gewässer zwischen den Äußeren Hebriden, denen kein Seakayaking-Fan widerstehen kann und die mit ihren zerpflückten Küstenstrichen, ihren Höhlen und einsamen weißen Sandstränden vom Kanu aus zahllose Möglichkeiten zum Erkunden und Entdecken bieten.

Richtig aufregend wird es dann auf dem Surfbrett. So verlockend Bondi und Malibu Beach auch sein mögen, sicher ist, dass es beim Surfen eigentlich nicht darauf ankommt, wie hübsch die Mädels im Bikini aussehen oder wie schön warm doch die Sonne scheint. Nein, es kommt darauf an, was die Wellen zu bieten haben. Und in puncto Wellen kann sich Schottland wirklich nicht beklagen: Hotspots für Surfer finden sich überall entlang der Küste. Vor allem Thurso an der Nordküste hat sich einen Namen als Wellenreiter-Paradies gemacht. Wer hier surft, dem geht es nicht um den Lifestyle oder um das Prestige, der schlendert nicht mit freiem, braun gebranntem Oberkörper, die Beine noch im Neoprenanzug, über den Strand. Nein, der will sich in den Kampf mit den Urgewalten des Meeres stürzen – und bekommt ausreichend Gelegenheit dazu. Gleich unterhalb der wenig ansehnlichen Ruinen von Thurso Castle finden Adrenalin-Junkies einen der schönsten Reef Breaks in Europa. 8 Kilometer weiter westlich wartet Brimms Ness mit exzellenten Bedingungen für Surfer auf. Schon bei recht niedriger Dünung brechen sich die Wellen hier auf eine Weise, die das erfahrene Surferherz zum Schlagen bringt.

Wobei der Fokus hier wirklich auf dem Wort »erfahren« liegt. Sowohl Brimms Ness als auch der Strand von Thurso gelten als sehr anspruchsvolle Surfregionen. Selbst wenn die See überall sonst ruhig ist, toben hier die Naturgewalten. Ähnlich verhält es sich auch mit Torrisdale Bay, wiederum 50 Kilometer westlich von Thurso, wo der River Naver in die Bucht mündet, und mit dem Strand von Valtos auf der Isle of Lewis. Auch in den Wassern vor Fraserburgh, nördlich von Aberdeen, sei Anfängern geraten, in Strandnähe zu bleiben. Die hiesigen Reef Breaks können sonst schnell zur Herausforderung werden. Wer es etwas ruhiger angehen möchte, ist in der Machrihanish Bay am Mull of Kintyre richtig. Surfer lieben die Bucht für ihren abgelegenen Charakter. An kaum einem anderen Ort kann man das Alleinsein mit der Natur und den Wellen so sehr genießen wie auf der vielfach besungenen Halbinsel. Pease Bay, in der Nähe von Dunbar, ist das genaue Gegenteil davon. Hier treffen sich Surfer aller Couleur: Erfahrene Sportler genauso wie Anfänger und Gelegenheitssurfer. Deshalb kann es hier an sonnigen, windigen Tagen wirklich voll werden – und Bondi Beach und Co. scheinen plötzlich gar nicht mehr so weit weg zu sein. So kommt beim Wassersport in Schottland am Ende eben doch noch jeder auf seine Kosten.

94. GRUND

Weil Schottlands Skigebiete beinah Weltklasse sind

Auch nach dem ersten Schnee ist in Schottland noch lange nicht Schluss mit den Outdoor-Abenteuern. Wer vom Skifahren träumt, denkt zwar in der Regel zunächst an die Kitzbüheler Alpen in Tirol, an das Zillertal, an die französischen Alpen und an das Wallis, sollte aber auch die Berge Schottlands in die engere Wahl ziehen. Denn die schottischen Highlands verwandeln sich im Winter in eine gigantische Spielwiese in Zuckerwattenweiß. Von Mitte Dezember bis Mitte April lässt es sich hier vielerorts ganz hervorragend Ski fahren. Vor allem dann, wenn die eigenen Vorstellungen von einem Skiurlaub nicht zwangsläufig überfüllte Skilifte und Mainstream-Pisten beinhalten und unter dem Skianzug ein wagemutiges Pionierherz klopft.

Ganz allgemein lässt sich sagen: Je später der Winter, desto besser die Schneebedingungen in Schottland. Aufgrund ihrer besonderen Lage sind die schottischen Highlands berühmt-berüchtigt dafür, dass sich der Schnee erst im Laufe des Winters aufbaut und dann zu Beginn des Frühjahrs absolute Traumbedingungen bietet. Dabei ist für jeden Schwierigkeitsgrad etwas mit dabei. Wer zum ersten Mal auf Skiern steht oder sich zu Beginn der Saison erst mal wieder an die Bretter gewöhnen will, fährt sich am besten mit den Familien an den Hängen des Lecht Ski Centres im Nordwesten des Cairngorms-Nationalparks warm. Vor der bezaubernden Bergkulisse kann man es hier den einen oder anderen Tag aushalten, bevor man sich in die anspruchsvolleren Skigebiete vorwagt. Die Schneebedingungen sind dafür in der Regel von Januar bis März ideal. Wichtig dabei: Lassen Sie sich von den verhältnismäßig kurzen Pisten nicht abschrecken. Lecht ist ein Geheimtipp, der von vielen Wintersportlern noch unterschätzt wird. Das führt dazu, dass es nur wenige, kurze Warteschlangen gibt und man effektiv mehr Zeit im Schnee verbringt. Das Lecht Ski Centre ist übrigens auch ein guter Tipp, wenn alle anderen Skigebiete wegen Sturm geschlossen sind.

Ganz anders das wohl bekannteste Skigebiet Schottlands: Cairngorm Mountain, im Herzen des Nationalparks. Hier gibt es Pisten und Lifts – und damit auch Warteschlangen – ohne Ende. Dennoch bevorzugen gerade größere Gruppen Cairngorm Mountain, weil hier einfach jeder eine Piste findet, auf der er sich seinen Fähigkeiten entsprechend austoben kann. Zum Mittagessen treffen sich dann alle oben in der Hütte und genießen den Blick über den Nationalpark. Dass die Wartezeiten an Wochenenden und in den Schulferien deshalb ein absoluter Albtraum sind, muss wohl nicht extra erwähnt werden. Wer vermeiden will, jede Abfahrt zum Hindernislauf um Langsamfahrer und Im-Weg-Rumsteher ausarten zu lassen, fährt deshalb gleich nach Glenshee. Das Glenshee Ski Centre am südlichsten Zipfel des Cairngorms-Nationalparks ist das Stiefkind unter den schottischen Skigebieten. Wegen seiner recht niedrigen Lage ist es nicht besonders schneesicher, aber gerade in den letzten Jahren hat sich gezeigt, dass Allrounder zwischen Januar und März hier mit traumhaften Bedingungen rechnen können. Wenn Glenshee zum Ende des Winters hin seine Tore schließt, ist das für die Skifahrer und Snowboarder in der Regel das Signal, noch einmal jede Piste mitzunehmen. Denn dann neigt sich die Saison langsam dem Ende entgegen.

Der Klassiker unter den Skigebieten in Schottland ist Glencoe. Als erstes Skigebiet Schottlands überhaupt gegründet, profitiert das Glencoe Mountain Resort von den natürlichen Gegebenheiten im majestätischen Tal von Glencoe. Hier finden ambitionierte Skifahrer und Snowboarder Pisten mit Ausblick, herrlich altmodische Lifte, sehr freundliches Personal und sogar bei schlechtestem Wetter gute Möglichkeiten zum Skifahren. Vor allem erfahrene Wintersportler kommen hier auf ihre Kosten. Neues ausprobieren und die eigenen Grenzen austesten – dafür ist das Glencoe Mountain Resort ideal. Da kann nur ein einziges schottisches Skigebiet überhaupt mithalten: die Nevis Range. Profis wissen die Hänge rings um den höchsten Berg Großbritanniens vor allem wegen ihrer Weltklasse-Möglichkeiten zum *Off-piste*-Fahren zu schätzen. In der Nevis Range trifft sich, was in der schottischen *Off-piste*-Szene Rang und Namen hat, und wagt sich immer noch einen Schritt weiter, als es nach Meinung unqualifizierter Außenstehender (wie mir) gut für sie sein dürfte. Hier ist man unter sich, hier gibt es keine Warteschlangen und keine Anfänger, die die Pisten blockieren. Hier erlebt man Wintersport in seiner reinsten, wildesten, ursprünglichsten Form und setzt neue Standards im Weltklasse-Ski.

Doch es muss nicht immer die hohe Skikunst sein. In den Skigebieten von Schottland kann man auch als unscheinbarer Durchschnittsskifahrer wahre Glücksgefühle erleben. Probieren Sie es einfach mal aus.

95. GRUND

Weil es Strände gibt, die jede weite Anreise lohnen

Vom eiskalten Weiß zu weißen Traumstränden: Auch hier hat Schottland einiges zu bieten. Tatsächlich gibt es weit oben im Norden Strände, für die es sich lohnt, einen zweieinhalb Stunden langen Fußmarsch zu absolvieren. Und das ist nur der Hinweg! Strände, die es wert sind, dass einem die Füße in den Wanderschuhen schmerzen und man schon zweimal vergessen hat, warum man diese Anstrengung überhaupt auf sich nimmt, bevor man sie endlich erreicht. Strände, die für jede Mühe entschädigen, sobald man einen ersten Blick darauf wirft. Ich gebe zu, dass ich den Fußweg nach Sandwood Bay, am äußersten nordwestlichen Zipfel Schottlands, unterschätzt habe. Ich hatte schon so viel über diesen legendären Traumstrand gehört, den schönsten Sandstrand Schottlands, dass ich nicht einmal im Traum vermutet hätte, welchen Preis man für einen Besuch bezahlen muss. Aber mal ehrlich: Wer würde denn einem Schild glauben, das allen Ernstes behauptet, zwischen dem Parkplatz, der Sandwood Bay *ausweist*, und dem eigentlichen Strand könnten 7 Kilometer (!!) liegen? Stellen Sie sich nur die typische deutsche Familie mit der Ostseeurlaub-Standardausrüstung vor, die sich mit Kind und Kegel 7 Kilometer durch die Dünenlandschaft schleppt, um sich am Ende zu Tode erschöpft in ihre Liegestühle sinken zu lassen.

Nun ja, der Vergleich hinkt vielleicht ein bisschen. Sandwood Bay ist sicherlich kein Strand für den typischen Ostseeurlauber. Wer zweieinhalb Stunden über unbefestigte Wege wandern muss, bevor er überhaupt das Meer sehen kann, nimmt nur das Nötigste mit und sucht vor allem Ruhe und Abgeschiedenheit. Menschenmassen wird man hier wohl selbst beim schönsten Sommerwetter nicht befürchten müssen. In der Sandwood Bay ist man immer allein, denn selbst wenn es doch noch den einen oder anderen hartgesottenen Wanderer an den weißen Traumstrand gezogen haben sollte, kann man sich sicher sein, dass der andere auch lieber allein ist. In dieser Ruhe lässt sich dann das sandige Strandparadies genießen, das geschützt zwischen steilen Felsklippen liegt und mehr einer schmalen Wüste als einem breiten Strand gleicht. Dann sitzt man an diesem gefühlten Ende der Welt, entlässt die schmerzenden, erhitzten Füße aus dem Wanderschuh, gräbt die nackten Zehen in den kühlen Sand und weiß, dass sich der ganze Weg bis hierher gelohnt hat. Jeden Gedanken an den ebenso langen Rückweg schiebt man in diesem Moment erst einmal ganz weit von sich.

Dabei ist Sandwood Bay nur ein Vorgeschmack auf das, was den Besucher der westlichen Inseln, vor allem der Westküste der Äußeren Hebriden, erwartet. Weiße Küstenstriche, die aussehen, als wären sie von einem impressionistischen Maler zwischen die türkisblauen Weiten gehaucht worden; Postkartenmotive, die man vielleicht aus der Südsee kennt, aber ganz sicher nicht in Schottland erwarten würde. Am schönsten zeigen sich diese menschenleeren Urlaubsparadiese aus der Luft, zum Beispiel bei einem Linienflug von Stornoway nach Benbecula. Mit etwas Glück entscheidet sich der Pilot für die *scenic route* entlang der Westküste der Isle of Harris und North Uist. Dann heißt es: einen Fensterplatz ergattern und die Augen aufhalten. Der Sound of Taransay gehört zu den schönsten Stränden der Region. Auch die vorgelagerte Insel Berneray vor North Uist, das kleine Eiland Oronsay und die Westküste der Whisky-Insel, Isle of Islay, warten für staunendes Publikum aus der Luft mit atemberaubenden Strandpanoramen auf. Wer sich nicht darauf verlassen will, dass sich der Pilot ausgerechnet heute für diese Route entscheidet, kann zum Beispiel über die *Hebridean Air Services* ein kleines Flugzeug chartern und einen Rundflug buchen.

An sonnigen, klaren Tagen mag man dann seinen Augen kaum trauen: Irgendwas muss hier schiefgelaufen sein, sicher ist das Flugzeug vom Kurs abgekommen! Unmöglich kann das dort unten noch Schottland sein, jenes Land, das man gemeinhin mit kargen Bergwelten, grünen Wiesen mit weißen Tupfern und dunklen Regenwolken verbindet. Denn, wenn dies wirklich Schottland ist, das Land, das jährlich mehr als 20 Millionen Touristen anlockt, wie kann es dann sein, dass diese Inseln anscheinend unberührt sind und dass noch kein deutscher Urlauber da war, der überall Liegen aufgestellt und Handtücher darauf ausgebreitet hat? Die Antwort ist jedoch relativ simpel: Eben genau deshalb, weil dies Schottland *ist* und weil die westlichen Inseln abseits der ausgetretenen Touristenpfade liegen. Für den durchschnittlichen Schottland-Urlauber ist der Weg hierher einfach viel zu weit und nimmt zu viel Zeit in Anspruch. Die Inseln sind zu abgelegen – doch ihre Strände jeden einzelnen Kilometer, den man zu ihnen zurücklegen muss, wert. Wenigstens so lange, bis man sich – getäuscht von der Südseekulisse im Sonnenschein – wagemutig in die Fluten stürzen möchte, nur um dann vor Kälte mitten in der Bewegung zu erstarren. Spätestens dann wird klar: Das hier ist wirklich Schottland!

96. GRUND

Weil der »Hogwarts Express« allen offensteht

Ja, natürlich wissen wir, dass *Harry Potter* nicht real ist. Wir wissen, dass Zauberstäbe, lebende Fotos, Drachenkämpfe, weibliche Gespenster in der Damentoilette, kopflose Ritter und Hogwarts ins Reich der Fantasie gehören. Ja, wirklich! Aber das heißt nicht, dass wir nicht schon einmal davon geträumt hätten, in London auf den Bahnsteig 9 ¾ zuzurennen und im *Hogwarts Express* gen Norden zu fahren, oder? Was mich angeht, liebe ich diese Szenen, in denen sich der *Hogwarts Express* seinen Weg durch die karge, wilde Landschaft bahnt und das malerische Viadukt überquert. Vor allem, weil ich weiß, wo in Schottland diese Szenen gedreht wurden – und dass im Prinzip jeder mit dem *Hogwarts Express* durch die Highlands fahren kann. Auch wenn die Endstation Mallaig heißt und nicht Hogwarts. Aber das sind kleine Details, die uns jetzt nicht weiter kümmern sollen. Bei so einem Ausflug ist schließlich der Weg das Ziel.

Die Strecke, die der *Jacobite Steam Train* – wie der *Hogwarts Express* in Wirklichkeit heißt – zwischen Fort William und Mallaig zurücklegt, gehört ganz zweifellos zu den schönsten Bahnstrecken

Europas. Mit seiner mächtigen alten Dampflok, offensichtlich ein Zeuge der ganz großen Tage der Eisenbahn, und den noblen weinroten Waggons, die an eine Zeit erinnern, als das Bahnfahren noch ein Luxus der Reichen und Schönen war (eine Zeit, die von der deutschen und britischen Bahn durch Preiserhöhungen ja derzeit wieder heraufbeschworen wird), macht der *Jacobite* richtig was her. Beinah jeder Moment der knapp 135 Kilometer langen Strecke ist es wert, in einem Foto festgehalten zu werden, denn der *Jacobite Steam Train* fährt durch einige der schönsten Regionen der Highlands. Das Highlight unter den zahllosen kleinen Höhepunkten auf dem Weg ist das Glenfinnan-Viadukt, das jedem bekannt sein dürfte, der *Harry Potter* gesehen hat.

Seinerzeit war das Glenfinnan-Viadukt, 1897 erbaut, ein technisches Meisterwerk: Als eine der ersten großen Stampfbetonbrücken der Welt muss sie ganz klar als Pionierleistung anerkannt werden. Doch das ist für die meisten Besucher wohl nicht der erste und wichtigste Gedanke, wenn sich das Viadukt aus der Wildnis von Glenfinnan herausschält. Zu überwältigend ist der Blick, den man vom Viadukt aus auf Loch Shiel werfen kann, der sich bis zum Horizont zwischen die Berge schmiegt und an dessen Ufer das *Glenfinnan Monument* an den zweiten Jakobitenaufstand unter Bonnie Prince Charlie erinnert. An ebendieser Stelle hisste besagter Thronanwärter nämlich 1745 seine königliche Standarte, um offiziell seinen Anspruch auf den Thron von England und Schottland geltend zu machen. Dass der Aufstand acht Monate später in der blutigen Niederlage von Culloden enden sollte, konnte damals natürlich niemand ahnen.

An all das – oder wahlweise an *Harry Potter* – können Sie denken, wenn der *Jacobite Steam Train* auf dem Glenfinnan-Viadukt zum Stehen kommt und Ihnen Zeit gibt, den herrlichen Ausblick zu genießen und Fotos zu machen. Gelegentlich gibt es auch eine Pause in Glenfinnan selbst, wo Sie sich die Füße vertreten (oder wahlweise eine Runde mit dem Besen drehen) können, bevor die

Dampflok die zweite Hälfte der Reise in Angriff nimmt und Richtung Mallaig schnauft. Gut zwei Stunden dauert die gesamte Fahrt. An der Endstation angekommen, nehmen Sie wahlweise die Fähre auf die Isle of Skye oder nutzen den anderthalbstündigen Aufenthalt, um sich umzusehen und Meeresluft zu schnuppern. Dann geht die Fahrt zurück nach Fort William, und das Schauspiel beginnt von vorn.

Von Anfang Mai bis Ende Oktober fährt der *Jacobite Steam Train* Montag bis Freitag 10:15 Uhr in Fort William ab und kommt um 16 Uhr dort wieder an. Zwischen Ende Juni und Ende September gelten an Samstagen und Sonntagen die gleichen Fahrzeiten. Zwischen Anfang Juni und Ende August kommt außerdem eine Nachmittagsverbindung (ab: 14:30 Uhr in Fort William; an: 20:31 Uhr in Fort William) hinzu. Und wenn Sie jetzt den Überblick verloren haben, weil das ein wirklich schwieriges System ist, finden Sie die Fahrzeiten auch noch mal im Internet, an Ihrer lokalen Touristeninformation oder wahlweise in Ihrer Kristallkugel.

VII

WENN IHNEN DER SINN NACH KULTUR STEHT

97. GRUND

Weil jeder Blick ein Foto wert sein kann

Wohin man in Schottland auch sieht: Postkartenmotiv reiht sich an Postkartenmotiv. Hier liegt ein spiegelglatter See, der sich in seiner Schönheit offensichtlich unbeobachtet wähnt, zwischen die Gipfel einer Bergkette gehaucht und reflektiert großzügig die Inszenierung unberührter Natur, dort liegen die Ruinen einer uralten, vergessenen Burg in das Heidekraut geschmiegt, und dahinten braust das Meer fotogen gegen die Steilküste, als handle es sich dabei um eine Foto-Challenge bei *Scotland's Next Topmodel.* Kleine Cottages, die sich malerisch in Hügellandschaften kauern, niedliche Lämmer, die wie erstarrt auf der Straße stehen bleiben, wenn man mit dem Auto näher kommt, schroffe Felsen, verwunschene Steinkreise, weiße Sandstrände und Dudelsackspieler, die – wie zufällig – das perfekte Postkartenmotiv komplettieren. Was soll man da als Fotograf groß falsch machen?

Fast bin ich sogar geneigt zu sagen, man muss in Schottland kein guter Fotograf sein, um großartige Bilder einzufangen. Es hilft zwar, ist aber kein Muss. Draufhalten, knipsen – und gut ist es. Auf der heimischen Couch dürfen Sie dann getrost die falschen Lorbeeren ernten, die es mit Sicherheit geben wird, wenn Sie Ihre Bilder vorführen. Schottland hat tatsächlich ein, im wahrsten Sinne, naturgegebenes Talent, sich in Pose zu werfen und für seine Bewunderer zu glänzen. Durchbrochene Wolkendecken sorgen für großartige Spiele von Licht und Schatten auf Landschaftsaufnahmen, satte Grüntöne, die sich schüchtern an das Gelb von Ginster und das Violett von Heidekraut annähern, zottelige Hochlandkühe mit treuen Augen und saftigem Gras zwischen den Zähnen – wer immer hier das Briefing vorbereitet hat, hat ganze Arbeit geleistet.

Doch im Fotografen selbst bleibt manchmal auch ein schales Gefühl zurück. Was das Fotografieren hier so schwierig macht, ist nämlich das Unvermögen, das in Bildern einzufangen, was in Schottland wirklich das Herz berührt. So perfekt die Fotos auch sein mögen, so passend arrangiert, so makellos belichtet, so wenig sind sie imstande, das abzubilden, was Schottland *noch* ist. Außer einer Fotokulisse, die ich für jeden Job buchen würde, eben. Doch ärgern Sie sich nicht. Betrachten Sie Ihre wunderschönen Fotos einfach als ein Versprechen. Ein Versprechen, das alles noch genauso atemberaubend ist, wenn Sie das nächste Mal nach Schottland kommen. Und als kleinen Vorgeschmack auf das große, überwältigende Schottland-Gefühl, das sich erst dann einstellt, wenn zum Traum-Motiv auch der unverwechselbare Duft von Schafen, Regen und Torf hinzukommt, wenn die Luft nach Meer und Salz schmeckt, wenn der Wind die Frisur ruiniert und in der Ferne ein Schäfchen nach seiner Mama blökt. Wenn Sie wieder in Schottland sind und die Fotos zum Leben erwachen.

Kleiner Tipp am Rande: Wenn Sie in Schottland Bilder machen wollen, die bei ihren zukünftigen Betrachtern nicht nur zustimmendes Gemurmel auslösen, sondern sie schlichtweg vom Hocker reißen, dann buchen Sie eine geführte Foto-Tour. Der Fotograf Glen Campbell bietet unter dem Namen *Lightstalkers Scotland* mehrtägige Foto-Workshops in der Wildnis an und auch mit *National Geographics* kann man sich auf eine Reise in Bildern begeben. Mein persönlicher Tipp ist das *Perfume Studio* in Mellon Charles, in Wester Ross, an der Westküste von Schottland. Angeschlossen an das süße *Aroma Cafe* mit Souvenirshop am Ende der Welt, liegt das Image Studio von Adrian Hollister, einem begnadeten Landschaftsfotografen, der sich viel Zeit für seine Gäste nimmt und mit ihnen einzeln oder in kleinen Gruppen das Hochland durchwandert. Profi-Tipps wie die, die Sie auf dieser Tour erhalten, werden Sie vermutlich nirgendwo sonst bekommen.

98. GRUND

Weil Hollywood ohne Schottland verloren wäre

Wann immer irgendwo in Hollywood irgendwer Sätze sagt wie »Wir brauchen eine dramatische Landschaft, in der eine alte Dampflok einen ganz großen Auftritt hinlegen kann …«, »… prachtvolle Mondlandschaften mit schroffen Bergen, in der Ridley Scott die Frage klären kann, ob die Menschen mit hoch entwickelten Außerirdischen verwandt sind«, »… eine kleine uralte Kapelle, in der sich das Rätsel der Erben Jesu auf überraschende Art und Weise lösen lässt« oder »… eine grandiose Landschaft für Captain Americas ersten großen Auftritt«, kommen die Locationscouts der großen Filmstudios an Schottland praktisch nicht vorbei. Das wundert mich nicht, denn Schottland hat von unberührt wirkender Wildnis über malerische Dörfer vor prächtiger Kulisse, unbewohnte Mondlandschaften, dramatische Gipfel, dunkle Gassen und märchenhafte Burgen und Schlösser bis hin zu postmodernen, absolut angesagten Stadtvierteln wirklich alles zu bieten, wovon Filmemacher nur träumen können.

Doune Castle in der Nähe von Stirling diente zum Beispiel als Kulisse für Monty Pythons *Die Ritter der Kokosnuß* und wird mit Cleese'schem Humor zum Bühnenbild für eine satirische Spurensuche im Reich von König Artus. Die Burg, auf einem Felssporn über dem Fluss Teith thronend, ist dafür wirklich eine ausgezeichnete Wahl. An Mel Gibsons Film *Braveheart* war zwar auch vieles falsch und wenig authentisch, doch wenigstens mit den Drehorten im Glen Nevis und am Loch Leven lag der Oscar-Preisträger richtig. Hier, wo die Highlands einen ersten Eindruck davon vermitteln, wie dramatisch sie wirklich sein können, ließen sich die legendären Szenen in wirklich berauschenden Bildern inszenieren. Dass *Trainspotting* nur in einer Stadt wie Glasgow gedreht werden konnte, erschließt sich für jeden, der die Stadt einmal besucht. Kultcharakter haben aber auch die Szenen, die draußen, in Rannoch Moor, gedreht wurden. Der junge Ewan McGregor sitzt in der dramatischen Landschaft des Hochmoores, in der Hand eine Pulle, und schreit in die Einsamkeit: »It's s**** being Scottish. We're the lowest of the low, the scum of the …«, na ja, Sie kennen die Szene sicherlich. Der Kontrast zwischen der Landschaft, die jedem Schottland-Fan Tränen der Rührung in die Augen treiben muss, und der Aussage McGregors als Mark Renton ist aus meiner Sicht schon Grund genug für den durchschlagenden Erfolg des Films.

Das Glenfinnan-Viadukt als Drehort für *Harry Potter und die Kammer des Schreckens* wurde schon hinreichend erwähnt und überall mit viel Inbrunst vermarktet, aber wussten Sie, dass Teile der Eröffnungsszenen in *Captain America: The First Avenger* nicht in Norwegen, sondern im Royal Burgh of Culross in Fife gedreht wurden oder dass sich die Filmemacher von *The Dark Knight Rises* gegen Arizona und für Schottland entschieden, als sie die dramatische Flucht von einem Flugzeug ins nächste filmten? Die USA konnten aus Sicht der Filmemacher optisch einfach nicht mit dem Luftbild der Cairngorms mithalten. Das hätten ihnen echte Schottland-Fans auch schon lange vorher sagen können, aber uns fragt ja immer keiner. Auch James Bond stattete den Highlands schon einen Besuch ab: Daniel Craig drehte im Glencoe, im Schatten des Buachaille Etive Mor, für seinen dritten Bond-Film *Skyfall*. Ganz in der Nähe arbeitete Hollywood-Beauty Scarlett Johansson an ihrem Film *Under the Skin*. Für die Adaption des Romans *Die Weltenwanderung* drehte Johansson südlich vom Loch Ba und in der Nähe von Arbroath. Für Brad Pitts Film *World War Z* stand Glasgow Pate für Philadelphia. Warum man die Zombies durch die angesagte schottische Szenestadt ziehen ließ und nicht durch Philly, ist mir zwar unklar, aber womöglich steckt ein tieferer Sinn dahinter.

Nachvollziehbar ist hingegen die Entscheidung, *Der Adler der neunten Legion* in Schottland zu drehen. Die römischen Soldaten (sehr hübsch anzusehen: Channing Tatum und Jamie Bell), die in die Wildnis jenseits des Hadrianswalls und einem unbekannten Schicksal entgegenziehen, hätten dafür kein geeigneteres Setting finden können als die Gegend rings um Loch Lomond, Wester Ross und Stirling. Die Insel Barra stand schon 1949 für den Film *Whisky Galore* Pate, für den Kultfilm *The Wicker Man* dienten Gatehouse of Fleet, Newton Stewart, Creetown und Kirkcudbright in Dumfries & Galloway als Kulisse, *Local Hero* wurde in Pennan, Aberdeenshire und am Camusdarach Beach gedreht und die Rosslyn-Kapelle in Roslin durfte in *The Da Vinci Code – Sakrileg*, basierend auf dem Dan Brown-Bestseller, sich selbst spielen und erhielt eine im wahrsten Sinne tragende Rolle in der Geschichte um die Blutfolge Christi.

Und ich bin mir sicher, dass gerade jetzt, in ebendiesem Augenblick, in Hollywood jemand sitzt, der sinniert: »Gibt es da nicht diesen Ort in Schottland, an dem man …« Wir werden es bald sehen!

99. GRUND

Weil aus einer tragischen Geschichte großes Kino wird

Großes Kino braucht eine berührende Geschichte, tragische Helden, dramatische Opfer, böse Bösewichte, bezaubernd schöne Frauen und jede Menge Action – kein Wunder also, dass Filmemacher aus aller Welt immer wieder auf die schottische Geschichte zurückgreifen. Denn wo sonst gibt es einen so großen Fundus historischer Ungerechtigkeiten, die sich in Spielfilmlänge auf die große Leinwand bringen lassen? Die tragische Geschichte der Schotten ist ein Garant für gut gefüllte Kinosäle, denn sie hat alles zu bieten, wonach sich der Kinofan sehnt. Sie denken jetzt sicher gleich an das unsauber blau bemalte Gesicht von Mel Gibson, der sich mit weit aufgerissenen Augen und einem gellenden Schrei auf den Lippen ins Kampfgetümmel stürzt, doch *Braveheart* ist nur einer von vielen

Filmen, die sich der schottischen Geschichte bedienen, um die Zuschauer zu fesseln. Tatsächlich diente fast jedes Jahrhundert seit der römischen Invasion schon als Drehbuchvorlage.

Da wäre zum Beispiel gleich das 2. Jahrhundert nach Christus. Die Britische Insel – oder wenigstens ihr Norden – wehrt sich noch immer verzweifelt gegen die römischen Eroberer, und hartnäckig hält sich das Gerücht, dass kein Römer jenseits des Hadrianswalls überleben kann. Einer will es natürlich trotzdem versuchen: Channing Tatum in der Rolle des römischen Soldaten Marcus Aquila in Kevin Macdonalds dunklem Epos *Der Adler der neunten Legion*. Marcus' Vater hatte Jahre zuvor die neunte Legion hinter den Wall geführt; keiner von ihnen kehrte jemals zurück. Nun will Marcus herausfinden, was aus ihnen und dem Adler der neunten Legion geworden ist – und das Schlachten kann beginnen. Ähnlich düster geht es in Antoine Fuquas großartiger Verfilmung der Artus-Legende zu. *King Arthur* mit Clive Owen, Ioan Gruffudd und Keira Knightley gehört zu meinen persönlichen Lieblingsfilmen. Und das liegt nicht nur am fabelhaften Soundtrack von Hans Zimmer. Sondern auch daran, dass es Fuqua gelungen ist, mich mit seinem authentischen, glaubwürdigen Helden aus dem 5. Jahrhundert und dem Stolz und der Loyalität seiner Männer zu Tränen zu rühren. Von allen Varianten der Legende halte ich – nach Abzug aller dramatischen Hollywood-Stil-Elemente – diese für die wahrscheinlichste. Auch Arthur, ein römischer Kommandant, führt einen Trupp tapferer Männer – die legendären »Ritter der Tafelrunde« – hinter den Hadrianswall, wo sie auf die einfallenden Sachsen stoßen. Nur durch die Verbindung mit den schottischen Pikten wird ein Sieg denkbar.

Nach dem Abzug der Römer waren es die Wikinger, die sich über Britannien hermachten. Wir wissen ja bereits, dass ein Großteil der Inseln Schottlands einst Wikingerland war. Davon handelt *Northmen – A Viking Saga*, ein Film aus dem Jahr 2014. Eine Gruppe Wikinger gerät im 9. Jahrhundert vor der Küste von Alba in einen schweren Sturm und geht in Feindesgebiet an Land. Ihre einzige

Überlebenschance besteht darin, eine entlegene Wikingersiedlung zu finden und sich dort in Sicherheit zu bringen. Ein Wettlauf beginnt, dessen Verlierer mit dem Leben bezahlen werden. Roman Polanskis Verfilmung von *Macbeth* aus dem Jahr 1971 setzt 200 Jahre später an. Shakespeares Tragödie über den Aufstieg des königlichen Heerführers Macbeth zum König von Schottland und dessen tiefen Fall griff historische Fakten aus dem 11. Jahrhundert auf und war als Satire auf den damaligen König Jakob I. gedacht. 2015 wurde der Stoff mit Michael Fassbender und Marion Cotillard in den Hauptrollen ein weiteres Mal verfilmt.

Im 13. Jahrhundert angekommen, finden wir dann endlich die wahre Geschichte, auf der Mel Gibsons *Braveheart* basiert. Obwohl – *so wahr* ist die Geschichte dann doch wieder nicht. Zwar hat es William Wallace wirklich gegeben, doch ganz so ehrbar und heldenhaft war der dann wohl doch nicht. Nichtsdestotrotz hat *Braveheart* im Rest der Welt ein grundlegendes Verständnis für die Situation zwischen Schotten und Engländern geschaffen. Und das ist ja auch schon mal was! Apropos Fiktion, da sind wir bereits beim nächsten Film angelangt, der Elemente der schottischen Geschichte aufgreift und sie skrupellos für seine Zwecke missbraucht: *Highlander – Es kann nur einen geben*. Connor MacLeod wird im 16. Jahrhundert in Schottland geboren und bei einer Schlacht seines Clans gegen den Clan Fraser tödlich verwundet. Doch er stirbt nicht und erfährt bald darauf, dass er ein Unsterblicher ist. So weit, so schön. Mit schottischer Geschichte hat dieser Film nur dem äußeren Anschein nach etwas zu tun. Dass er trotzdem Kultstatus erlangt hat, liegt sicher an anderen Dingen.

Das 16. Jahrhundert ist im Kino mit *Mary – Königin von Schottland* vertreten. Basierend auf der Biografie von Stefan Zweig, erzählt der Film aus dem Jahr 2013 die Geschichte von Maria Stuart, gespielt von Camille Rutherford, die als Königin von Schottland nach der englischen Krone ihrer Großcousine Elizabeth I. griff und dafür schließlich mit ihrem Leben bezahlen musste. Doch gerade diese

Tragödie hat Maria Stuart unsterblich gemacht. Ein schwacher Trost wahrscheinlich, aber immerhin. Auch für die Opfer des Massakers von Glencoe dürfte es kein Trost sein, dass ihr Schicksal in *The Massacre of Glencoe* 1971 verewigt wurde. Austin Campbell stellt darin nach, wie es im 17. Jahrhundert zu jenem blutigen Massaker im malerischen Tal von Glencoe kommen konnte.

Das 18. Jahrhundert, das von den Jakobitenaufständen und der Schlacht von Culloden im Jahr 1746 geprägt war, fand sowohl in dem Film *Die Entführung des David Balfour* über den schottischen Kampf um die Freiheit als auch in der sensationellen TV-Serie *Outlander*, die auf den Büchern von Diana Gabaldon beruht, und in *Rob Roy* mit Liam Neeson seinen Widerhall. Alle drei erzählen sie vom Ringen der Schotten um die Souveränität von England, um die Freiheit, ja, um Schottland in all seinem Stolz.

Wenn das mal kein Beweis dafür ist, dass tragische Geschichten großes Kino inspirieren, dann weiß ich auch nicht! Sollten Ihnen all diese Filme übrigens zu blutig und zu düster sein oder sollten Sie sich nach all diesen Schlachten mal einen schönen Film mit Legenden und Mythen aus der schottischen Geschichte gönnen wollen, empfehle ich *Merida – Legende der Highlands*, eine bezaubernde Walt Disney-Interpretation der Magie von Schottland!

100. GRUND

Weil Geschichten hier immer lebendig bleiben

Als ich 13 oder 14 war, kauften mir meine Eltern während eines Schottland-Urlaubs das Buch *Scottish Folk & Fairy Tales*, 1892 herausgegeben von Sir George Douglas, um das ich sie praktisch stundenlang angefleht hatte. Leider war das Buch – natürlich! – in Englisch verfasst und meine Sprachkenntnis zum damaligen Zeitpunkt noch sehr dürftig. Es verschwand also für einige Jahre unbeachtet im Bücherregal, bis ich es schließlich wieder hervorholte und feststellte, dass die Sprachbarriere nun kein Hindernis mehr darstellte. Damit eröffnete sich für mich ein ganz neuer Einblick in eine Welt, deren Existenz für mich bislang eher eine Art – um Horst Evers zu zitieren – *gefühltes Wissen* gewesen war: die Welt der schottischen Überlieferungen, Geschichten, Legenden, Märchen und Sagen.

Besonders beeindruckt hat mich etwas, was Sir Douglas schon Ende des 19. Jahrhunderts über die aktuelle Forschung an den überlieferten Geschichten geschrieben hat. Er sagte (frei übersetzt): »Klassifiziert, geordnet und wissenschaftlich bestimmt sind sie nicht mehr länger jenes wilde, freie Produkt der Natur, das wir so lieben, sondern vielmehr eine Sammlung von Schmetterlingen in einer Kiste, ein Album gepresster Wildblumen.«[16] Vielleicht ist das der Grund dafür, dass ich trotz allem das Buch nie zu Ende gelesen habe, denn niedergeschrieben und spröde zwischen zwei Buchdeckel gepackt, sind die schottischen *fairy tales* einfach nicht das Gleiche, wie in der Form präsentiert, in die sie gehören: in geselliger Runde zum Besten gegeben, ausgeschmückt und individuell interpretiert von jemandem, der die Geschichten sein Leben lang gehört hat und sie nun auf seine ganz eigene Art und Weise weitererzählt. Irgendwie verlor ich etwa auf der Hälfte des Buches das Interesse daran.

Vollkommen zu Unrecht natürlich, denn Geschichtenerzählen in seiner puren, reinen, *mündlichen* Form ist eine Kunst, und über Jahrhunderte hinweg gehörten die Schotten zu den begnadetsten Künstlern dieser Disziplin. Noch 30 Jahre bevor Sir George Douglas seine Sammlung herausgab, schrieb John Francis Campbell, genannt Campbell of Isla, dass es in den entlegenen Regionen der westlichen Inseln eine lebendige Tradition des Geschichtenerzählens gab. In langen Winternächten saß man zusammen und lauschte denen, die in der Kunst des Geschichtenerzählens besonders bewandert waren, zitiert Douglas aus den *Popular Tales of the West Highlands* von Campbell of Isla. Noch früher, aber nicht so weit zurück, dass sich zu Douglas' Zeiten niemand mehr daran erinnern konnte, sei es auch in Poolewe, in Ross-shire, noch üblich gewesen, dass sich am Abend die jungen Menschen von den Geschichten der Alten unterhalten ließen. Das waren die Zeiten, in denen das Geschichtenerzählen noch eine Art Währung darstellte.

Wer durch die Länder reiste – Hausierer, Straßenhändler, Bettler, Musiker und Unterhaltungskünstler, umherziehende Schuhmacher und Schneider –, zahlte sein Bett für die Nacht in der Regel mit Geschichten, die er aus einem Teil des Landes in einen anderen mitbrachte und mit denen er dort die Bewohner, die nach Neuigkeiten und Abwechslung dürsteten, unterhielt. Douglas schreibt, die Ankunft eines solchen Geschichtenerzählers sei immer ein aufregender Moment gewesen. Sobald es sich herumgesprochen hätte, dass jemand eine Geschichte zu erzählen habe, wären die Menschen in Scharen in das Haus gezogen, in dem er Unterkunft gefunden hatte, und hätten jeden nur denkbaren Sitzplatz okkupiert, um nur keines seiner Worte zu verpassen. Welch Ehre für den jeweiligen Gastgeber – und welch Fluch zugleich, wenn man plötzlich das ganze Dorf auf der Matte stehen hatte. Doch in puncto Gastfreundschaft, das wissen wir ja inzwischen, lassen sich die Schotten nicht lumpen, und so müssen es äußerst gemütliche, gesellige Abende gewesen sein, von denen jeder Einzelne noch lange zehrte.

Vielleicht in etwa so wie ein Kinobesuch in den Anfangsjahren des Bewegtbildes, als man anschließend noch stunden- und tagelang über das Gesehene sprach, anstatt wie heute in der Regel vollkommen abgestumpft das Kino zu verlassen und den Film sofort wieder zu vergessen. Aber gerade deshalb, vermute ich, ist der Effekt eines echten Geschichtenerzählers heute umso größer. Freilich muss sich der Erzähler heute gegen Smartphones durchsetzen und steht vor der enormen Herausforderung, Menschen zu unterhalten, die im Durchschnitt die Aufmerksamkeitsspanne eines Fernsehwerbespots haben, doch versteht er sein Handwerk und weiß, Bilder in den Köpfen seiner Zuhörer heraufzubeschwören, ist das sicher eine unvergessliche Erfahrung. Insbesondere wenn man sich ins Gedächtnis ruft, wie alt die Geschichten sind und wie oft sie im Laufe der Jahrhunderte erzählt worden sein müssen.

Mit etwas Glück kann man so etwas heute bei einem organisierten *cèilidh* erleben oder, wenn man die seltene Gelegenheit hat, bei einem Community-Abend in den kleineren Ortschaften, in entlegenen Pubs oder in *Bed and Breakfasts*, deren Gastgeber noch die uralte schottische Tradition des Geschichtenerzählens ehren. Das *Scottish Storytelling Forum*, das sich sehr für den Erhalt dieser Kunst einsetzt, ist ein guter Anlaufpunkt, wenn man sich über anstehende Veranstaltungen informieren will. Beim *Scottish International Storytelling Festival*, das jedes Jahr Ende Oktober, Anfang November in Edinburgh stattfindet, ist die Wahrscheinlichkeit am größten, dass man in den Genuss einer gut erzählten Geschichte kommt. Das restliche Jahr über ist das *Scottish Storytelling Centre* in der High Street von Edinburgh die erste Adresse. Und wer dann gar nicht mehr genug von den Geschichten bekommen kann, dem kann ich Sir George Douglas' Sammlung sehr empfehlen – zum Mindesten die erste Hälfte davon. Aber vielleicht kommt irgendwann der Tag, an dem mich auch die zweite Hälfte so packt, wie eine lebendig erzählte Geschichte an einem schottischen Torffeuer es sicher tun würde.

101. GRUND

Weil das Dichten den Schotten im Blut liegt

Sir Walter Scott, der Dichter-König der Schotten, sagte einmal: »Ich habe Bücher genug gelesen, um zu wissen, dass die tiefsten Aussprüche von den Lippen armer und ungebildeter Frauen und Männer kommen. Da kamen oft Dinge zutage, die erhabener und ergreifender vielleicht nur noch in der Bibel gefunden werden.«[17] Für Schottland scheint das noch einmal mehr zu gelten als für viele andere Regionen der Erde. Die größten Dichter Schottlands waren die Söhne einfacher Männer und Frauen – und schufen literarische Werke, die uns unweigerlich annehmen lassen müssen, dass in Schottland etwas im Wasser ist, das großes Genie hervorbringt.

Sir James Matthew Barrie zum Beispiel, der Schöpfer von *Peter Pan* und »Nimmerland«, war der Sohn eines schottischen Webers. Robert Burns, den viele, die auf diesem Gebiet etwas zu sagen haben, für den größten schottischen Dichter überhaupt halten, kam als Sohn eines Gärtners auf die Welt und beglückte sein Publikum später unter anderem mit dem Text zu *Auld Lang Syne*. Robert Louis Stevenson war der einzige Sohn eines Leuchtturmbauers, doch das hinderte ihn nicht daran, Werke der Weltliteratur zu erschaffen. Aus seiner Feder stammen unter anderem der Jugendbuchklassiker *Die Schatzinsel* und die Novelle *Der seltsame Fall des Dr. Jekyll und Mr. Hyde*.

Sicher, Sir Walter Scott selbst war der Sohn eines Rechtsanwalts und wuchs in gehobenen Verhältnissen auf, die einen J. M. Barrie oder Robert Burns vor Neid erblassen lassen hätten, und auch Sir Arthur Conan Doyle, der Schöpfer von *Sherlock Holmes* und *Die vergessene Welt*, hatte als Sohn eines Beamten aus aristokratischem Hause einen angenehmen Start ins Leben, aber sie bilden zwischen all den Arbeiterkindern und Pfarrerssprössen (darunter John Buchan, Autor von *Die 39 Stufen*) eine Ausnahme. Viel häufiger sind es Geschichten wie die von Lewis Grassic Gibbon, Sohn hart arbeitender Bauern aus Auchterless in Aberdeenshire, der mit seinen schwermütigen Schilderungen des schottischen Landlebens in der Trilogie *A Scots Quair* Weltruhm erlangte, die die schottische Literatur prägen.

Und auch heute ist der Quell des schottischen Dichter-Genies noch nicht erschöpft. Das beste moderne Beispiel dafür dürfte Irvine Welsh sein, dessen Roman *Trainspotting* die Vorlage für den erfolgreichsten schottischen Film aller Zeiten darstellte. Welsh war der Sohn eines Hafenarbeiters, selbst bestens bewandert in der Londoner Punk- und Drogenszene, und schlug sich als Fernsehmechaniker und Musiker durch, bevor ihm mit *Trainspotting* der Durchbruch gelang. Bestseller-Autor Iain M. Banks, der 1984 mit *Die Wespenfabrik* ein modernes Meisterwerk veröffentlichte, wurde in Dunfermline als Sohn eines Matrosen geboren und arbeitete jahrelang als Krankenpfleger und IBM-Arbeiter, bevor er die Welt mit seinen Science-Fiction-Romanen überraschte. Ian Rankin, dessen Krimis aus Edinburgh um Detective Inspector Rebus auf der ganzen Welt Bestseller-Status erreichten, stammt aus dem schottischen Kohlerevier Fife und arbeitete als Erntehelfer, Schweinehirte und Alkoholtester für seinen Lebensunterhalt, bevor er vom Schreiben bestens leben konnte.

So mancher mag jetzt einwenden, dass Alkoholtester in Schottland möglicherweise nicht das schlechteste Los ist, aber ich denke, Sie verstehen, worauf ich hinauswill. Machen Sie vor Ort gern einmal den Test. Ein *cèilidh* mag nicht repräsentativ genug sein, schließlich treffen sich hier Menschen, die voller Leidenschaft gemeinsam musizieren und die schottische Tradition des Geschichtenerzählens, die den meisten Schotten auf eine sehr urtümliche Art im Blut zu liegen scheint, am Leben erhalten. Aber an so manchem Abend im Pub hat man Glück, und jemand erhebt die Stimme und gibt eine Geschichte zum Besten. Zugegeben, das passiert recht selten, aber der Effekt ist dann umso größer. Wenn schottischer Akzent auf neue und alte Verse trifft und unter Jubel und Johlen des Publikums nicht ganz jugendfreie Reime schmiedet, dann kann wohl niemand mehr leugnen, dass das Dichten den Schotten einfach im Blut liegt.

102. GRUND

Weil Schottland seit jeher große Literatur inspirierte

Joanne K. Rowling und Diana Gabaldon haben irgendetwas richtig gemacht, wenn man bei schottischer Literatur sofort an *Harry Potter* und die *Outlander*-Saga denkt. Dabei ist J. K. Rowling, obwohl sie inzwischen in Edinburgh lebt und mit einem Schotten verheiratet ist, gebürtige Engländerin und Gabaldon sogar US-Amerikanerin, die erst lange nachdem sie die Idee für die Zeitreisesaga hatte, einen Fuß auf schottischen Boden setzte. Es sollten stattdessen Namen wie Robert Burns, Sir Walter Scott, Sir Arthur Conan Doyle, James Matthew Barrie, Robert Louis Stevenson, James Hogg und Neil Miller Gunn sein, die dem Bücherfreund sofort in den Kopf schießen, wenn er nach großer schottischer Literatur sucht. Denn dieses Volk von Dichtern, Sängern und Barden hat seit Jahrhunderten eindrucksvolle Werke hervorgebracht und sowohl in gälischer als auch in englischer Sprache einen Beitrag zur literarischen Schatzkammer dieser Welt geleistet. Obwohl auch dieser Beitrag – mit wenigen Ausnahmen wie Burns und Scott – vielfach unbemerkt blieb, wie so vieles aus dem hohen Norden der Insel.

Für die heutigen Leser sind die frühesten Schriften, etwa das in gälischer Sprache verfasste *The Book of Deer* aus dem 10. Jahrhundert, wahrscheinlich weniger interessant als jene Literatur, die sich ab dem 16. Jahrhundert entwickelte. Die ersten Bücher waren Evangeliensammlungen und sind Zeugnisse der Christianisierung des einst heidnischen Piktenlandes. Überlieferungen einer literarischen Tradition in gälischer Sprache sind erst aus dem 16. Jahrhundert bekannt. Das *Book of the Dean of Lismore* ist ein literarischer Schatz von kaum vorstellbarem Wert, gelang es doch James MacGregor, dem Dean of Lismore, darin, etwas einzufangen, was eher einem Wimpernschlag oder einem Atemzug gleicht: die Gedichte der umherziehenden Barden des 16. Jahrhunderts. Seine Geschichten waren das Brot des Barden, und die Tatsache, dass die meisten Leute weder lesen noch schreiben konnten, sicherte ihm das Überleben. Denn das machte es quasi unmöglich, ihn zu ersetzen – ein Zustand, von dem viele Arbeitnehmer heute träumen.

Wenn wir heute also im *Book of the Dean of Lismore* lesen, dann kommen wir dem Original der keltischen Erzähltradition so nah wie niemals sonst. Ein Fenster in die Vergangenheit, durch das wir steigen und uns zu den Herrschaften jener Zeit in die große Halle setzen dürfen, wo alle gebannt dem Barden lauschen. Danke, James MacGregor! Doch MacGregor war nicht allein: Die Heldenabenteuer, die an den Herdfeuern mindestens ebenso beliebt waren wie die Gedichte, hielt Neil MacVurich fest, eine Sammlung von Zauber- und Volksliedern in gälischer Sprache verdanken wir der *Carmina Gadelica* von Alexander Carmichael, und die grandiosen gefälschten Gesänge des vermeintlichen Barden Ossian entstammen eigentlich der Feder des schottischen Dichters James Macpherson. Macpherson machte mit seinen *Fragments of Ancient Poetry* einen derart großen Eindruck auf die europäischen Lyriker, dass sich die Dichter der Empfindsamkeit und Romantik, darunter auch der große Goethe selbst, von ihnen inspirieren ließen. An den Namen Goethe erinnert man sich heute überall auf der Welt. James Macpherson hingegen ist hinter Rowling und Gabaldon irgendwie in Vergessenheit geraten.

Ganz anders der Schotte Robert Burns, der mit seiner satirischen Prosa, seinen Verserzählungen und volksliedartigen Liedern Weltruhm erlangte. Der Nationaldichter hinterließ der Welt den besten Beweis für das große literarische Potenzial Schottlands. Neben dem Text zu *Auld Lang Syne* hat er zum Beispiel den Gedichtband *Poems, Chiefly in the Scottish Dialect* veröffentlicht, der als sein Best-of gilt. Was uns angeht, hätte Burns dieses Buch wohl ebenso in Gälisch schreiben können, denn verständlich ist dieser schottische Dialekt für Außenstehende nicht: »An' crabbed names an stories wrack us, an' grate our lug, I sing the juice Scotch bear can mak us, in gulfs or jug«[18], heißt es zum Beispiel in seinem urschottischen Gedicht *Scotch Drink*. Aber schon Sprachmelodie und Klang sind absolut bezaubernd. Sir Walter Scott dann hinterließ der Welt eine großartige Sammlung schottischer Balladen und Verserzählungen aus der schottisch-englischen Geschichte, die er als Herausgeber zusammengetragen hat. Selbst verfasste er romantisch gefärbte Romane, die wie nichts sonst die idealisierte Vorstellung von Schottland prägten, die wir heute haben. Wann immer wir vor unserem geistigen Auge edle Hochländer im Kilt durch eine atemberaubende Landschaft reiten und für die Ehre und um schöne Jungfrauen kämpfen sehen, hat Sir Walter Scott irgendwie seine Finger im Spiel. Zu seinen wichtigsten Werken gehören *Waverley*, *Rob Roy*, *Das Herz von Midlothian* und natürlich der unvergessene *Ivanhoe*.

An solche Literatur anzuknüpfen ist für moderne schottische Autoren und Autorinnen schon eine große Herausforderung. Doch um Sprachkünstler zu finden, die in dieser Erzähltradition stehen, muss man den Blick gar nicht nach Süden oder gar über den Atlantik schweifen lassen. Iain Banks zum Beispiel, dessen ungewöhnliche Science-Fiction-Romane, etwa seine Space Opera *Bedenke Phlebas*, eine eigenartige, unwiderstehliche Sogwirkung entfalten, der Begründer der schottischen New Renaissance, Alasdair Gray, mit seinen anspruchsvollen Werken *Lanark* und *Ein Schotte auf dem Weg nach oben*, Booker-Prize-Träger James Kelman mit *Spät war es, so spät* und Val McDermid mit *Echo einer Winternacht* und der Krimisammlung *Abgekupfert* lassen sich durchaus in dieser Tradition sehen. Empfehlenswerte schottische Autoren der Gegenwart sind außerdem A.L. Kennedy und ihr Kurzgeschichtenband *Ein makelloser Mann*, Alexander McCall Smith, der für seine Fabulierlust bekannt ist und mit seinen Krimis um Mma Ramotswe ein äußerst liebenswertes Format geschaffen hat, Irvine Welsh, der Autor von *Trainspotting* und *Porno*, und natürlich der schottische Krimi-Star Ian Ranking, dessen Edinburgh-Krimis um John Rebus eine weltweite Fangemeinde beglücken.

Weil schottische Ohrwürmer hartnäckiger sind

Es ist eigentlich seltsam, dass die Schotten kein eigenes Wort für das haben, was wir »Ohrwürmer« nennen. Der Brite sagt stattdessen, ein Song sei *really catchy* oder einfach *a catchy tune*. Er sagt auch, ein Song sei *stuck in his head*. Aber so ein schönes sprachliches Bild wie wir haben die Briten nicht, versicherte mir ein Freund aus England, ein Übersetzer, der mich zunächst fragte, ob ich vielleicht doch das Insekt meine, das sich im Ohr festsetzt. Dabei sollten sie solch ein Wort wirklich haben. Denn schottische Lieder krallen sich – wenigstens bei mir – chronisch fest. Ich weiß nicht, wie sie es machen, aber ihre Melodien wollen mir einfach nicht aus dem Kopf gehen.

Ob das nun *Auld Lang Syne* ist oder die traurigen Klänge über die »Bonnie Banks« von »Loch Lomond«, ob es der großartige Andy Stewart mit *Donald Where's Your Troosers* oder der Evergreen *Flower of Scotland* ist, der einem in Schottland von überallher entgegenschallt. Wenn ich *Caledonia* von Dougie MacLean höre, weiß ich ganz genau, dass ich für die nächsten Tage nichts anderes vor mich hin summen (und dabei unweigerlich Bilder von Schottland vor meinem geistigen Auge haben) werde. Gemeinsam mit *The Skye Boat Song*, einem der bekanntesten Lieder über die Jakobitenaufstände, und dem Klassiker *Mull of Kyntire* setzt sich dieses Lied als Inbegriff dessen fest, wie sich Schottland anhören muss.

Schottische Musik ist nämlich noch weitaus mehr als Dudelsack und Fidel, als tanzbare Jigs und Reels, als das gleichmäßige Stampfen der Musiker und bewegende Akkordeon-Soli in einem gemütlichen, überheizten Pub. Das, was die meisten schottischen Lieder gemeinsam haben, ist ein Gefühl, eine tiefe Melancholie, die eine direkte Standleitung zwischen Ohr und Herz herstellt. Ganz so, als erzeuge Schottland einen eigenen Sound, der sich mit etwas

Glück unter den Händen talentierter Musiker in einem Instrument manifestiert, sonst aber draußen frei wie ein Vogel durch die Berge schwirrt. Hören wir die Lieder dann abends im Pub oder zu Hause wehmütig auf CD, erkennt ein Teil von uns die Melodie der Highlands wieder. Entweder so – oder es ist alles ganz anders und hängt in Wahrheit damit zusammen, dass ich im Auto tatsächlich am liebsten diese schottischen Ohrwürmer höre.

Ich verstehe das nämlich als eine Art akustische Konditionierung: Je deutlicher die Verknüpfung zwischen dieser Musik und der Landschaft vor dem Fenster, desto größer die Wahrscheinlichkeit, dass ich das Schottland-Gefühl anschließend mit diesen Ohrwürmern wieder heraufbeschwören kann, wenn ich zurück zu Hause bin. Das kann ich durchaus empfehlen. Sollten Ihnen die traditionellen Folk Songs dabei auf Dauer zu eintönig werden oder können Sie vielleicht einfach nichts mit dem zugegeben recht altmodischen Gedudel anfangen, gibt es auch modernere Interpreten, die sich hierfür hervorragend eignen – Ohrwurm-Garantie inklusive. Da wäre das schottische Urgestein Runrig mit seinem melancholischen *Summer Walkers* oder dem tanzbaren *Stamping Ground* zu nennen oder frische Musik aus Glasgow von Amy McDonald, Martin & James oder Jim Kroft. Belle and Sebastian versorgen mich genauso mit Ohrwürmern *made in Scotland* wie auch die Red Hot Chili Peppers und Snow Patrol.

Die Auswahl ist also groß genug, sodass sicher jeder Besucher einen passenden Ohrwurm aus Schottland findet, den er dann glücklich mit nach Hause nehmen kann.

Weil man hier unweigerlich zum Tänzer wird

Zusätzlich zu den Ohrwürmern stelle ich noch eine zweite Behauptung auf: Es ist unmöglich, nicht zu tanzen, wenn traditionelle schottische Musik gespielt wird. Es scheint eine geradezu magische Verbindung zwischen Dudelsack und Trommeln auf der einen Seite und Hörnerv und Beinen auf der anderen Seite zu geben. Eine Verbindung, in der der Dudelsack wahlweise auch durch eine oder mehrere Fideln oder Gitarren ersetzt wird und auch eine Stimme hinzugefügt werden kann, so sie denn gut geschult ist. Für einen Selbstversuch zu dieser These ist es noch nicht einmal notwendig, ein traditionelles *cèilidh* zu besuchen – obwohl ich, wie gesagt, jedem dazu raten würde, der die Gelegenheit dazu hat –, es reicht schon aus, sich am Abend in einen Pub zu setzen, in dem Livemusik gespielt wird. In Inverness kann ich das Hootananny in der Church Street besonders empfehlen, in Edinburgh die Captains Bar in der South College Street.

Wenn es im Hootananny Livemusik gab – was dort praktisch jeden Abend vorkam, der Pub wurde dafür schon zahllose Male ausgezeichnet –, dann konnte man sich vorher noch so sehr vornehmen, nicht zu tanzen und nur ein paar Freunde auf ein Ale oder zwei zu treffen. Es wurde einfach nichts daraus. Unweigerlich stand man irgendwann zwischen den ganzen Menschen, die es ebenfalls nicht mehr auf ihren Stühlen hielt, und ließ die Musik ihre Wirkung tun. Diese Wirkung zeigt sich in der Regel zunächst in den Füßen und in den Fingerspitzen. Die Hand, die das Glas Ale hält, kommt in Bewegung, die Finger klopfen rhythmisch gegen die Außenwand und bringen das Bier zum Tanzen, die Füße tippen den Rhythmus mit, immer schneller und schneller. Dann bewegt sich der Oberkörper. Erst allmählich von einer Seite zur anderen, dann immer freier und ungestümer, die Knie wippen, der Kopf nickt, die Hüften zucken – und ehe man sich versieht, steht das Glas Bier vergessen auf einem Tisch, und man tanzt.

Man tanzt zwischen ganz vielen Menschen, die auch nicht genau wissen, wie es eigentlich dazu kommen konnte, muss lachen und empfindet pures, reines Glück. In der Regel gibt es dann in den Pubs auch den einen oder anderen Schotten, der sich noch an die traditionellen Schritte der *Scottish Country Dances* erinnert, die die Jugendlichen zum Teil noch heute in der Schule lernen. Der Reel zum Beispiel wird von drei bis vier Personen getanzt, die sich in einer Acht umeinander herum bewegen. Er ist auch die Grundform des modernen *Highland Dancings*, wie man ihn zum Beispiel bei den *Highland Games* erleben kann. Doch zu solchen Höhen müssen Sie sich gar nicht aufschwingen. Üblicher ist es, in größeren Gruppen von drei bis fünf Paaren Gassen zu bilden und dann diese Gassen nacheinander pärchenweise zu durchtanzen. Dabei wird gedreht, gesprungen, gehüpft und gehoben, was das Zeug hält. Hauptsache, es macht Spaß. Wildes Partnertauschen, Ringelreihen zu viert und schwierige Formationen warten dann auf die, die sich auf diesem Parkett schon relativ sicher bewegen.

Und wenn man dann das nächste Mal wieder die Hand nach dem Glas Ale ausstreckt und sich erschöpft auf einen der vielen leeren Stühle sinken lässt, läutet die Glocke schon zur letzten Runde, die Nacht ist zur Hälfte vorbei, die Schuhe durchgetanzt und Cinderella muss nach Hause, bevor sich die Kutsche wieder in einen Kürbis verwandelt. Schuld daran ist allein die schottische Musik, bei der man einfach nicht anders kann, als zu tanzen.

105. GRUND

Weil der Dudelsack mit Leib und Seele gespielt wird

Zugegeben, im ersten Moment klingt ein Dudelsack vor allem chaotisch und quäkig. Eben ein bisschen nach dem, was ein Dudelsack eigentlich ist: nach einem Sack, aus dem die Luft herausgepresst wird. Und zwar an mehreren Öffnungen gleichzeitig. Dabei ist die Sackpfeife ein überaus ausgefeiltes, komplexes Instrument, das – wenn von einem Könner seines Faches gespielt – wahre musikalische Wunder hervorzubringen vermag. Bis man ihm aber jene Klänge entlocken kann, die jedem patriotischen Schotten und jedem wahren Schottland-Fan Tränen der Rührung in die Augen treiben, braucht es einige Übung. Während die meisten von uns wohl schon mit einer einzigen der folgenden Aufgaben überfordert wären, vollbringt der Dudelsackspieler nämlich ein kleines Multitasking-Wunder.

Zunächst muss dafür der Sack des Instruments mit Luft gefüllt werden. Das macht der Dudelsackspieler über das Mundstück. Er bläst ihn also auf. Der prall gefüllte Sack wird dann unter den Arm geklemmt und gleichmäßig gepresst, sodass Luft aus den Pfeifen strömt. Die oberen Bordunpfeifen erzeugen dann das klassische Grundbrummen, das jedes Lied von Anfang bis Ende begleitet. Der andauernde, gleichmäßige Ton wird von der eigentlichen Melodie ergänzt, die über die Spielpfeife am unteren Ende des Sacks erzeugt wird. Während der Spieler nun also auf der Spielpfeife wie auf einer Flöte spielt, muss er nebenbei immer noch Luft in den Sack blasen und mit dem Arm einen gleichmäßigen Ton auf den Bordunpfeifen erzeugen.

Dudelsack spielt man also nicht nur mit dem Mund oder mit den Händen, sondern mit dem ganzen Körper. Und als wäre das alles noch nicht genug, läuft der Musiker dabei auch noch mit seinen Kollegen in aufwendigen Formationen und lässt sich beim

Zapfenstreich zum einen oder anderen Kunststück hinreißen. Ich weiß nicht, wie es Ihnen geht, aber ich wäre wahrscheinlich schon nach dem Aufpusten des Sacks vollkommen erledigt. Das Zuhören ist mir deshalb lieber, und ich habe es darin fast zur Perfektion gebracht. Inzwischen sehe ich beim Klang eines Dudelsacks automatisch eine kitschige schottische Landschaft vor mir. Und das, obwohl so mancher Dudelsackspieler seinem Publikum so einiges zumutet. Es scheint nämlich Menschen zu geben, die glauben, dass allein die Tatsache, dass schottisches Blut durch ihre Adern fließt, sie dazu befähigt, gut Dudelsack zu spielen. Aus eigener, leidvoller Erfahrung kann ich sagen: Dem ist nicht so.

Wie oft schon stieg ich im Glen Coe am Aussichtspunkt vor den *Three Sisters* aus dem Auto, nur um direkt wieder umkehren zu wollen, um den grausamen Qualen des Dudelsacks zu entkommen, der vor dem dramatischen Panorama der Berge malträtiert wurde. Ein vermeintlicher Hochländer in voller Tracht bietet sich und sein Instrument dort regelmäßig den fotografierwütigen Touristen dar, die gar nicht genug von diesem Postkartenmotiv bekommen können. Vielleicht haben sie ihre Ohren im Auto gelassen, oder sie sind einfach froh, dass ihre Fotoapparate nicht über eine Videofunktion verfügen. Oder es stört sie nicht, weil sie noch nie einen Dudelsackspieler gehört haben, der etwas von seinem Fach versteht. Denn hat man das einmal, dann weiß man, dass es zum Dudelsackspielen noch etwas mehr braucht als die Fähigkeit zum übermenschlichen Multitasking: Die Seele muss mitspielen. Erst dann kann der Dudelsack seine volle Wirkung entfalten und jeden in seinen Bann ziehen, der ihm lauscht.

Mitunter hat man bei *Highland Games* das Glück, einen solchen Virtuosen zu erleben. Ganz sicher aber ist das *Edinburgh Military Tattoo* eine ideale Gelegenheit, wirklichen Künstlern zu lauschen.

106. GRUND

Weil der Zapfenstreich eine große Nummer ist

Ein Dudelsack ist schön, aber mehrere Dudelsäcke sind definitiv schöner. Beim *Military Tattoo*, wie der Zapfenstreich in Schottland heißt, können Sie den Dudelsack so erleben, wie er am besten zur Geltung kommt: als Teil eines Marschorchesters mit Trommeln, die das Blut in Wallung bringen. So war es ursprünglich aber nicht gedacht: Der Zapfenstreich hat militärische Wurzeln und kündigt eigentlich den Beginn der Nachtruhe an. Seinen Namen verdankt er der Tatsache, dass pünktlich um 23:00 Uhr der Zapfen (Zapfhahn) gestrichen, also geschlossen wurde, um weiteren Alkoholausschank zu verhindern. Davon leitet sich auch das englische Wort *Tattoo* ab: *Tattoo* heißt in etwa so viel wie »schließt den Zapfhahn«. Und damit das auch wirklich jeder mitbekam, zogen die Spielleute der Wachen mit lautem Trommeln und Pfeifen durch die Straße und geleiteten die fröhlich torkelnden Soldaten nach Hause.

Das klingt für mich jedoch irgendwie paradox, denn wie sinnvoll kann es sein, kurz vor dem Schlafengehen noch einmal laut musizierend durch die Straßen zu poltern? Nicht umsonst hat meine Mama früher immer gesagt, ich solle vor dem Schlafen nicht mehr so viel rumtoben. Das würde mich nur aufputschen – und dann könnte ich wieder nicht einschlafen. Beim Militär hat sich diese Tradition dennoch seit dem späten 16. Jahrhundert bewährt und wurde hier im Laufe der Jahrhunderte zur Perfektion gebracht. Schon längst geht es beim *Military Tattoo*, wie man es heute in Schottland erleben kann, nicht mehr (nur) darum, die Soldaten am mitternächtlichen Trinken zu hindern und sicher in ihre Unterkünfte zu führen. Stattdessen geht es um musikalische Perfektion, um aufwendige Choreografien, darum, gewagte Kombinationen und Soli auszuprobieren und sich mit innovativen Formationen gegenseitig zu überbieten.

Die größte Veranstaltung dieser Art ist das *Edinburgh Military Tattoo.* Seit 1950 verwandelt sich der Platz vor dem Edinburgh Castle alljährlich im Sommer in den wohl aufregendsten Exerzierplatz Europas. 8.600 Zuschauer finden auf den Tribünen auf der Esplanade Platz, im Rücken die nächtliche Stadt, das geschichtsträchtige Edinburgh Castle ganz nah, bewacht von Robert the Bruce und William Wallace, die das Eingangstor flankieren. Anderthalb Stunden lang kommen die Gäste dann in den Genuss der besten Militärkapellen und -künstler der Welt, darunter die schottische Legende *Massed Pipes and Drums,* die 80 Tänzerinnen der Highland Spring Dancers und der Lone Piper, bei dem Gänsehaut vorprogrammiert ist. Für den Auftritt der Massed Pipes and Drums auf dem Festival werden Jahr für Jahr die 180 besten Dudelsackspieler und Trommler des Landes zusammengestellt. Die wohl größte Ehre für einen schottischen Militärmusiker!

Insgesamt 1.000 Künstler machen das *Edinburgh Military Tattoo* zu einem der Must-sees, wenn man im Spätsommer, zum *Edinburgh Festival,* nach Schottland kommt. Doch Achtung: Die Karten sind in der Regel schon Monate im Voraus ausverkauft. Am besten bemüht man sich gleich im September des Vorjahres um Tickets *und* Unterkunft für die Festival-Zeit. Letzteres ist mindestens genauso wichtig, denn je näher das Festival rückt, desto teurer und seltener werden die Übernachtungsmöglichkeiten in Edinburgh für die Monate August und September. Wer keines der begehrten Tickets ergattern konnte, kann seit 1968 die Live-Übertragung einer Aufführung im Fernsehen mitverfolgen. Das ist zwar nicht ganz das Gleiche, schürt aber die Vorfreude bis zu jenem Tag, an dem man selbst auf der Esplanade sitzt und dieses einmalige Ereignis genießt.

Weil Edinburgh einmal im Jahr aus allen Nähten platzt

An etwa 345 Tagen im Jahr kann man nach Edinburgh kommen und findet eine ruhige, beschauliche, aber durchaus lebendige Großstadt vor. Dann muss man diese bezaubernde Metropole, in der Zeugnisse einer langen Vergangenheit auf den Wunsch treffen, sich täglich neu und frisch selbst zu erfinden, einfach lieben. Mit seinen knapp über 487.000 Einwohnern ist Edinburgh gerade einmal so groß wie Duisburg. Belebt wird die Stadt durch den steten Fluss der Touristen: Etwa 1,3 Millionen ausländische Besucher kommen jährlich nach Edinburgh. Die meisten von ihnen im August und September. Wer sich nach Anfang August in die schottische Hauptstadt wagt, den erwartet ein Höllenspektakel! In dieser Zeit nach Hostels, Hotels, B&Bs, Herbergen oder auch nur freien Sofas zu suchen ist ein Ding der Unmöglichkeit. Übernachtungspreise schießen schon Monate im Voraus in astronomische Höhen, Tischreservierungen in den Restaurants rund um das Edinburgh Castle sind Wochen im Voraus zu tätigen und auf der Royal Mile bekommt man kaum noch einen Fuß auf den Boden. Dann weiß jeder: Es ist wieder Zeit für das *Edinburgh Festival*.

Für knapp drei Wochen steht Edinburgh im Spätsommer kopf, und die Stadt scheint aus allen Nähten zu platzen. Das *Edinburgh Festival* ist ein Spektakel, das man gesehen haben muss, um auch nur eine Ahnung davon zu bekommen, was in diesen Wochen in der Stadt vor sich geht. Nicht nur eins, sondern gleich *neun* unterschiedliche Festivals bringen jeden Quadratzentimeter der Innenstadt zum Kochen. Neben dem offiziellen *Edinburgh International Festival* bietet Edinburgh dann Theatergruppen aus aller Welt eine Bühne, die die Straßen der Stadt in ein einziges großes Schauspiel verwandeln. Das Kulturfestival *The Fringe* ist berühmt-berüchtigt dafür, dass man als Besucher nichtsahnend über die Royal Mile flaniert und plötzlich alle anderen Spaziergänger zu Akteuren werden. Lange bevor es das Wort »Flash Mob« überhaupt gab, verwandelten sich auf den Straßen Edinburghs scheinbar unbeteiligte Besucher in Straßenkünstler, die die Gassen zum Leben erweckten. Und plötzlich ist man mittendrin in dem unwiderstehlichen Wahnsinn, der sich *Edinburgh Fringe* nennt. Natürlich kann man zu dieser Zeit auch Shakespeare-Interpretationen in den regulären Theatern sehen, aber das, was das *Fringe* wirklich besonders macht, spielt sich auf den Straßen, in ehemaligen Kirchen und sogar Wohnzimmern ab, ist spontan und experimentell, laut, lustig und unvergesslich.

Weitere Bestandteile des *Edinburgh Festivals* sind das *International Film Festival*, das älteste ununterbrochen stattfindende Filmfestival der Welt, das *International Book Festival*, das *Jazz and Blues Festival*, das *International Television Festival*, das *Interactive Entertainment Festival* und das *Edinburgh Mela*. Krönender Abschluss ist das *Edinburgh Military Tattoo*, die beeindruckende Parade der besten Militärkapellen der Welt, die im Vorhof des Edinburgh Castles für ein unübertroffenes Spektakel aus Kilt, Dudelsack und Trommeln sorgen. 100 Millionen Zuschauer weltweit verfolgen den Höhepunkt des Festivals alljährlich vor dem Fernseher. Keine Kunstform also, die auf dem *Edinburgh Festival* nicht ihren großen Auftritt hat. Das Filmfestival findet bereits im Juni statt und ist seit 1947 eine wichtige Adresse für Filmfans und Filmemacher gleichermaßen. Hier hat der britische Film seine ganz große Bühne. Alles, was Rang und Namen hat, strömt dann nach Edinburgh und präsentiert neben abendfüllenden Spiel- und Dokumentarfilmen auch das Neuste aus den Bereichen Kurz- und Trickfilme sowie Musikvideos.

Das *Book Festival*, fester Bestandteil der Festival-Hochsaison im August, ist kostenlos und lässt jedes bibliophile Herz höher schlagen. Mit etwas Glück treffen Sie hier Ihren britischen Lieblingsautor, lauschen einer Lesung, nehmen an einem Workshop teil oder genießen die Sonne in den Charlotte Square Gardens, wo das Herz des Festivals schlägt. Bei einer schönen Tasse Tee das ungewöhnliche, kreative Ambiente dieses Ereignisses aufsaugen – das allein schon ist für Bücherfans Grund genug, zum *Edinburgh International Book Festival* zu kommen. Abends geht es dann in die Bars und Konzerthallen der Stadt, wo das *Edinburgh Jazz Festival* die Ohren zum Glühen bringt. Sehen und Hören – das *Edinburgh Festival* ist ein Fest für alle Sinne, aufgeladen mit so viel kreativer Energie, dass man am Ende selbst noch meint, zum Künstler geboren zu sein. Das sollte man dann vielleicht nicht ganz so ernst nehmen. Was Sie jedoch ernst nehmen sollten, ist meine Empfehlung, Übernachtungen in Edinburgh zur Festivalzeit so früh wie möglich zu buchen. Im Idealfall ein Jahr im Voraus, wenn Sie noch nicht einmal wissen, ob Sie überhaupt Karten für das Festival bekommen oder Zeit haben, nach Schottland zu fahren.

Wer hier kurz entschlossen improvisiert, muss vielleicht bis zum Morgengrauen mit den Kunstbegeisterten durch die Straßen ziehen und dann in der warmen Augustsonne auf einer Bank in den Princes Street Gardens ein Nickerchen halten. Obwohl das, wenn ich es mir recht überlege, vielleicht auch nicht das Schlechteste wäre …

108. GRUND

Weil Harry Potter in Edinburgh zur Welt kam

Nein, es ist nicht wahr, dass Harry Potter in Godric's Hollow geboren wurde, einem Dorf im Südwesten Englands, wie es uns im letzten Teil der Reihe, *Harry Potter und die Heiligtümer des Todes*, suggeriert wird. Das ist nur das, was man uns Muggel glauben machen will. Aufmerksame Leser sämtlicher Tagespropheten wissen jedoch, dass es hinter dieser Propaganda eine ganz andere Wahrheit gibt. Nämlich diese: Harry Potter wurde in Edinburgh geboren. Genauer gesagt, im The Elephant House in 21 George IV Bridge, mit Blick auf das Castle. Hier soll Joanne K. Rowling – an einem Tisch am Fenster sitzend, über dem heute ein Bild der Autorin hängt – die Welt von Harry Potter erschaffen haben.

Hier und in mindestens einem Dutzend anderer Cafés der Stadt, denn wer würde schon Tag für Tag immer in das gleiche Café gehen? Doch kein anderes schafft es dermaßen erfolgreich, sich als »the birthplace of Harry Potter« zu vermarkten wie das leicht verschroben wirkende Elephant House. Und kein anderer Ort inspiriert die Fans von Harry Potter zu solch leidenschaftlichen Liebesbekundungen, wie man sie an den Toilettenwänden des Elephant Houses nachlesen kann. »Tom Riddle did a piddle here« ist da zu lesen, gleich neben »Harry's the best!«, Porträts des Jungzauberers und Zitaten aus den Büchern. Da kann es schon mal etwas länger dauern, bis die nächste Toilettenkabine frei wird, aber wenigstens hat man dann gleich etwas zu lesen.

Hat man es dann trotz der zahllosen Harry-Potter-Touristen, die das Elephant House zu jeder Zeit belagern, geschafft, einen Tisch zu ergattern, gibt es hier leckere Burger, eine traumhafte heiße Schokolade und einen absolut unbezahlbaren Blick. Den Blick nämlich, der sich den Glücklichen offenbart, die einen Fensterplatz ergattert haben. Den Blick auf die Giebel, Dächer, Türmchen und Erker der Oberstadt von Edinburgh, das Castle inklusive. Er hat es zu Weltruhm gebracht, denn der Anblick der Burg, die aus dem Felsen zu wachsen scheint, der urigen Candlemaker Row (wer muss da nicht gleich an die Winkelgasse denken?) mit dem Greyfriars Kirkyard und den Dächern der George Heriot's School, die angeblich Pate für die Idee eines gewissen Zauberinternats stand, hat Joanne K. Rowling der Legende nach wichtige Inspirationen geliefert.

Wer von hier aus auf Edinburgh Castle blickt und sich dabei nicht wenigstens ein bisschen an Hogwarts erinnert fühlt, der hat entweder keine Fantasie und/oder gehört zu den wenigen Menschen, die *Harry Potter* weder gelesen noch gesehen haben und nur *ganz zufällig* ins Elephant House gestolpert sind, weil es im Internet hieß, das Café habe großartige Burger im Angebot. Beides soll schon vorgekommen sein, ist in der 21 George IV Bridge jedoch eher die Ausnahme. Viel häufiger gibt es hier jene zu sehen, die mit einem Laptop auf dem Tisch verzweifelt bemüht sind, nicht so zu wirken, als versuchten sie auch gerade, einen unverhofften Bestseller zu schreiben. Was das doch für ein unerwarteter Zufall wäre! Hier, am gleichen Ort wie Joanne K. Rowling – »also damit hätte ich *wirklich nie* gerechnet!«.

109. GRUND

Weil in Glasgow heute wieder das Leben pulsiert

Als wir 2005 im Rahmen einer Kursfahrt mit der Schule nach Glasgow kamen, etablierte sich relativ schnell ein Song in unserem Bus, dessen zentrale Aussage die Zeile war, Glasgow sei die hässlichste Stadt der Welt. Das ist natürlich hart! Zugegeben, es war sicher nicht die beste Idee, die unser Busfahrer und die Lehrer während der Tour gehabt hatten, uns in einer schmalen Gasse irgendwo im Nirgendwo aussteigen zu lassen, auf dass wir uns allein unseren Weg ins Stadtzentrum und zu den Sehenswürdigkeiten erkämpfen würden. Hatte ich Glasgow bis zu diesem Zeitpunkt tatsächlich als Studienort in Betracht gezogen, wollte ich jetzt eigentlich nur noch weg. Doch dieses Bild, das die Arbeiterstadt damals bei mir hinterlassen hat, musste ich inzwischen grundlegend revidieren.

Einst war Glasgow, die hässliche Schöne am Clyde, zentraler Umschlagplatz für den Handel des Empires mit den britischen Kolonien. Die »zweite Stadt des Empires« nannte man die Metropole an der Mündung des Clyde. Von hier aus war es nur ein kurzer Weg zum Atlantischen Ozean, und der Handel mit Tabak und Zucker,

Kohle und Eisen, Baumwolle und Textilien, Schiffen und Zügen machte Glasgow während der Industriellen Revolution zu einer der reichsten Städte der damaligen Welt. Davon zeugen noch heute die prunkvollen Bauten von *Tempelton's Carpet Factory* und der Universität von Glasgow. Der Zweite Weltkrieg setzte dem Goldenen Zeitalter Glasgows dann ein jähes Ende.

Die Stadt wurde zum sozialen Brennpunkt. Die Lage der Arbeiterklasse wurde immer prekärer, billige Arbeitskräfte außerhalb der Stadt machten den Fabriken in Glasgow ernsthafte Konkurrenz, und als dann auch noch die Stahlwerke, Kohleminen, Motorwerke und andere Schwerindustrie in und um Glasgow geschlossen wurden, war der Untergang der Industriestadt endgültig besiegelt. Und so sind wir schließlich in den 1980ern und damit in jenen hoffnungslosen Jahren angekommen, denen Danny Boyle 1996 mit *Trainspotting* ein Denkmal setzte. Zwar spielt der Film mit Ewan McGregor in Edinburgh, doch er ist ein großartiges Spiegelbild der britischen Gesellschaft der späten 80er-Jahre, das sich so ohne Weiteres auf Glasgow übertragen lässt.

Heute ist Glasgow nichts mehr von alledem. Die einstmals zweite Stadt des Empires hat sich aus den tiefsten Tiefen ihrer Talsohle herausgearbeitet – und gänzlich neu erfunden. Das moderne Glasgow ist ein kreativer Ort, an dem alles möglich zu sein scheint. Das schottische Schanzenviertel, das Friedrichshain des britischen Nordens, das Schwabingen Großbritanniens, wenn man so will. Kurz: eine vibrierende, pulsierende, bunte Stadt, die ihr eigenes Ding macht. »Glasgow – Scotland with Style« hat sich die Stadt auf die Fahnen geschrieben. Das fanden wir 2005 noch witzig und sehr unglaubwürdig, inzwischen ist Glasgow aber *die* Szenestadt, *the place to be in Scotland*, wenn man etwas bewegen, etwas verändern, etwas schaffen will.

Gigantische Summen sind in den letzten Jahren in die Renovierung und Restaurierung der Innenstadt investiert worden, und das Ergebnis kann sich sehen lassen. Schon 1990 gewährte man der

Stadt am Clyde einen Vertrauensvorschuss und ernannte sie überraschend zur 6. Europäischen Kulturhauptstadt – und Glasgow hat sich dieses Vertrauens würdig erwiesen. 1999 erhielt sie dafür den Architektur- und Designpreis. Das *Glasgow Science Centre* ist nur eines von vielen Beispielen für das neue, das hippe Glasgow. Und es ist zugleich auch das einzige Museum der Stadt, das Eintrittsgelder erhebt. In allen anderen Museen – etwa im *Kelvingrove Art Gallery and Museum*, in der *Hunterian Museum and Art Gallery*, im *Centre for Contemporary Art (CCA)* und in der *Burrell Collection* – haben Sie freien Eintritt und erleben, was Glasgow definitiv zur Kulturhauptstadt des modernen Schottlands macht.

Das ganze Jahr schäumt die Stadt vor Leben nahezu über, etwa dann, wenn im Januar zur *Celtic Connection* alles nach Glasgow kommt, was in der zeitgenössischen und klassischen keltischen Musik Rang und Namen hat, wenn sich im Februar Filmliebhaber beim *Glasgow Film Festival* tummeln, wenn es im März beim *Glasgow International Comedy Festival* viel zu lachen gibt, das *Aye Write! Glasgow's Book Festival* im April die Bibliophilen in die Stadt lockt, beim *Glasgow Mela* im Juni Musik, Tanz und köstliches Essen eine großartige Verbindung eingehen, Straßenkunst und Theater beim *Surge* im Juli ihren großen Auftritt haben, im August die *World Pipe Band Championship* ausgetragen wird oder bei *Glasgay!* im Oktober die ganze Bandbreite der Queer-Kultur dargeboten wird. Glasgow lebt, es kocht geradezu vor Energie! Gebe es heute ein Revival unserer Rundreise von damals, müssten wir also sicher singen: »Glasgow ist die tollste Stadt der Weeeelt, Stadt der Weeeelt, Stadt der Weeheelt!«

Weil das »cèilidh« jedem Urlaub die Krone aufsetzt

Ihrem Urlaub fehlt noch ein grandioses Finale? Dann besuchen Sie doch ein *cèilidh*. Das *cèilidh* (gesprochen: *Kayley*) ist der Höhepunkt der schottischen Kultur! Hier kommt alles zusammen, was die Herzen von Schotten und Schottland-Fans gleichermaßen bewegt: herzzerreißende Lieder – wahlweise über die Liebe zur Heimat oder zu einem lieben, unerreichbaren Menschen –, fröhliche Tänze zu den munteren Klängen von Fidel und Co. und uralte Geschichten und Gedichte in gälischer Sprache, die nur dadurch weiterleben, dass sie von Generation zu Generation weitererzählt werden.

Das schottische *cèilidh* ist eine Art traditionelle Zeremonie, deren Gesetzmäßigkeiten sich dem Besucher vielleicht nicht sofort erschließen. Alles gleicht einem fröhlichen Chaos, einer großen Familienfeier, auf der jeder etwas vorbereitet hat, was er gerne vortragen möchte. Und so kommt es, dass sich beim *cèilidh* die ganze schottische Hochkultur auf wenigen Quadratmetern entfaltet, eine Konzentration keltischer Macht, wenn man so will. Welcher Schottland-Fan könnte da widerstehen?

Das *cèilidh* hat in den abgelegeneren Regionen Schottlands eine lange Geschichte. Ursprünglich war es nichts weiter als ein gemütliches Beisammensein von Nachbarn und Freunden, wobei »Nachbarn« ein etwas weiter gefasster Begriff war. In Gegenden, in denen der nächste »Nachbar« einen etwa einstündigen Fußmarsch entfernt wohnte, waren diese Zusammentreffen eine seltene und herbeigesehnte Abwechslung vom einsamen, arbeitsamen Leben in der rauen Wildnis der Berge und Inseln. Man besuchte sich also gegenseitig oder traf sich im Haus gemeinsamer Nachbarn, Verwandten und Freunde. Davon leitet sich auch das Wort *cèilidh* (irisch: *céilí*) ab, das nichts anderes als »Besuch« bedeutet. *Going to a kaley* oder *making one's kaley* waren in den Highlands sehr gebräuchliche Formulierungen und bedeuteten für den glücklichen Gastgeber einmal mehr die Gelegenheit, die legendäre schottische Gastfreundschaft unter Beweis zu stellen.

Stand ein *cèilidh* ins Haus, war das in etwa so, als hätte der Prinz die Damen des Hauses zum Ball ins Schloss geladen: Dann herrschten kribbelige Aufregung und hitzige Vorfreude, denn die *cèilidhs* waren oftmals die einzige Gelegenheit, sich über den neusten Klatsch und Tratsch auszutauschen und überhaupt mal andere Gesichter zu sehen, als die immer gleichen der eigenen Lieben. Man kennt dieses Phänomen. Heute ist es jedoch eher als Urlaubs- und Feiertags-Lagerkoller bekannt. In einer Welt, in der es keinen Fernseher, kein Radiogerät, nur wenige Bücher und dafür umso mehr Arbeit gab, waren die *cèilidhs* das absolute Highlight. Sie boten Abwechslung und Gelegenheit, den alten Geschichten und Gedichten zu lauschen, gemeinsam zu singen und zu tanzen, Rätsel zu lösen und die eine oder andere *dram* Whisky zu genießen. Die Gastgeber fuhren auf, was sie entbehren konnten, und die Gäste brachten mit, was die Vorratskammern hergaben. Es müssen tolle Abende gewesen sein!

Ironischerweise fand das erste öffentliche, formale *cèilidh*, wie wir es heute kennen – eher eine durchgeplante Veranstaltung und Touristen-Attraktion – 1897 ausgerechnet in der Bloomsbury Hall in London statt. England hatte gerade unter Queen Victoria eine neue Faszination für das wilde, raue Schottland und seine urigen Bräuche entwickelt, und es war inzwischen keine Schande mehr, sich in London zu seinen irischen oder schottischen Wurzeln zu bekennen. Schon bald etablierte die Londoner *Gaelic League* sogenannte *céilithes*, wie sich die Londoner *cèilidh* künftig nennen sollten. Sie basieren auf der Struktur der schottischen Veranstaltungen, sind aber wesentlich formeller und dienten eher der Abgrenzung nach außen als dem gemütlichen Beisammensein. Heute versucht man wieder stärker, sich auf die Wurzeln des traditionellen *cèilidh* zurückzubesinnen und den Geist der einstigen Abende wieder lebendig werden zu lassen. Am authentischsten gelingt das auf den westlichen Inseln, wo der Geist des *cèilidh* nie so ganz ausgestorben ist.

Höhepunkte dieser Veranstaltungen sind die sogenannten *céilí dances*, traditionelle Figurentänze, deren Name sich vom irischen Wort *céilí* ableitet. Dazu zählen die 4-Hand-, 8-Hand- und 16-Hand-Reels und -Jigs und eine ganze Reihe weiterer Tänze mit lustigen Namen, die leicht zu erlernen sind und dann von allen Anwesenden wie im Rausch bis zur Erschöpfung getanzt werden. Sollten Sie Gelegenheit haben, auf einem schottischen *cèilidh* oder wenigstens auf einer schottischen Hochzeit oder bei Livemusik im Pub diese Tänze zu erlernen, tun Sie es. Gerötete Wangen, erhitzte Körper und überglückliches Lachen (durchsetzt von erschöpftem Keuchen) können nicht lügen: *cèilidhs* machen glücklich und setzen jedem Schottland-Urlaub schlussendlich die Krone auf.

Fragen Sie in Ihrer Touristeninformation nach *cèilidhs* in der Nähe oder suchen Sie auf *visitscotland.com* nach anstehenden Events.

111. GRUND

Weil die Sehnsucht nach Schottland nie vergeht

Das ist eine letzte, unumstößliche Wahrheit über Schottland: Wer einmal hier war, der wird immer wiederkommen wollen, der lässt einen Teil seines Herzens in Schottland. Sicher: Jeder hängt sein Herz an etwas anderes. Den Frauen meiner Familie (einschließlich meiner Oma, mich selbst ausgenommen) steigen die Tränen in die Augen, wenn sie an den Wäscheplatz denken, der zu unserem *Bed and Breakfast* am Loch Tay gehörte. Die duftende, frisch gewaschene Wäsche, die vor der Kulisse des Sees und der Berge im Wind flatterte und diesem ohnehin einzigartigen Schottland-Duft eine herrlich saubere Note hinzufügte, ist sicher nicht das Erste, woran *ich* denke, doch ich kann verstehen, was sie daran so bezauberte. Ich hingegen habe zahllose Bilder von Bergen und Bergseen im Kopf, den würzigen Duft von Heidekraut in der Nase und das Gefühl von warmem Wind auf der Haut, wenn ich die Erinnerung an Schottland heraufbeschwöre.

Aus welchen Erinnerungsbildern sich die Sehnsucht nach Schottland speist, ist eben ganz unterschiedlich. Der eine sehnt sich nach der musikerfüllten Geselligkeit eines Pub-Abends und hat sofort den leicht säuerlichen Duft in der Nase, der den Pubs hier so eigen ist und den man am besten übertüncht, indem man die Nase tief in ein Whisky-Glas steckt. Der andere hat den Geschmack von Haggis auf der Zunge, kräftig gewürzt und fein austariert. Ein Dritter spürt beim Gedanken an Schottland kalten Fels unter den Händen, rau und mit Moos überzogen, und sieht vor seinem geistigen Auge alte Burgruinen oder magische Steinkreise. Manch einer hört vielleicht das Meer gegen die Steilküste toben, ein anderer das Murmeln und Plätschern eines Hochland-Baches, der sich durch Torf und Moos windet und dabei einen goldbraunen Farbton annimmt.

Wieder andere denken vielleicht an die Wärme und Herzlichkeit ihrer Gastgeber in den *Bed and Breakfasts*, die im Laufe weniger Tage zu Freunden geworden sind, zu denen man immer wieder zurückkehrt. Sie sehen kleine Lämmer durch das Heidekraut hüpfen, träge Hochlandkühe, denen der Wind das lange Fell zerzaust, verwitterte Steinmauern und knorrige Bäume, Schaumkronen auf dem Loch Ness, die wie Seemonster aussehen, karge, windumtoste Berggipfel, die man erschöpft, aber überglücklich erklommen hat, millimetergenau getrimmte Golfrasen mit einer langen Geschichte, die zottige Mähne eines Pferdes, das unter einem durch das Hochland trabt, paradiesische Sandstrände, die vollkommen fehl am Platz wirken, oder weiße Schneehänge, die adrenalingefüllte Abenteuer verheißen.

Was auch immer Sie sehen, wenn Sie nach Ihrem Urlaub an Schottland zurückdenken: Ich wette, dass es Ihr Herz schneller schlagen lässt und Sie sich danach sehnen, wiederzukommen. Und ich wette, dass Sie wiederkommen *werden*. Vielleicht begegnen wir uns ja einmal dort.

Literaturverzeichnis

Print-Quellen

- Burns, Robert: *The Address to a Haggis.* Caledonian Mercury. Edinburgh 1786.
- Burns, Robert: *Scotch Drink.* In: *The Poetical Works Of Robert Burns.* Ward, Lock, and Co., Ltd. London 1910
- Douglas, George (Hsg.): *Scottish Folk & Fairy Tales*, A.L. Burt Company. New York 1892.
- Editors of Time-Life Books: *Mysterious Creatures.* Amsterdam 1988.
- Lockhart, John Gibson: *Life of Sir Walter Scott.* Houghton, Mifflin and Company. Boston und New York 1839.
- MacFarlane, Malcom: *Songs of the Highlands.* Logan and Co., Inverness 1902.
- Morton, Henry Vollam: *In Search of Scotland*, Methuen & co. ltd. London 1929.
- Williamson, Roy: *Flower of Scotland*, 1965.

Online-Quellen

- Braschos, Erdmann: »Brutalstmöglich: Haggis«. In: *ZEIT Online.* Stand: 24.02.2002 www.zeit.de/2002/05/Brutalstmoeglich_Haggis (abgerufen am 10.02.2015).
- »Chvrches: Melancholie liegt vielleicht in unserer schottischen Natur«. In: *FOCUS Online* – Star News. Stand: 19.09.2013 www.focus.de/kultur/vermischtes/chvrches-chvrches-melancholie-liegt-vielleicht-in-unserer-schottischen-natur_aid_1106403.html (abgerufen am 16.01.2015).
- Dale, Miller: »Second flagship youth hostel axed as poor visitor numbers cited«. In: *The Scotsman.* Stand: 03. Oktober 2012. www.scotsman.com/lifestyle/heritage/second-flagship-youth-hostel-axed-as-poor-visitor-numbers-cited-1-2560344 (abgerufen am 06.10.2014).

- Heinemann, Pia: »Rätselhaftes Rot«. In: *Welt am Sonntag*. Stand: 11.03.2012. www.welt.de/print/wams/vermischtes/article13915270/Raetselhaftes-Rot.html (abgerufen am 11.12.2014).
- Lambie, Derek: »Cheaper to tear down Scottish parliament by 2020 ». In: *The Scotsman*. Stand: 13. Januar 2014. www.scotsman.com/news/politics/top-stories/cheaper-to-tear-down-scottish-parliament-by-2020-1-3265721 (abgerufen am 07. Oktober 2014).
- »Old Churches: Fit for new purposes«. In: *The Economist*, London 2013. Stand: 26.01.2013. www.economist.com/news/britain/21570715-there-growing-determination-keep-churches-use-if-only-one-day-week-fit-new (abgerufen am 17.02.2015).
- Ramsay, Adam: »Do the Scots really hate the English?«. In: *openDemocracy*. Stand: 04.10.2013. www.opendemocracy.net/ourkingdom/adam-ramsay/do-scots-really-hate-english (abgerufen am 30.01.2015).
- Sydow, Christoph: »Alex Salmond: Regierungschef nennt Schottland ›Nation der Säufer‹«. In: *SPIEGEL Online*. Stand: 2. Mai 2014. www.spiegel.de/politik/ausland/alkohol-schottland-ist-eine-nation-der-saeufer-sagt-alex-salmond-a-967284.html (abgerufen am 24. September 2014).

Anmerkungen

1 Sydow, Christoph: »Alex Salmond: Regierungschef nennt Schottland ›Nation der Säufer‹«. In: *SPIEGEL Online*. Stand: 2. Mai 2014. www.spiegel.de/politik/ausland/alkohol-schottland-ist-eine-nation-der-saeufer-sagt-alex-salmond-a-967284.html (abgerufen am 24. September 2014).

2 Editors of Time-Life Books: *Mysterious Creatures*. Amsterdam 1988, Seite 90.

3 Douglas, George (Hsg.): *Scottish Folk & Fairy Tales*, A.L. Burt Company. New York 1892, S. 7.

4 MacFarlane, Malcom: *Songs of the Highlands*. Logan and Co., Inverness 1902.

5 Williamson, Roy: *Flower of Scotland*, 1965.

6 Lambie, Derek: »Cheaper to tear down Scottish parliament by 2020 «. In: *The Scotsman*. Stand: 13. Januar 2014. www.scotsman.com/news/politics/top-stories/cheaper-to-tear-down-scottish-parliament-by-2020-1-3265721 (abgerufen am 07. Oktober 2014).

7 Dale, Miller: »Second flagship youth hostel axed as poor visitor numbers cited«. In: *The Scotsman*. Stand: 03. Oktober 2012. www.scotsman.com/lifestyle/heritage/second-flagship-youth-hostel-axed-as-poor-visitor-numbers-cited-1-2560344 (abgerufen am 06.10.2014).

8 »Chvrches: Melancholie liegt vielleicht in unserer schottischen Natur«. In: *FOCUS Online* – Star News. Stand: 19.09.2013. www.focus.de/kultur/vermischtes/chvrches-chvrches-melancholie-liegt-vielleicht-in-unserer-schottischen-natur_aid_1106403.html (abgerufen am 16.01.2015).

9 Morton, Henry Vollam: *In Search of Scotland*, Methuen. London 1929, S. 315.

10 Ramsay, Adam: »Do the Scots really hate the English?«. In: *openDemocracy*. Stand: 04.10.2013. www.opendemocracy.net/ourkingdom/adam-ramsay/do-scots-really-hate-english (abgerufen am 30.01.2015).

11 Heinemann, Pia: »Rätselhaftes Rot«. In: *Welt am Sonntag*. Stand: 11.03.2012. www.welt.de/print/wams/vermischtes/article13915270/Raetselhaftes-Rot.html (abgerufen am 11.12.2014).

12 Burns, Robert: The Address to a Haggis. Caledonian Mercury, Edinburgh 1786.

13 Braschos, Erdmann: »Brutalstmöglich: Haggis«. In: ZEIT Online. Stand: 24.02.2002 www.zeit.de/2002/05/Brutalstmoeglich_Haggis (abgerufen am 10.02.2015).

14 »Old Churches: Fit for new purposes«. In: *The Economist*, London 2013. Stand: 26.01.2013. www.economist.com/news/britain/21570715-there-growing-determination-keep-churches-use-if-only-one-day-week-fit-new (abgerufen am 17.02.2015).

15 Carnoustie in: *Golf Scotland*. Stand 23.02.2015. http://golfscotland.de/golfplaetze/angus-dundee/carnoustie (abgerufen am 23.02.2015).

16 Douglas, George (Hsg.): *Scottish Folk & Fairy Tales*, A.L. Burt Company, New York 1892, Seite 7.

17 Englisches Originalzitat: Lockhart, John Gibson: *Life of Sir Walter Scott*. Houghton, Mifflin and Company. Boston und New York 1839.

18 Burns, Robert: *Scotch Drink*. In: *The Poetical Works Of Robert Burns*. Ward, Lock, and Co., Ltd. London 1910

© Doreen Franke

ULRIKE KÖHLER (*1986) ist eine Autorin und Online-Redakteurin aus Berlin. Sie studierte in Magdeburg und an der University of Bangor in Nordwales Journalismus und ist seit 2010 freiberuflich tätig. 2011 und 2012 verbrachte sie mehrere Monate im englischen Exeter und im schottischen Inverness. Seit sie mit zwölf Jahren zum ersten Mal nach Schottland kam, zieht es sie immer wieder dorthin zurück.

Ulrike Köhler
111 GRÜNDE, SCHOTTLAND ZU LIEBEN
Eine Liebeserklärung an das schönste Land der Welt

ISBN 978-3-86265-515-1
 | Lektorat: Ulrike Thams

Coverfotos v.l.o.n.r.u.: © Lichtmeister/shutterstock.de; © Bill Spiers/shutterstock.de; © Hugh McKean/shutterstock.de; © privat; © Serjio74/shutterstock.de; © francesco de marco/shutterstock.de; © Phaendin/shutterstock.de; © Martin M303/shutterstock.de; © trotalo/shutterstock.de; © Andrea Obzerova/shutterstock.de; © Martin Molcan/depositphotos.de; © Katja Ferchland; © privat; © Marion Pranter; © Dmitry Naumov/depositphotos.de; © Petr Malyshev/depositphotos.de; © Paolo Gallo Modena/depositphotos.de; © Elnur/depositphotos.de; © graycat/depositphotos.de; © Krivosheevv/depositphotos.de; © Serge Bertasius/depositphotos.de; © Rafael Ben-Ari/Chameleons Eye/depositphotos.de; © Sophie Mc Aulay/depositphotos.de; © Jane Rix/depositphotos.de; © Marion Pranter; © vichie81/depositphotos.de; © simon gurney/depositphotos.de | Aufmacherfotos: S. 11: © Lichtmeister/shutterstock.de; S.103: © johnbraid/depositphotos.de; S.131: © tezzstock/depositphotos.de; S.157: © johnbraid/shutterstock.de; S.197: © Dmitry Naumov/depositphotos.de; S.227: © trotalo shutterstock.de; Tartan-Muster: WitchEra/depositphotos.de

KATALOG
Wir senden Ihnen gern kostenlos unseren Katalog.
Schwarzkopf & Schwarzkopf Verlag GmbH
Kastanienallee 32, 10435 Berlin
Telefon: 030 – 44 33 63 00 | Fax: 030 – 44 33 63 044

INTERNET | E-MAIL
www.schwarzkopf-schwarzkopf.de
info@schwarzkopf-schwarzkopf.de